广视角 · 全方位 · 多品种

权威 · 前沿 · 原创

皮书系列为
“十二五”国家重点图书出版规划项目

基金会透明度蓝皮书

BLUE BOOK OF
FOUNDATIONS' TRANSPARENCY

中国基金会透明度发展研究报告（2013）

ANNUAL REPORT ON THE DEVELOPMENT AND RESEARCH OF THE CHINA'S FOUNDATIONS' TRANSPARENCY (2013)

基金会中心网 / 编

社会科学文献出版社
SOCIAL SCIENCES ACADEMIC PRESS (CHINA)

图书在版编目（CIP）数据

中国基金会透明度发展研究报告. 2013/基金会中心网编.
—北京：社会科学文献出版社，2013.7
（基金会透明度蓝皮书）
ISBN 978-7-5097-4806-0

Ⅰ.①中… Ⅱ.①基… Ⅲ.①慈善事业-基金会-研究报告-中国-2013 Ⅳ.①D632.1

中国版本图书馆 CIP 数据核字（2013）第 150545 号

基金会透明度蓝皮书
中国基金会透明度发展研究报告（2013）

编　　者／基金会中心网

出 版 人／谢寿光
出 版 者／社会科学文献出版社
地　　址／北京市西城区北三环中路甲 29 号院 3 号楼华龙大厦
邮政编码／100029

责任部门／社会政法分社（010）59367156　　责任编辑／曹义恒
电子信箱／shekebu@ssap.cn　　责任校对／杜若普
项目统筹／王　绯　　责任印制／岳　阳
经　　销／社会科学文献出版社市场营销中心（010）59367081　59367089
读者服务／读者服务中心（010）59367028

印　　装／北京季蜂印刷有限公司
开　　本／787mm×1092mm　1/16　　印　　张／18.75
版　　次／2013 年 7 月第 1 版　　字　　数／302 千字
印　　次／2013 年 7 月第 1 次印刷
书　　号／ISBN 978-7-5097-4806-0
定　　价／79.00 元

新湖公益创投基金
XINHU VENTURE PHILANTHROPY FUND

感谢新湖公益创投基金的资助

《中国基金会透明度发展研究报告（2013）》编辑委员会

主要编撰机构介绍

基金会中心网：（www. FoundationCenter. org. cn）

基金会中心网由国内35家知名基金会联合发起，于2010年7月8日正式上线。基金会中心网的使命是建立基金会行业信息披露平台，提供行业发展所需的能力建设服务，促进行业自律机制形成和公信力提升，培育良性、透明的公益文化。

基金会中心网通过互联网披露全国基金会的联系方式、管理团队、财务状况、公益项目、捐款方、机构动态等信息，旨在提升基金会的透明度和公信力。这些信息已广泛被政府、企业、媒体、公益组织、学术机构和公众采用，成为制定政策、寻找公益合作伙伴和新闻线索、研究数据和捐款对象的重要参考资源。

近年来，基金会中心网的发展受到了社会各界的广泛赞誉。基金会中心网的成立，入选了北京大学公民社会研究中心评定的2010年中国公民社会建设十大事件、《半月谈》评定的中国社会建设十大新闻；2011年基金会中心网入选《中国慈善家》评定的推动中国慈善的十大组织，并被《南风窗》评为“为了公共利益年度组织”；2012年荣获中央编译局颁发的中国社会创新奖、《南方都市报》颁发的公益行动奖等奖项。

清华大学廉政与治理研究中心

清华大学公共管理学院廉政与治理研究中心（原廉政研究室）成立于2000年，是国内最早成立的大学专业廉政研究机构之一。

中心以“华政清廉”为使命，以建设廉洁中国为目标，积极推动廉政和公共治理理论知识的创造与共享，促进中国与国际社会之间的廉政信息交流。

中心十年来开展了大量的廉政与反腐败研究，先后承担过国家社会科学基金项目和国家自然科学基金项目、部委基金或其他项目近10项，国际项目3项，横向项目30余项。

中心始终抱着理性和建设性的态度，注重与国内实务部门和国际组织合作，与国内外机构建立了密切的合作关系，在课题研究、廉政廉洁培训、国际会议等方面开展了广泛合作。

摘　要

最近十年中国的经济和社会飞速发展，中国的慈善部门也随之蓬勃兴盛。然而，这个部门由于缺乏透明度和公信力而备受质疑和批判。2011 年和 2012 年爆发的大量丑闻更削弱了中国大众支持这些慈善组织的动力，这也威胁到了整个部门的可持续发展。

在充分认识到透明度和公信力的重要性之后，基金会中心网联合清华大学廉政与治理研究中心，开发了中国基金会透明指数（中基透明指数）。中基透明指数是中国首个为衡量慈善基金会透明度等级而设计的标准，在 2012 年 8 月正式发布后，吸引了国内外舆论和普通大众的强烈关注。

基于中国慈善基金会在透明度方面的表现，《中国基金会透明度发展研究报告（2013）》将 2214 家中国基金会进行排名。此报告不仅解读了中基透明指数，还介绍了主要发现。同时，报告还披露和分析了中国慈善部门的主要问题并就如何提升整个部门给出了建议。本报告主体内容共分为 5 部分：第一部分，中基透明指数（FTI）开发背景及体系介绍；第二部分，FTI 2013 现状分析；第三部分，FTI 2012 分类比较；第四部分，FTI Top 100 榜单及分析；第五部分，基金会透明个案分析。

Abstract

China's charity sectors are booming, with the economic and social development in the last ten years. However, this sector has been questioned and criticized for the lack of transparency and public credibility. A lot of scandals have further reduced people's incentives to support charity organizations during 2011 to 2012, which also threatened the sustainable development of the organizations.

Because of the importance of transparency and public credibility to charity organizations, the China Foundation Center and the Anti-Corruption & Governance Research Center of Tsinghua University were working in collaboration with each other in the development of Foundation Transparency Index (FTI). FTI is the first index in China that is designed to measure the transparency levels of charity foundations. After the formal release in August, 2012, the Index attracted the public attention in China.

FTI 2013 ranked 2214 Chinese charity foundations based on their transparency performance. This report introduced not only the methodology and the major findings of FTI, but also disclosed and analyzed the major problems of China's charity sectors and advised to improve the overall sector. There are five sections of the report. Section One: Background and Methodology Explanation of FTI; Section Two: Analysis of FTI 2013 Status; Section Three: FTI 2012 Comparative Study; Section Four: FTI Top 100 List & Analysis; Section Five: Individual Cases Study of Foundations Transparency Issues.

前　言

2012年的冬天似乎格外的冷，北京不时还要出现几天前所未有的雾霾天气，就如同公众希望看到基金会组织透明一样，人们都盼望着空气能够恢复到透明状态，赶走心中的郁闷。

就在基金会中心网上线两个月后，时任《京华公益周刊》主编的郭鲲先生，一个时尚帅气的年轻人登门造访，首次建议我们应该开发透明指数；随后在2011年又遇到了充满激情和智慧的真爱梦想基金会秘书长吴冲先生，也提出了类似的建议。这让我不得不对如何通过基金会透明指数来推动透明度予以认真思考。这时的基金会中心网已经采集了相当数量的国内基金会组织的各类披露信息，工作局面也正在打开，似乎具备了某种条件。

2012年3月下旬的一个刮着飓风的日子里，在公益慈善领域资深人士黄浩明先生的指引下，在海淀的一个小面馆里，我用吃一碗面的时间快速地向令人尊重的国内著名学者、清华大学NGO研究所所长王名教授讲述着关于基金会透明指数的设想。记得身任全国政协委员的王名教授非常忙碌，第二天还要出国访问。出乎我的意料，他在听完后提了几个关键性的问题，给予了清晰指点，随即向我介绍和推荐了一位透明问题研究的专家、清华大学廉政和治理研究中心主任程文浩教授，一位了不起的年轻学者。后来还有一位更为年轻而聪慧的学者——清华大学党委常委、学生工作部部长、廉政与治理研究中心副主任过勇副教授的加入，正是他画龙点睛的提示和指点，让我们豁然开朗，解开了长时间令我纠结的问题。至此，基金会透明指数才有了其面世的可能，具备了成功的必要要件。

中国公益慈善的领军者、基金会中心网理事长徐永光先生又给透明指数起了一个名字，以便于其未来的发展，于是便有了“中基透明指数”。

在同合作伙伴美国基金会中心交流时得知，中基透明指数是国际上第一个推动基金会透明的指数，这又使我们诚惶诚恐，倍感压力。中基透明指数是旨在推动中国基金会领域透明的平台，它是根据中国国情诞生的，不经意间成为世界首创，受到了国内外的关注和认可。“2012 责任中国盛典”活动授予中基透明指数“公益行动奖”，北京大学公民社会研究中心将中基透明指数提名参加 2012 年公民社会十大事件的评选；就连中央编译局等机构授予基金会中心网的第二届社会创新奖也不无中基透明指数的影响。

中基透明指数一改众多的评价性指数的设计和运营方式，不再是一个简单的排行榜单，其自身便设计成为一个透明体，一个互联网动态平台，其基础是基金会中心网掌握的基金会披露信息的量化体现，又包含了适量的倡导性，希望中基透明指数能真正成为推动基金会透明的有效平台。

程文浩教授领导的专家队对中基透明指数中的数据信息做了很好的解读，于是有了这本年度的基金会透明报告。正如徐永光先生希望的“把基金会透明钥匙交到公众手中”，我也希望公众、企业、捐款人、媒体、政府通过这本蓝皮书能够对中国基金会透明状况有所了解，都能够参与到推进基金会透明的行列中来。基金会透明需要内部动力，更需要来自公众参与的外部动力，每一个人都能成为推动者，都能提供正能量。

基金会透明不是目的，我们始终在倡导建立健康良性的公益文化，为推动中国社会文明进步而努力、而实践。

程刚

基金会中心网总裁

目录

皮书数据库阅读使用指南

CONTENTS

B.1
中基透明指数（FTI）开发背景及体系介绍

一 公开透明：中国基金会行业大势所趋

公益慈善事业是和谐社会建设的基石。目前，各类公益慈善基金会在中国社会发展中发挥着越来越重要的作用。据基金会中心网统计，截止到2012年12月，全国的基金会总数已达3009家，平均年增长率达20%，预计2012年末资产总量将超过800亿元。

虽然中国公益慈善事业整体快速发展，但是社会对于基金会行业的透明度和公信力一直存有很多质疑。公益慈善基金会的资金取之于民、用之于民，理应承担公开透明的神圣义务。然而，某些基金会却无视自己的公开透明责任，甚至产生了贪污、挪用等违法犯罪行为，严重损害了中国公益慈善事业的社会公信力，也危害了中国公益慈善行业的健康发展。近两年，中国公益慈善事业更是遭遇了严重的信任危机。

面对这种困境，提高中国公益慈善事业的整体透明度，推动公益行业自身的公开透明与廉洁管理，已成当务之急、大势所趋、历史必然。这不仅有利于中国公益慈善事业的可持续发展，而且对于促进中国的社会和谐与稳定同样具有战略意义。

二 中国有关基金会公开透明的法律法规

为了促进基金会行业的信息公开与透明，中国政府相继施行了《基金会管理条例》（2004年）、《基金会信息公布办法》（2005年）、《公益慈善捐助信息披露指引》（征求意见稿）（2011 年）、《关于规范基金会行为的若干规定（试行)》（2012 年）等。这些法律法规对于基金会信息公开做出了具体规定。

（一）《基金会管理条例》相关规定

第三十六条规定：基金会、境外基金会代表机构应当于每年 3 月 31 日前向登记管理机关报送上一年度工作报告，接受年度检查。年度工作报告在报送登记管理机关前应当经业务主管单位审查同意。年度工作报告应当包括财务会计报告、注册会计师审计报告，开展募捐、接受捐赠、提供资助等活动的情况以及人员和机构的变动情况，等等。

第三十八条规定：基金会、境外基金会代表机构应当在通过登记管理机关的年度检查后，将年度工作报告在登记管理机关指定的媒体上公布，接受社会公众的查询、监督。

第四十二条规定：基金会、基金会分支机构、基金会代表机构或者境外基金会代表机构有下列情形之一的，由登记管理机关给予警告、责令停止活动；情节严重的，可以撤销登记……（六）不履行信息公布义务或者公布虚假信息的。

（二）《基金会信息公布办法》相关规定

第三条规定：信息公布义务人公布的信息资料应当真实、准确、完整，不得有虚假记载、误导性陈述或者重大遗漏。

信息公布义务人应当保证捐赠人和社会公众能够快捷、方便地查阅或者复制公布的信息资料。

第五条规定：信息公布义务人应当在每年 3 月 31 日前向登记管理机关报送上一年度的年度工作报告。登记管理机关审查通过后 30 日内，信息公布义务人按照统一的格式要求，在登记管理机关指定的媒体上公布年度工作报告的全文和摘要。

信息公布义务人的财务会计报告未经审计不得对外公布。

（三）《关于规范基金会行为的若干规定（试行）》相关规定

基金会应当及时向社会公众公布下列信息：

——发起人；

——主要捐赠人；

——基金会理事主要来源单位；

——基金会投资的被投资方；

——其他与基金会存在控制、共同控制或者重大影响关系的个人或组织；

——基金会与上述个人或组织发生的交易。

（四）《公益慈善捐助信息披露指引》（征求意见稿）相关规定

该文件第三章对信息披露内容进行了规定。

第十条指出，披露内容应包括接受捐赠机构信息，包括机构名称、机构基本情况（年检情况、公募或非公募资质、评估结果、成立时间）、机构宗旨和业务范围、办公地址、工作电话、处理投诉的联系人及联系方式等。

第十条指出，披露内容应包括机构财务信息，包括年度财务会计报告（会计报表、资产负债表、业务活动表、现金流量表、会计报表附注、财务情况说明书）、审计报告等。

（五）《中华人民共和国政府信息公开条例》相关规定

第一条规定：为了保障公民、法人和其他组织依法获取政府信息，提高政府工作的透明度，促进依法行政，充分发挥政府信息对人民群众生产、生活和经济社会活动的服务作用，制定本条例。

第九条规定：行政机关对符合下列基本要求之一的政府信息应当主动公开：

——涉及公民、法人或者其他组织切身利益的；

——需要社会公众广泛知晓或者参与的；

——反映本行政机关机构设置、职能、办事程序等情况的；

——其他依照法律、法规和国家有关规定应当主动公开的。

上述法律法规对基金会公开透明提出了具体的要求。严格执行这些要求，不仅需要提高基金会自身的公开意识，而且需要开发出可准确反映基金会透明状况的测评工具，从而将法律法规的原则性要求具体化、实操化。

为了全面推进中国基金会行业的公开透明，促进国家有关法律法规的落实和执行，基金会中心网与清华大学廉政与治理研究中心合作，于2012年推出了中基透明指数（Foundation Transparency Index，FTI）。

三　中基透明指数体系介绍

中基透明指数是一套综合指标、权重、信息披露渠道、完整度等参数，以排行榜单为呈现形式的基金会透明标准评价系统。榜单按照基金会最新透明分数每周更新一次，排名越靠前代表基金会透明度越高。

中基透明指数旨在科学准确地测评中国基金会行业的透明度状况，具有鲜明的时代特征，力图在信息时代科学客观地诠释“透明度”的含义。中基透明指数为中国基金会行业建立了可量化的透明度标准，与全行业共同分享实践经验和测评工具；它将帮助基金会了解自身的信息公开和透明程度在全行业所处的水平，并掌握提高自身透明度的方法；公众则可以把中基透明指数作为捐赠参考，从而推动公益慈善行业增强透明度和公信力。

（一）设计原则

中基透明指数在开发过程中，严格遵循了以下六大原则。

（1）公开性：中基透明指数的所有指标和计算方法均向公众公开，一方面方便基金会了解如何提高透明度，另一方面方便公众了解透明指数的含义。

（2）科学性：中基透明指数的指标构成充分考虑到当前国内基金会的发展水平，计算方法全面涵盖指标、权重、披露渠道、完整性四个方面，以求更加准确地反映基金会的透明度状况。

（3）倡导性：中基透明指数专门就基金会官方网站的栏目设计制定了相应的指标，在计算方法中也给予基金会官网作为信息披露渠道的指标以更高分数，以倡导和推动基金会在信息时代建立官网以及信息披露栏目。

（4）民间性：中基透明指数由基金会中心网提出，经清华大学廉政与治理研究中心、中国 NPO 自律行动委员会、中国非公募论坛、基金会中心的发起机构以及一些具有一定影响力的基金会等众多基金会组织共同参与完善，最终得到行业自身基本认同。

（5）发展性：每年召集专家研究指标体系的科学性和现实性，根据现实状况的发展变化不断细化和提高基金会透明标准，不断调整指标和权重。

（6）国际性：中基透明指数网站（www. fti. org. cn）提供中英文双语查询功能，方便国内外相关机构使用和查询。

（二）体系简介

中基透明指数的整个指标体系共包含 60 个指标，由 40 个合规性指标和 20 个倡导性指标构成，根据德尔菲法对不同指标赋予不同权重，满分为 129. 4 分（其中基金会基本信息 58. 2 分、财务信息 28. 8 分、项目信息 38 分、捐赠信息 4. 4 分）。

指标的具体情况如下。

（1）基本信息包括：基础信息（12 个指标）、联系信息（5 个指标）、理事会信息（5 个指标）、信息化信息（3 个指标）、章程及制度（5 个指标）、年度工作报告（1 个指标）。

（2）财务信息包括：财务报告（3 个指标）、主要财务信息（14 个指标）。

（3）项目信息包括：主要项目信息（7 个指标）、信息化信息（3 个指标）。

（4）捐赠信息包括：信息化信息（1 个指标）、主要捐赠人信息（1 个指标）。

基金会透明度分数将由四个参数决定：指标是否披露、指标权重、信息披露渠道和信息披露的完整程度。关于指标和计算方法的详细介绍，详见本书附件部分《中基透明指数（FTI）指标及算法详解》。

B.2

FTI 2013 现状分析

一 FTI 2013 总体介绍

FTI 2013 涵盖了 2011 年 1 月 1 日之前注册成立的 2210 家基金会和自愿加入榜单的 4 家 2011 年成立的基金会，其中公募基金会 1097 家，非公募基金会 1117 家。基金会数据采集主要依照基金会向登记主管部门提交的 2011 年度工作报告。

从计算结果来看，中国基金会行业的透明度总体状况很不理想。2214 家基金会平均 FTI 得分仅为 49.62 分，仅占总分 129.4 分的 38.35%，即行业整体 FTI 得分不及格。

有 905 家基金会的 FTI 分值低于行业平均得分 49.62 分，即 40.86% 的基金会未达到行业均值。FTI 得分最低的基金会仅得 1.6 分。

1117 家非公募基金会平均得分 50.48 分，而 1097 家公募基金会 FTI 平均得分仅 48.74 分，未达到及格分数①。

二 FTI 2012 反映的行业问题

FTI 2012 虽然是一个指数体系，但却能够反映出我国基金会行业在公开透明方面存在的五大问题。

1. 基金会行业透明度总体偏低，登记主管部门未能严格履行监管职能

《基金会管理条例》第三十六条规定：基金会、境外基金会代表机构应当于每年 3 月 31 日前向登记管理机关报送上一年度工作报告，接受年度检查。

① 此处及格分数是指按照基金会行业相关规定披露相关信息的基金会，得分至少应为 48.80 分。

年度工作报告在报送登记管理机关前应当经业务主管单位审查同意。年度工作报告的内容应当包括财务会计报告、注册会计师审计报告，开展募捐、接受捐赠、提供资助等活动的情况以及人员和机构的变动情况等。

为了对应《基金会管理条例》的制度要求，FTI 包含合规性指标 40 个，分别是完整版基金会年度工作报告及其包含的 39 个具体指标。只要基金会在任何渠道披露年度工作报告全文，且其中项目支出合计占公益支出 80%，合规性指标分值就可以达到 48.80 分。但是基于其 2011 年报，在全国 2214 家入榜基金会中，有高达 884 家基金会的合规性指标分值低于 48.80 分（见图 1），即 39.93% 的基金会合规性指标披露不合格，但这些基金会却依然能够顺利通过年检，令人十分费解。

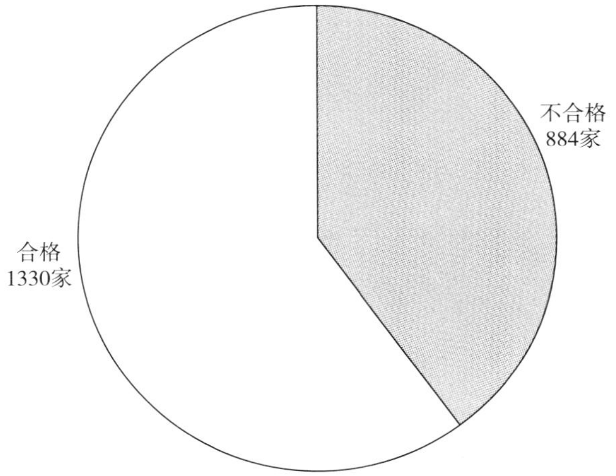

图 1　基于 2011 年报的全国基金会 FTI 合规性指标得分情况

注：数据截止到 2013 年 3 月 11 日。
资料来源：基金会中心网、中基透明指数。

在基金会年度工作报告的信息公开方面，问题也相当严重。《基金会管理条例》第三十八条规定：基金会、境外基金会代表机构应当在通过登记管理机关的年度检查后，将年度工作报告在登记管理机关指定的媒体上公布，接受社会公众的查询、监督。《基金会信息公布办法》第三条规定：信息公布义务人应当保证捐赠人和社会公众能够快捷、方便地查阅或者复制公布的信息资料。《基金会信息公布办法》第五条规定：信息公布义务人应当在每年 3 月 31 日前，向登记管理机关报送上一年度的年度工作报告。登记管理机关审查通过后 30 日内，信息公布义务人按照统一的格式要求，在登记管理机关指定的媒体上公布年度工作报告的全文和摘要。

然而，基金会中心网通过民政部门官网、平面媒体等各种渠道广泛查找基金会相关信息，全国仍有 20 多家基金会除了能找到名称外几乎无其他任何信息，有 46 家基金会没有联系信息，就等于说公众无法与之联系。这显然违反了国家的有关规定。

2. 部分基金会收入支出比例严重失衡，却依然能够从容过关

FTI 2013 的结果表明，很多基金会的资源总量与其透明程度形成了强烈反差。在中国净资产和捐赠收入最大的 100 家基金会中，分别有 25 家、23 家基金会的透明度排在 1000 名之外（见表 1）。中国净资产最大的慈善基金会透明度排名仅为第 1144 位。

表 1　主要财务数据 Top 100 基金会 FTI 情况

单位：家

2011 年度	排名在 1000 名之后的基金会数量
净资产 Top 100	25
捐赠收入 Top 100	23
公益支出 Top 100	26

注：第 1000 名的 FTI 得分为 56.00 分；数据截止到 2013 年 3 月 11 日。
资料来源：基金会中心网、中基透明指数。

国家对于基金会的公益支出比例等有着严格的要求。例如，《基金会管理条例》第二十九条规定：公募基金会每年用于从事章程规定的公益事业支出，不得低于上一年总收入的 70%。但是，湖北省湿地保护基金会连续两年公益支出比例占上年度总收入的比重低于 70%，其中 2010 年总收入为 157 万元，2011 年公益支出为 24 万元，当年公益支出仅占上一年总收入的 15.37%；2009 年总收入为 135 万元，2010 年公益支出为 23 万元，当年公益支出仅占上一年总收入的 16.92%。

《基金会管理条例》第二十九条规定：非公募基金会每年用于从事章程规

定的公益事业支出，不得低于上一年基金余额的 8%。然而，青岛市天泰公益基金会 2010 年末净资产为 6345 万元，2011 年公益支出为 74 万元，当年公益支出仅占上一年末净资产的 1.17%。

根据基金会中心网采集的公开信息计算，还有部分基金会也存在类似的不合规情况，这种现象应该引起相关部门的重视。

3. 基金会透明度的地域差距显著，某些地区（包括发达地区）基金会透明度整体偏低

从图 2 全国各地区基金会 FTI 均值可以看出，省际差异同样十分显著。

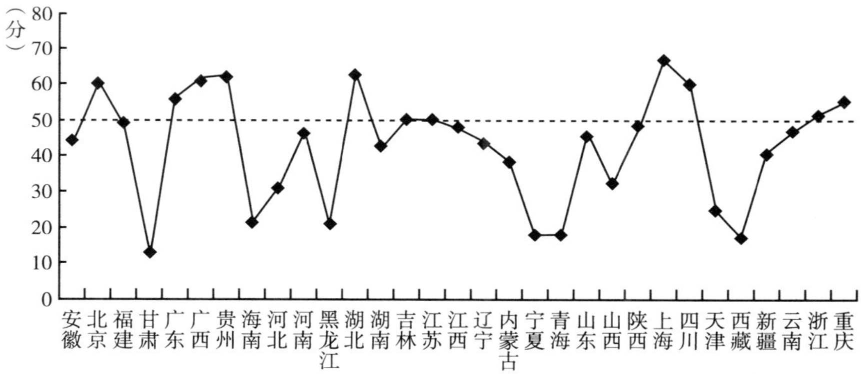

图 2　各地区 FTI 均值情况

注：数据截止到 2013 年 3 月 11 日。
资料来源：基金会中心网、中基透明指数。

如表 2 所示，全国排名最低的五个地区的 FTI 平均分值仅为 12.51 ~21.48 分。

表 2　全国 FTI 平均排名最低的五个地区

单位：分

注册地	排名	FTI 分值	注册地	排名	FTI 分值
黑龙江	27	21.48	西　藏	30	17.68
青　海	28	18.32	甘　肃	31	12.51
宁　夏	29	18.26			

注：数据截止到 2013 年 3 月 11 日。
资料来源：基金会中心网、中基透明指数。

国内某些经济相对发达地区的 FTI 表现同样差别巨大（见表 3）。例如，山东、天津的 FTI 平均分值在全国反而处于中下游，这不能不引起我们的反思。

表 3　国内部分发达地区 FTI 均值情况

单位：分

所在地	排名	FTI 分值	所在地	排名	FTI 分值
北　京	5	60.29	江　苏	11	50.31
广　东	7	56.18	山　东	17	46.68
浙　江	9	52.05	天　津	25	24.92

注：数据截止到 2013 年 3 月 11 日。
资料来源：基金会中心网、中基透明指数。

4. 各系统基金会透明度差异显著。青少年发展基金会系统透明度最高，人民教育基金会系统透明度垫底

目前国内有一批由相关政府组织或个人发起并直接或间接参与管理的、服务于特定领域的基金会。此类基金会是中国早期基金会的主体，其名称类似、特点鲜明，专注于特定领域，具有非民间背景，主管单位通常是同一职能部门。例如，青少年系统基金会由共青团中央或地方共青团委主管。

全国各种系统类基金会的 FTI 平均分值为 48.43 分，整体低于全国平均水平，而且各系统基金会之间的差异十分显著。42 家青少年发展基金会系统的平均透明度最高，FTI 均值为 70.36 分。相比之下，老龄事业发展基金会系统、扶贫基金会系统、人民教育基金会系统的 FTI 得分则不尽如人意（见表 4）。

表 4　全国非民间系统基金会透明度部分排名（共 26 个系统基金会类别）

单位：家，分

名次	类别	数量	FTI 均值
1	青少年系统	42	70.36
2	红十字系统	9	67.67
3	宋庆龄系统	6	66.16
4	法律援助系统	8	62.91
5	残疾系统	55	59.97
6	人口系统	12	59.45
7	妇女儿童系统	31	57.08
21	人民教育基金会	275	45.80

注：数据截止到 2013 年 3 月 11 日。
资料来源：基金会中心网、中基透明指数。

在 FTI 所统计的各个基金会系统中，人民教育基金会整体 FTI 得分水平很低。目前全国共有 299 家由教育厅或教育局主管的人民教育基金会，其中有 275 家进入了 FTI 2013 榜单。这 275 家基金会 2011 年的净资产总量为 65.89 亿元，占全国总量的 11.13%；捐赠收入占全国总量的 12.72%；公益支出占全国总量的 17.33%（见表 5）。然而，本应具备较高社会公信力的各地人民教育基金会的 FTI 均值仅为 45.80 分，不仅低于全国 FTI 均值，而且也低于系统基金会的 FTI 均值（48.43 分）。

表 5　2011 年度人民教育基金会主要财务数据总量在全国所占比重

单位：亿元，%

项　目	总量	占全国总量比重
净资产	65.89	11.13
捐赠收入	32.60	12.72
公益支出	34.20	17.33

注：部分基金会的净资产、捐赠收入、公益支出不明，因此不在总量范围内，该总量范围仅包含有明确数据的基金会加总。数据截止到 2013 年 3 月 11 日。

资料来源：基金会中心网、中基透明指数。

人民教育基金会系统的另一个特点在于其捐赠收入来源中自然人捐赠比例明显高出全国水平。2011 年，人民教育基金会捐赠收入的主要来源是境内自然人捐赠，占总量的 66%（见图 3），这比全国基金会捐赠收入中境内自然人捐赠收入占比（31%）（见图 4）高出近 35 个百分点。然而，公众平时却很少在媒体上看到人民教育基金会开展的公益活动。为什么有如此众多的自然人愿为人民教育基金会捐款？这一问题值得进一步探究。

5. 基金会信息发布渠道不统一，指定发布渠道信息公示不及时

早在 2005 年，民政部颁布的《基金会信息公布办法》就明确要求：信息公布义务人应当向社会公布基金会年度工作报告、公募基金会组织募捐活动、基金会开展公益资助项目等信息；信息公布义务人应保证捐赠人和社会公众能够快捷、方便地查阅或者复制公布的信息资料；登记管理机关审查通过后 30 日内，信息公布义务人按照统一的格式要求，在登记管理机关指定的媒体上公布年度工作报告的全文和摘要。

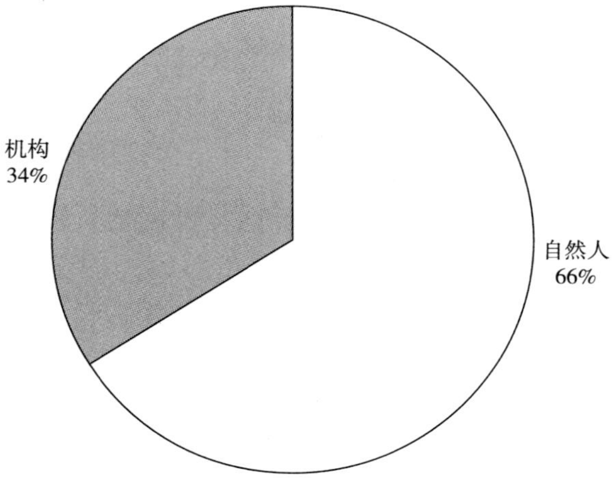

图3　人民教育基金会捐赠收入构成（2011年）

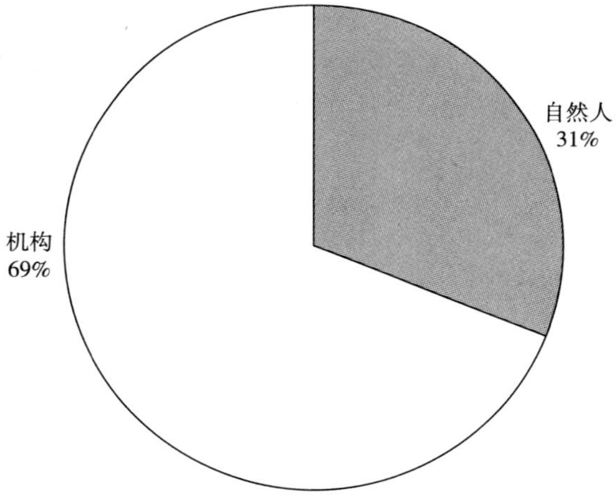

图4　全国基金会捐赠收入构成（2011年）

注：数据截止到2013年3月11日。
资料来源：基金会中心网、中基透明指数。

然而实际上，基金会年报对外披露情况并不能让人满意。截止到2013年3月，仅有9家登记机关管理下的基金会在中国社会组织网上披露2011年报全文，另外上海在上海民间组织信息网发布了年报全文和审计报告，深圳在深圳民管局网站上披露了基金会的年报全文，北京在《法制晚报》上披露了基金会的年报摘要，江西在江西省社会组织网上展现了基金会的审计报告，另外还有登记机关在其网站上展现了基金会年报摘要。而有 18 家民政部门没有在指定渠道披露任何基金会 2011 年度的年报信息（见图 5）。这就在客观上使得各基金会的信息发布更加处于无序和随意状态。

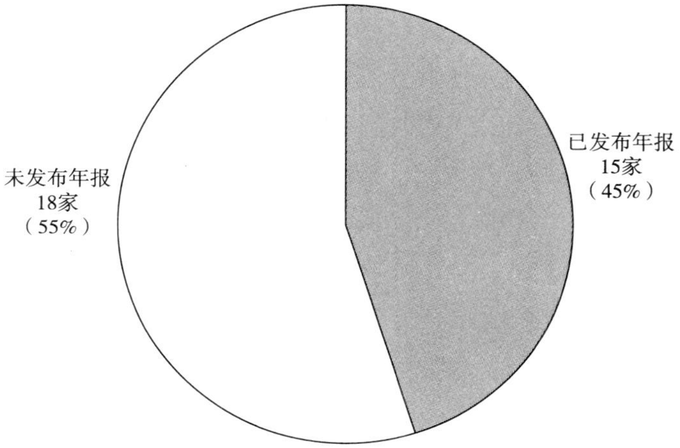

图 5　在指定网站发布 2011 年度工作报告的民政部门情况

注：数据截止到 2013 年 3 月 11 日。

资料来源：基金会中心网、中基透明指数。

B.3

FTI 2012 分类比较*

在上文对 FTI 2013 进行了总体分析之后，下面我们再对各类基金会进行分类分析，以便深化对其公开透明状况的了解。

一 按照基金会注册地的分类比较

1. 以基金会登记部门为分类标准

我们首先以登记部门为分类标准，对各基金会进行分类比较。

在 FTI 2013 所涵盖的 2214 家基金会中，有 148 家在民政部登记，占基金会总数的 6.68%。如表 1 所示，在民政部注册的基金会 FTI 均值（72.24 分）显著高于在省级民政部门注册基金会的 FTI 均值（48.00 分）。

表 1 按登记部门分类的基金会 FTI 得分情况

单位：家，分

登记部门	数量	FTI 均值	标准差	中值
民政部	148	72.24	29.17	69.39
省级民政部门	2066	48.00	23.79	53.97
合 计	2214	49.62	24.92	54.40

2. 以基金会所在地为分类标准①

如果按基金会的所在地进行分类比较，则会发现各省份 FTI 均值差异显著，从上海市的 66.85 分到甘肃省的 12.51 分不等。上海、北京这两个基金会

* 数据截止到 2013 年 3 月 11 日，文中不再说明。

① 该分类标准单纯按照基金会所在地进行分类，民政部登记的基金会大部分分布于北京，但其余地区也有分布。

大户的 FTI 均值都在60分以上，而江苏、福建、湖南的基金会 FTI 均值则偏低（见表2）。

表2　按基金会所在地分类的 FTI 得分情况

单位：分，家

所在地	FTI 均值	基金会数量	所在地	FTI 均值	基金会数量
上　海	66.85	115	山　东	46.68	59
湖　北	62.64	48	安　徽	44.60	36
贵　州	62.40	14	辽　宁	44.38	49
广　西	61.78	22	湖　南	42.54	122
北　京	60.29	282	新　疆	40.68	24
四　川	59.61	78	内蒙古	38.75	69
广　东	56.18	216	山　西	31.82	28
重　庆	55.16	28	河　北	31.61	24
浙　江	52.05	189	天　津	24.92	40
吉　林	50.57	36	海　南	21.75	28
江　苏	50.31	314	黑龙江	21.48	42
福　建	48.80	113	青　海	18.32	12
江　西	48.25	25	宁　夏	18.26	24
陕　西	47.76	49	西　藏	17.68	10
云　南	47.17	38	甘　肃	12.51	24
河　南	46.83	56			

二　按照基金会性质的分类比较

在 FTI 2013 涵盖的2214家基金会中，公募基金会数量有1097家，占总数的49.55%，非公募基金会数量有1117家，占总数的50.45%。非公募基金会数量略多于公募基金会。

如表3所示，公募基金会的 FTI 均值为48.74分，非公募基金会的 FTI 均值为50.48分，两者的分数差异并不显著。

表3　公募基金会与非公募基金会 FTI 分值对比

单位：分，家

类别	FTI 均值	基金会数量	极小值	极大值
公　募	48.74	1097	1.6	129.4
非公募	50.48	1117	2.4	129.4
合　计	49.62	2214	1.6	129.4

三　按照基金会规模的分类比较

按照基金会的总资产数额，可将所有基金会分为四类：大型基金会（总资产亿元以上）、中型基金会（总资产千万元以上、亿元以下）、小型基金会（总资产千万元以下）、资产不明基金会（无总资产信息）。

如图1所示，大型基金会有121家，占所有基金会总数的5%；中型基金会有665家，占比为30%；小型基金会有938家，占比为42%；而资产不明的基金会有490家，居然达到22%，再次反映出我国基金会行业总体不透明、政府监管不力。

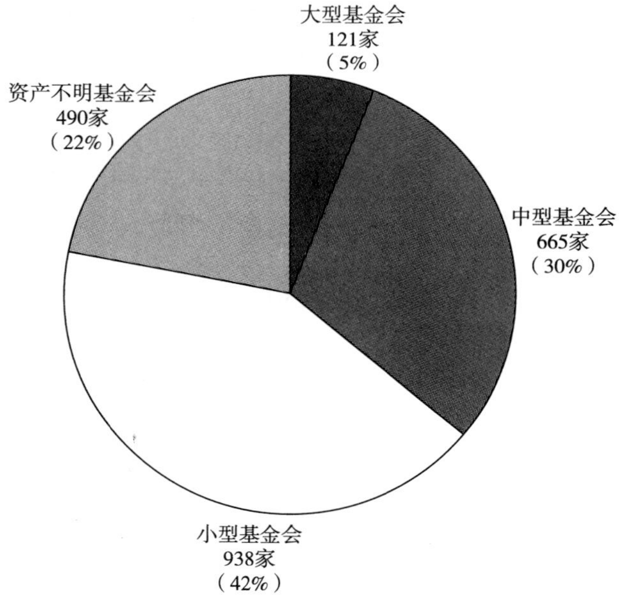

图1　基金会按规模划分的整体数量情况

如图2所示，如果对比基金会资产总量，大型基金会占所有基金会资产总和的61%，中型基金会占33%，小型基金会仅占6%。大型基金会虽然数量有限，但其资产规模之大，令广大中小基金会望尘莫及。

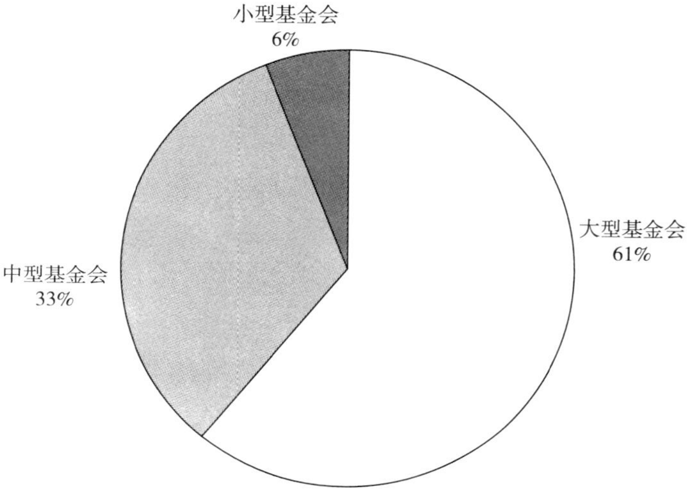

图 2　基金会按规模分资产情况

（一）大型基金会资产及 FTI 分析

首先对大型基金会的资产状况进行分析。如表 4 所示，我国大型基金会的资产均值约为 3. 13 亿元，实力比较雄厚。

表 4　大型基金会资产情况统计

单位：亿元，家

项目	极小值	极大值	总和	均值
总资产	1. 01	30. 79	378. 96	3. 13
	标准差	数量	偏度	峰度
	4. 09	121	4. 1	20. 99

这 121 家大型基金会涉及的前十大领域如表 5 所示。

表 5　大型基金会涉及的前十大领域

单位：家

涉及领域	基金会数量	涉及领域	基金会数量
教　　育	87	国际事务	15
科学研究	31	文　　化	12
医疗救助	21	卫生保健	12
安全救灾	19	儿　　童	10
扶贫助困	16	残　　疾	7

大型基金会资产可观、实力雄厚，那么其透明程度如何呢？如表 6 所示，我国大型基金会的 FTI 均值为 73.26 分，峰度为 0。从统计学意义上讲，分数分布较为均匀。

表 6　大型基金会 FTI 得分统计

单位：分，家

项目	均值	极小值	极大值	总和
FTI 分值	73.26	28.4	129.4	8863.98
	基金会数量	标准差	偏度	峰度
	121	25.79	0.83	0

在大型基金会中，公募与非公募基金会的透明度是否存在显著差异？如表 7 所示，公募大型基金会 FTI 均值为 74.76 分，非公募大型基金会 FTI 均值为 71.51 分，两者之间的差异并不显著。

表 7　公募与非公募基金会 FTI 得分情况

单位：家，分

基金会类型	数量	FTI 均值	标准差	中值
公　募	65	74.76	26.72	71.40
非公募	56	71.51	24.78	62.65
合　计	121	73.26	25.79	70.47

在大型基金会中，民间背景基金会与非民间背景基金会的透明度是否存在显著差异？如表 8 所示，非民间背景大型基金会 FTI 均值为 72.15 分，民间背景大型基金会 FTI 均值为 79.59 分，两者之间的差异并不显著。

表 8　民间背景与非民间背景大型基金会 FTI 得分情况

单位：家，分

背　景	数量	FTI 均值	标准差	中值
非民间	103	72.15	24.05	70.47
民　间	18	79.59	34.28	69.69
合　计	121	73.26	25.79	70.47

下面我们按照独立型基金会、系统基金会、企业型基金会、学校型基金会、家族型基金会的分类方式，对各种大型基金会的透明程度进行对比分析。从表 9 可以看出，独立型基金会 FTI 均值最高，为 84.87 分，家族型基金会得分最低，均值为 66.21 分；

表 9　各类大型基金会得分情况对比

单位：家，分

分　类	数量	FTI 均值	标准差	中值
独立型	14	84.87	27.81	78.50
系统基金会	60	74.50	26.29	71.16
企业型	14	68.77	31.51	63.76
学校型	30	68.05	20.12	61.28
家族型	2	66.21	11.05	66.21
社区型	1	78.94	—	—
合　计	121	73.26	25.79	70.47

下面按照登记部门对各种大型基金会进行分类分析。如表 10 所示，民政部注册的大型基金会 FTI 均值显著高于省级民政部门注册的大型基金会。

表 10　按照登记部门分类的大型基金会 FTI 得分对比

单位：家，分

登记部门	数量	FTI 均值	标准差	中值
民政部	44	86.95	29.73	85.64
省级民政部门	77	65.43	19.48	59.20
合　计	121	73.26	25.79	70.47

我们继而按照基金会的注册地对各种大型基金会的透明度进行对比分析[①]。如表 11 所示，有 4 个省级行政区（北京、上海、广西、四川）的大型基金会 FTI 均值在 70 分以上，大型基金会 FTI 均值最低的为安徽省（30.40 分）。

① 此处严格按照基金会所在地进行分类，在民政部注册的基金会大部分所在地为北京，但也分布于其他省份，本书其余按所在地对基金会进行分类的标准同此。

表 11　按照所在地分类的大型基金会 FTI 得分对比

单位：家，分

排名	所在地	数量	FTI 均值	排名	所在地	数量	FTI 均值
1	北　京	41	85.63	9	福　建	5	60.23
2	上　海	19	76.26	10	浙　江	6	58.44
3	广　西	1	71.18	11	陕　西	2	55.40
4	四　川	2	70.67	12	河　南	1	53.86
5	江　苏	20	69.81	13	内蒙古	2	47.16
6	广　东	18	65.00	14	安　徽	1	30.40
7	吉　林	1	62.40	合　计		121	73.26
8	湖　南	2	60.96				

（二）中型基金会资产及透明度分析（总资产千万元以上、亿元以下）

如表 12 所示，FTI 2013 所涵盖的我国 665 家中型基金会的平均资产为 3078.21 万元。

表 12　中型基金会资产情况统计

单位：万元，家

项目	极小值	极大值	总和	均值
总资产	1000.97	9969.49	2047008	3078.21
	标准差	数量	偏度	峰度
	2194.43	665	1.36	1.07

这 665 家中型基金会涉及的前十大领域如表 13 所示。

表 13　中型基金会涉及的前十大领域

单位：家

涉及领域	基金会数量	涉及领域	基金会数量
教　　育	403	扶贫助困	62
科学研究	115	文　　化	62
医疗救助	90	卫生保健	36
安全救灾	50	儿　　童	49
国际事务	19	残　　疾	38

665 家中型基金会的透明度总体表现如何？如表 14 所示，其 FTI 均值为 61. 35 分，观察其峰度为 2. 72。从统计学意义上讲，得分分布较为集中。

表 14　中型基金会 FTI 得分情况

单位：家，分

<table>
<tr><td>项目</td><td>极小值</td><td>极大值</td><td>FTI 均值</td><td>标准差</td></tr>
<tr><td rowspan="4">FTI 分值</td><td>20. 8</td><td>129. 4</td><td>61. 35</td><td>19. 16</td></tr>
<tr><td>数量</td><td>偏度</td><td>峰度</td><td rowspan="3">—</td></tr>
<tr><td>665</td><td>1. 29</td><td>2. 72</td></tr>
</table>

如果按照公募基金会与非公募基金会进行分类，中型基金会中公募基金会 FTI 均值为 60. 88 分，非公募基金会 FTI 均值为 62. 08 分（见表 15）。经过进一步统计检验，两者差异并不显著。

表 15　公募与非公募中型基金会 FTI 得分对比

单位：家，分

基金会类型	数量	FTI 均值	标准差	中　值
公　募	407	60. 88	19. 38	57. 26
非公募	258	62. 08	18. 81	57. 84
合　计	665	61. 35	19. 16	57. 60

在中型基金会中，民间背景基金会与非民间背景基金会的透明度是否存在显著差异？如表 16 所示，非民间背景基金会 FTI 均值为 60. 56 分，民间背景基金会 FTI 均值为 64. 79 分。经过统计检验，民间背景基金会得分显著高于非民间背景基金会得分。

表 16　民间背景与非民间背景中型基金会 FTI 得分对比

单位：家，分

背　景	数量	FTI 均值	标准差	中　值
非民间	541	60. 56	18. 40	57. 60
民　间	124	64. 79	21. 93	57. 73
合　计	665	61. 35	19. 16	57. 60

如果按照独立型基金会、系统基金会、企业型基金会、学校型基金会和家族型基金会的分类方式，各类中型基金会的 FTI 得分如表 17 所示。家族型基金会得分最高，为 71.65 分，系统基金会得分较低，为 59.77 分。

表 17　各类中型基金会得分情况对比

单位：家，分

一级分类	数量	FTI 均值	标准差	中值
家族型	6	71.65	18.70	67.60
独立型	92	66.78	22.74	61.42
学校型	103	62.42	17.13	58.80
企业型	63	61.05	21.01	57.60
系统基金会	399	59.77	18.25	56.80
社区型	2	49.20	14.14	49.20
合　计	665	61.35	19.16	57.60

如果对中型基金会按照登记部门进行分类，其 FTI 表现如表 18 所示。在民政部注册的中型基金会得分为 72.33 分，而在省级民政部门注册的中型基金会得分为 59.78 分。经过统计检验，两者之间存在显著差异。

表 18　中型基金会登记部门得分对比

单位：家，分

登记部门	数量	FTI 均值	标准差	中值
民政部	83	72.33	24.85	68.22
省级民政部门	582	59.78	17.68	57.27
合　计	665	61.35	19.16	57.60

如果按照注册地对中型基金会进行分类，各地区的 FTI 得分排序如表 19 所示。

如表 19 所示，中型基金会 FTI 均值在 70 分以上的地区有 5 家，由高到低依次为黑龙江、河北、甘肃、海南和广西，其中黑龙江的 FTI 均值甚至达到了 107.87 分。中型基金会 FTI 均值在 50 分以下的地区有 3 家，依次为宁夏、山西和西藏。

表 19　按照所在地分类的中型基金会 FTI 得分对比

单位：家，分

排名	所在地	数量	FTI 均值	排名	所在地	数量	FTI 均值
1	黑龙江	2	107.87	17	重　庆	10	62.44
2	河　北	3	89.60	18	安　徽	8	62.24
3	甘　肃	1	87.84	19	河　南	9	61.98
4	海　南	2	86.03	20	内蒙古	9	60.75
5	广　西	6	75.01	21	山　东	23	60.44
6	天　津	4	68.05	22	辽　宁	15	59.83
7	江　西	3	66.65	23	湖　南	30	59.25
8	上　海	55	66.63	24	云　南	12	59.03
9	湖　北	18	66.43	25	浙　江	75	55.43
10	四　川	21	66.02	26	江　苏	115	55.04
11	陕　西	9	65.38	27	新　疆	6	54.88
12	北　京	126	64.64	28	宁　夏	3	49.99
13	福　建	22	64.32	29	山　西	10	47.08
14	贵　州	3	63.74	30	西　藏	1	46.80
15	广　东	59	63.47	合　计		665	61.35
16	吉　林	5	63.04				

（三）小型基金会资产及透明度分析（总资产千万元以下）

如表 20 所示，FTI 2013 所涵盖的我国 938 家小型基金会的平均资产为 426 万元。

表 20　小型基金会资产情况统计

项目	极小值	极大值	总和	均值
总资产	0	996 万元	40 亿元	426 万元
	标准差	数量	偏度	峰度
	258 万元	938 家	0.36	-0.66

这 938 家小型基金会涉及的前十大领域如表 21 所示。

我国小型基金会的总体透明度如何？如表 22 所示，这 938 家小型基金会的 FTI 均值为 55.81 分，其峰度为 3.14，表明小型基金会得分较为集中。

表21　小型基金会涉及的前十大领域

单位：家

排序	领　域	基金会数量	排序	领　域	基金会数量
1	教　　育	521	6	老 年 人	78
2	医疗救助	109	7	见义勇为	62
3	文　　化	104	8	公共服务	62
4	扶贫助困	102	9	儿　　童	59
5	科学研究	90	10	安全救灾	56

表22　小型基金会FTI得分情况

单位：分，家

项目	极小值	极大值	总和	FTI均值
分　值	21.6	129.4	52354.45	55.81
	标准差	数量	偏度	峰度
	16.86	938	0.96	3.14

如果将小型基金会分为民间背景和非民间背景两类，则民间背景小型基金会的FTI均值为57.32分，非民间背景的小型基金会FTI均值为54.82分（见表23）。为何非民间背景中小基金会的透明度反而高于民间背景中小基金会？这足以引起我们的思考。

表23　民间背景与非民间背景小型基金会FTI得分对比

单位：家，分

背　景	数量	FTI均值	标准差	中值
非民间	564	54.82	14.51	56.00
民　间	374	57.32	19.80	56.82
合　计	938	55.81	16.85	56.48

如果按照公募与非公募的标准进行划分，则非公募小型基金会的得分为56.66分，公募小型基金会的得分为54.47分（见表24）。经过统计检验，非公募小型基金会得分显著高于公募小型基金会得分。为何直接面对社会筹款、理应具有更高问责性的公募小型基金会，其透明程度反而低于非公募基金会？这同样值得我们深入反思。

表 24　公募与非公募小型基金会得分对比

单位：家，分

基金会类型	数量	FTI 得分值	标准差	中值
公　募	363	54.47	14.50	56.00
非公募	575	56.66	18.14	56.80
合　计	938	55.81	16.85	56.48

如果对小型基金会按照独立型基金会、系统基金会、企业型基金会、学校型基金会和家族型基金会等进行分类，则各类基金会的 FTI 得分如表 25 所示。可以看出，大部分小型基金会 FTI 均值均在 60 分以下，其中社区型小型基金会的得分最高，而家族型小型基金会的得分最低。

表 25　各类小型基金会得分情况对比

单位：家，分

一级分类	数量	FTI 均值	标准差	中值
社区型	18	60.31	19.15	57.60
学校型	103	57.79	15.53	57.60
独立型	257	57.08	21.03	56.80
企业型	145	55.85	16.65	56.61
系统基金会	389	54.53	13.84	56.00
家族型	26	51.46	14.95	51.40
合　计	938	55.81	16.85	56.48

如果按照登记部门进行分类，各类小型基金会的 FTI 得分如表 26 所示。在民政部注册的小型基金会得分为 54.23 分，在省级民政部门注册的小型基金会得分为 55.83 分。经过统计检验，两者之间的差异并不显著。

表 26　小型基金会 FTI 得分登记部门对比

单位：家，分

登记部门	数量	FTI 均值	标准差	中　值
民政部	11	54.23	13.56	51.35
省级民政部门	927	55.83	16.90	56.49
合　计	938	55.81	16.85	56.48

根据基金会的注册地进行分类，各省级行政区小型基金会的 FTI 均值排序如表 27 所示。其中，河南、上海、广西、青海、河北和山东的小型基金会 FTI 均值在 64 分以上，但是相互之间差别不大。山西和甘肃两省的小型基金会 FTI 均值在 30 分以下，在所有省份中明显偏低。

表 27　按照注册地分类的中型基金会 FTI 得分对比

单位：家，分

所在地	数量	FTI 均值	所在地	数量	FTI 均值
河　南	25	65.86	浙　江	92	55.09
上　海	39	65.45	湖　南	45	54.95
广　西	12	65.34	天　津	5	54.16
青　海	1	64.78	重　庆	17	52.84
河　北	2	64.75	江　苏	143	52.76
山　东	17	64.33	江　西	18	52.40
湖　北	28	63.14	北　京	97	51.69
海　南	2	63.10	内蒙古	31	51.69
四　川	47	62.99	云　南	20	50.54
贵　州	11	62.03	福　建	76	48.57
广　东	107	61.43	新　疆	11	46.43
吉　林	20	60.80	宁　夏	1	37.60
安　徽	15	59.38	山　西	13	26.91
辽　宁	19	57.78	甘　肃	1	26.40
陕　西	23	57.75	合　计	938	55.81

大中小三类基金会的 FTI 均值是否存在显著差异？由表 28 可知，三类基金会之间的 FTI 得分差异十分显著。大型基金会 FTI 均值为 73.26 分，中型基金会 FTI 均值为 61.35 分，小型基金会 FTI 均值为 55.81 分（见图 3）。

表 28　对三类基金会的 FTI 得分情况进行两两对比

类型		FTI 均值差(I－J)	标准误差	显著性
大型基金会	中型基金会	11.90836*	1.83	0.00
	小型基金会	17.44105*	1.79	0.00
中型基金会	大型基金会	－11.90836*	1.83	0.00
	小型基金会	5.53269*	0.94	0.00
小型基金会	大型基金会	－17.44105*	1.79	0.00
	中型基金会	－5.53269*	0.94	0.00

* 两者对比后，FTI 均值差在统计学上很显著。

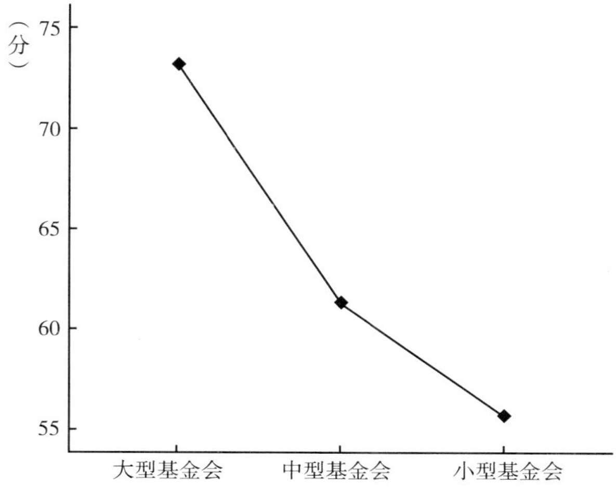

图 3　三类基金会（大、中、小）FTI 得分情况对比

除了大中小型基金会之外，还有 490 家基金会的资产状况不明，对于此类基金会暂时不做分析。

B.4

FTI Top 100 榜单及分析*

在综合分析了 FTI 2013 的总体情况之后，有必要对其中具有引领示范作用的部分基金会的透明度表现进行更为深入的分析。下面我们首先分析净资产、捐赠收入和公益支出前 100 强基金会的 FTI 得分情况，然后分析“中字头”基金会的综合表现，最后横向比较各省份 FTI 第一名的透明度水平。

一 净资产 Top 100

2011 年度净资产的 Top 100 排行榜请见本书附录三。

首先对净资产 Top 100 基金会 FTI 分值及资产财务项目分布进行简要分析。

从表 1 可以看出，由于这些基金会所有财务资产类项目（如总资产、净资产等）的峰度较大，偏度为正，因此这些项目的数值情况均表现为集中趋势大、小于均值的数据偏多，即有少数基金会各项财务资产数值远高于其他基金会；而 FTI 得分的峰度较小，说明 FTI 得分分布接近正态分布，偏度也较小，说明小于 FTI 均值的基金会数量稍多于高于 FTI 均值的基金会。

表 1 净资产 Top 100 基金会 FTI 分值及资产财务项目分布情况

财务项目	数量(家)	均 值	偏度	峰度
总资产(元)	100	355004146. 51	3. 77	17. 61
净资产(元)	100	340371435. 11	3. 97	19. 51
总收入(元)	100	156237134. 78	2. 70	8. 07
总支出(元)	100	100068112. 35	2. 78	9. 22
本年度捐赠收入(元)	100	130733254. 43	2. 55	7. 15
公益事业支出(元)	100	94816136. 82	2. 90	10. 36
FTI 分值(分)	100	74. 41	0. 75	-0. 28

* 本部分所有数据截止日期为 2013 年 3 月 11 日。由于 FTI 2012 依据的是各基金会的 2011 年年报，因此资产、捐赠收入等信息都是其 2011 年数据。

以下对这些基金会的净资产进行简要分析（见表2）。

表2　净资产 Top 100 基金会的净资产情况分析

单位：家，亿元

项目	数量	极小值	极大值	总和
净资产	100	1.11	30.6	340
	均值	标准差	偏度	峰度
	3.40	4.25	3.97	19.51

净资产 Top 100 基金会的净资产均值为 3.40 亿元，总和为 340 亿元，峰度为 19.51，说明净资产分布较为集中，而偏度为正，说明低于平均净资产的基金会数量很多，高于净资产均值的基金会较少。

在资产 Top 100 基金会中，涉及教育领域的基金会数量最多（71 家），其次为科学研究和医疗救助（见表3），没有基金会涉及侨务、动物保护、公民权利与人权领域。

表3　净资产 Top 100 基金会涉及的前十大领域

单位：家

领　域	基金会数量	领　域	基金会数量
教　　育	71	扶贫助困	13
科学研究	26	文　　化	10
医疗救助	19	卫生保健	10
安全救灾	17	儿　　童	9
国际事务	14	环　　境	7

净资产 Top 100 基金会的得分如图 1 所示。可以看出，其分布较为接近正态分布。

如表 4 所示，在净资产 Top 100 基金会中，公募基金会有 55 家，FTI 均值为 76.30 分；非公募基金会有 45 家，FTI 均值为 72.09 分。经过统计方法检验，发现公募基金会与非公募基金会之间的得分差异并不显著。

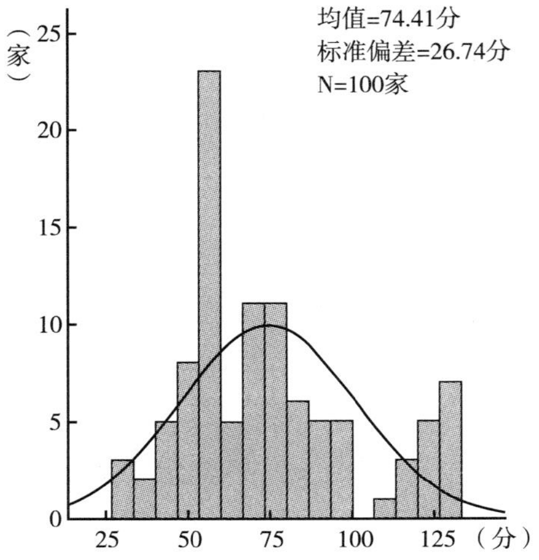

图 1　净资产 Top 100 基金会 FTI 得分

表 4　净资产 Top 100 基金会公募、非公募比较

单位：家，分

基金会类型	数量	FTI 均值	标准差	中　值
公　募	55	76. 30	28. 04	72. 40
非公募	45	72. 09	25. 17	61. 53
合　计	100	74. 41	26. 74	71. 16

在净资产 Top 100 基金会中，民间背景基金会的得分为 79. 51 分，而非民间背景基金会的得分为 73. 58 分（见表 5）。经过统计检验，发现两者之间并无显著差异。

表 5　净资产 Top 100 基金会按背景分类比较

单位：家，分

背　景	数量	FTI 均值	标准差	中　值
非民间	86	73. 58	25. 21	71. 16
民　间	14	79. 51	35. 43	69. 69
合　计	100	74. 41	26. 74	71. 16

在净资产 Top 100 基金会中，独立型基金会的得分为 81.62 分，远高于其他类型的基金会；家族型基金会虽然只有 1 家，但得分为 74.02 分；学校型基金会得分也不高，只有 68.66 分（见表 6）。

表 6　净资产 Top 100 基金会分类型分析

单位：家，分

一级分类	数量	FTI 均值	标准差	中　值
独立型	12	81.62	26.83	74.50
系统基金会	51	76.22	27.42	72.40
家族型	1	74.02	—	74.02
企业型	11	71.23	36.31	65.36
学校型	25	68.66	20.77	61.03
合　计	100	74.41	26.74	71.16

在净资产 Top 100 基金会中，在民政部登记的有 38 家，FTI 均值为 87.68 分，在省级民政部门登记的基金会 FTI 均值为 66.27 分（见表 7）。经过统计分析，发现民政部管辖的基金会得分明显高于省级民政部门管辖的基金会。

表 7　净资产 Top 100 基金会按登记部门分类比较

单位：家，分

登记部门	数量	FTI 均值	标准差	中值
民政部	38	87.68	30.48	89.01
省级民政部门	62	66.27	20.48	59.10
合　计	100	74.41	26.74	71.16

按照所在地来分，净资产 Top 100 基金会来自 13 个省级行政区，其中北京市拥有的 Top 100 基金会最多，有 35 家，其 FTI 均值为 87.37 分，广西、河南和安徽均只有 1 家基金会入选，得分为 71.18 分、53.86 分和 30.40 分（见表 8）。

表 8　净资产 Top 100 基金会所在地分析

单位：家，分

所在地	数量	FTI 均值	标准差	中　值
北　京	35	87.37	29.90	88.20
上　海	17	75.70	24.89	72.40
江　苏	17	71.52	24.30	59.20
广　西	1	71.18	—	71.18
四　川	2	70.67	0.66	70.67
广　东	13	64.02	19.02	56.32
湖　南	2	60.96	21.85	60.96
福　建	4	60.69	21.96	69.68
浙　江	3	60.31	18.96	57.60
陕　西	2	55.40	1.98	55.40
河　南	1	53.86	—	53.86
内蒙古	2	47.16	15.78	47.16
安　徽	1	30.40	—	30.40
合　计	100	74.41	26.74	71.16

二　捐赠收入 Top 100

下面对捐赠收入 Top 100 基金会的透明度表现进行分析。这些基金会 2011 年的捐赠总收入从 6887.5728 万元至 104701.1399 万元，平均为 15669.9959 万元。

2011 年度捐赠收入的 Top 100 完整榜单请见本书附录三。

首先对捐赠收入 Top 100 基金会 FTI 分值及资产财务项目分布进行简要分析。

从表 9 可以看出，由于这些基金会所有财务资产类项目（如总资产、净资产等）的峰度较大，偏度为正，因此这些项目的数值情况均表现为集中趋势大、小于均值的数据偏多，即有少数基金会各项财务资产数值远高于其他基金会；而 FTI 得分的峰度为负，说明 FTI 得分分布接近正态分布，偏度也较小，说明小于 FTI 均值的基金会数量稍多于高于 FTI 均值的基金会。

表 9　捐赠收入 Top 100 基金会 FTI 分数及资产财务项目分布情况

财务项目	数量(家)	均值	偏度	峰度
本年度捐赠收入(元)	100	156699959.38	2.84	8.70
总资产(元)	100	285762206.28	3.88	18.24
净资产(元)	100	273543356.66	4.08	20.31
总收入(元)	100	172556158.59	3.03	9.90
总支出(元)	100	109624897.48	3.08	11.58
公益事业支出(元)	100	104730124.25	3.22	13.13
FTI 分值(分)	100	78.49	0.65	-0.82

以下对这些基金会的捐赠收入进行简要分析（见表 10）。

表 10　捐赠收入 Top 100 基金会的捐赠收入情况分析

项目	数量(家)	极小值(万元)	极大值(亿元)	总和(亿元)
本年度捐赠收入	100	5330	10.5	157
	均值(亿元)	标准差(亿元)	偏度	峰度
	1.57	1.79	2.84	8.7

捐赠收入 Top 100 基金会的捐赠收入均值为 1.57 亿元，总和为 157 亿元，峰度为 8.7，说明捐赠收入分布较为集中，而偏度为正，说明低于平均捐赠收入的基金会数量很多，高于捐赠收入均值的基金会较少。

在涉及领域方面，捐赠收入 Top 100 基金会中涵盖教育、科学研究、医疗救助、安全救灾和儿童等领域的较多（见表 11）。

表 11　捐赠收入 Top 100 基金会覆盖区域前十位分析

单位：家

领　域	基金会数量	领　域	基金会数量
教　　育	85	扶贫助困	14
科学研究	32	卫生保健	11
医疗救助	24	国际事务	10
安全救灾	19	青 少 年	10
儿　　童	17	文　　化	7

捐赠收入 Top 100 基金会的 FTI 均值为 78.49 分，这些基金会的分值接近正态分布（见图 2）。

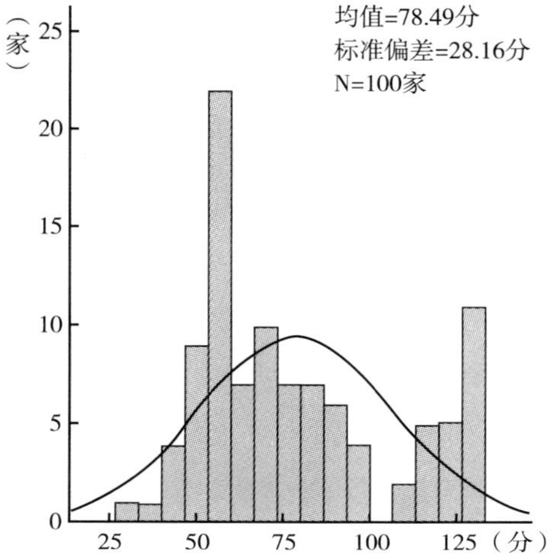

图 2　Top 100 基金会 FTI 得分

在捐赠收入 Top 100 基金会中，公募基金会有 57 家，FTI 均值为 80.66 分；非公募基金会有 43 家，FTI 均值为 75.62 分（见表 12）。经过统计分析，两者之间并不存在显著差异。

表 12　捐赠收入 Top 100 基金会类型对比

单位：家，分

基金会类型	数量	FTI 均值	标准差	中　值
公　募	57	80.66	32.28	73.08
非公募	43	75.62	21.58	70.63
合　计	100	78.49	28.16	70.91

如果按照的基金会的背景进行分析，在捐赠收入 Top 100 基金会中，民间背景的基金会有 10 家，FTI 均值为 92.21 分；非民间背景的基金会有 90 家，FTI 均值为 76.97 分（见表 13）。民间背景基金会得分高于非民间背景基金会。

表 13　捐赠收入 Top 100 基金会分背景对比

单位：家，分

背景	数量	FTI 均值	标准差	中值
非民间	90	76.97	27.41	70.91
民　间	10	92.21	32.63	87.60
合　计	100	78.49	28.16	70.91

在捐赠收入 Top 100 基金会中，企业型的 FTI 均值较高，为 91.21 分；系统基金会数量最多，FTI 均值为 79.10 分（见表 14）。

表 14　捐赠收入 Top 100 基金会分类型对比分析

单位：家，分

一级分类	数量	FTI 均值	标准差	中　值
企业型	5	91.21	27.40	82.42
独立型	11	88.19	30.33	77.60
系统基金会	51	79.10	31.16	71.13
学校型	33	72.40	21.42	69.17
合　计	100	78.49	28.16	70.91

如果按照基金会的登记部门分类，捐赠收入 Top 100 基金会中在民政部注册的基金会得分明显高于在省级民政部门注册的基金会，为 96.48 分；在省级民政部门注册的基金会得分为 67.47 分（见表 15）。

表 15　捐赠收入 Top 100 基金会按登记部门对比分析

单位：家，分

登记部门	数量	FTI 均值	标准差	中　值
民政部	38	96.48	25.88	92.40
省级民政部门	62	67.47	23.58	59.04
合　计	100	78.49	28.16	70.91

如果按照地域划分，在捐赠收入 Top 100 基金会中，上海的基金会得分明显高于其他省份，为 94.88 分；北京和广东的基金会得分也高于 80 分，分别为 92.54 分和 80.52 分；安徽和内蒙古的基金会得分则低于 50 分（见表 16）。

表 16　捐赠收入 Top 100 基金会按所在地对比分析

单位：家，分

所在地	数量	FTI 均值	标准差	中　值
上　海	6	94. 88	29. 67	89. 50
北　京	38	92. 54	28. 26	89. 84
广　东	8	80. 52	28. 91	73. 88
山　东	2	74. 87	24. 80	74. 87
江　苏	23	71. 40	25. 10	60. 00
四　川	1	71. 13	—	71. 13
辽　宁	1	68. 05	—	68. 05
湖　北	2	67. 00	34. 79	67. 00
福　建	1	65. 36	—	65. 36
陕　西	2	61. 59	10. 73	61. 59
重　庆	1	59. 07	—	59. 07
江　西	1	57. 60	—	57. 60
浙　江	10	56. 51	9. 59	54. 27
河　南	1	53. 86	—	53. 86
安　徽	2	47. 04	23. 53	47. 04
内蒙古	1	36. 00	—	36. 00
合　计	100	78. 49	28. 16	70. 91

三　公益支出 Top 100

对公益支出 Top 100 基金会资产情况进行简要分析可以看出，其 2011 年度公益支出从 38687816 元到 95080293 元不等。

2011 年度公益支出 Top 100 完整榜单见本书附录三。

首先对公益支出 Top 100 基金会 FTI 分值及资产财务项目分布进行简要分析。

从表 17 可以看出，由于这些基金会所有财务资产类项目（如总资产、净资产等）的峰度较大，偏度为正，因此这些项目的数值情况均表现为集中趋势大、小于均值的数据偏多，即有少数基金会各项财务资产数值远高于其他基金会；而 FTI 得分的峰度为负，说明 FTI 得分分布接近正态分布，偏度也较小，说明小于 FTI 均值的基金会数量稍多于高于 FTI 均值的基金会。

表 17　公益支出 Top 100 基金会 FTI 分值及资产财务项目分布情况

财务项目	数量(家)	均值	偏度	峰度
总资产(元)	100	273900728. 90	3. 61	15. 99
净资产(元)	100	262056802. 87	3. 78	17. 68
总收入(元)	100	160272053. 32	3. 01	9. 69
总支出(元)	100	127042619. 90	3. 07	11. 23
公益事业支出(元)	100	122380335. 19	3. 21	12. 75
分　值(分)	100	76. 95	0. 73	-0. 52

如下对这些基金会的公益支出进行简要分析（见表 18）。

表 18　公益支出 Top 100 基金会的公益支出情况分析

项目	数量(家)	极小值(万元)	极大值(亿元)	总和(亿元)
公益事业支出	100	3870	9. 51	122
	均值(亿元)	标准差(亿元)	偏度	峰度
	1. 22	1. 42	3. 21	12. 75

公益支出 Top 100 基金会的公益支出均值为 1. 22 亿元，总和为 122 亿元，峰度为 12. 75，说明捐赠收入分布较为集中，而偏度为正，说明低于平均捐赠收入的基金会数量很多，高于捐赠收入均值的基金会较少。

如表 19 所示，在公益支出 Top 100 基金会中，涉及教育、医疗救助、科学研究、扶贫助困和安全救灾的基金会较多。

表 19　公益支出 Top 100 基金会覆盖领域前十位分析

单位：家

领　域	基金会数量	领　域	基金会数量
教　　育	77	儿　　童	15
医疗救助	26	卫生保健	13
科学研究	22	国际事务	12
扶贫助困	21	环　　境	10
安全救灾	18	青 少 年	10

公益支出 Top 100 基金会 FTI 均值为 76. 95 分，这些基金会的分值接近正态分布（见图 3）。

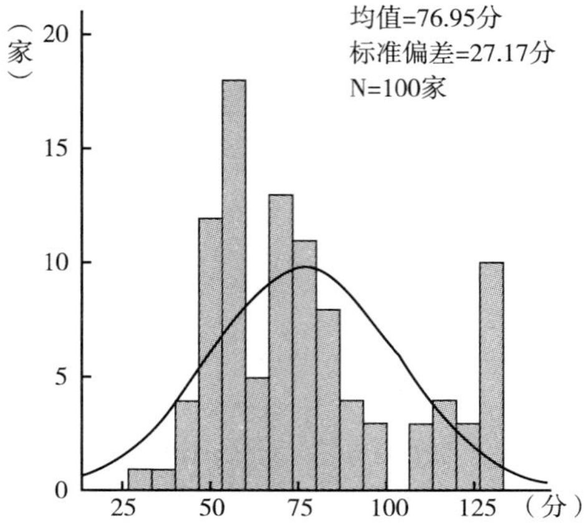

图3　公益支出 Top 100 基金会 FTI 得分分布

在这些基金会中，公募基金会有65 家，FTI 得分为79. 09 分；非公募基金会有35 家，FTI 得分为72. 98 分（见表20）。经过统计分析，两者之间并不具有显著差异。

表20　公益支出 Top 100 基金会按类型对比

单位：家，分

基金会类型	数量	FTI 均值	标准差	中值
公　募	65	79. 09	29. 49	73. 08
非公募	35	72. 98	22. 09	69. 26
合　计	100	76. 95	27. 17	71. 83

在公益支出 Top 100 基金会中，民间背景的基金会有16 家，均值为78. 16 分；而非民间背景的基金会有84 家，均值为76. 72 分（见表21）。经过统计分析，两者之间并不具备显著差异。

表21　公益支出 Top 100 基金会按背景对比

单位：家，分

背　景	数量	FTI 均值	标准差	中值
非民间	84	76. 72	26. 18	73. 14
民　间	16	78. 16	32. 85	66. 08
合　计	100	76. 95	27. 17	71. 83

以下对榜单基金会的一级分类进行分析（见表22）。

表 22　公益支出 Top 100 基金会一级分类对比

单位：家，分

一级分类	数量	FTI 均值	标准差	中值
独立型	11	89. 30	28. 84	79. 06
系统基金会	60	76. 61	28. 47	70. 80
学校型	19	74. 43	19. 29	74. 66
企业型	10	70. 18	29. 83	61. 68
合　计	100	76. 95	27. 17	71. 83

在公益支出 Top 100 基金会中，独立性基金会的得分最高，为 89. 30 分；其余基金会的得分也较高，都在 70 分以上，企业型基金会的得分相对最低，为 70. 18 分。

以下对榜单基金会按照所在地进行分析（见表23）。

表 23　公益支出 Top 100 基金会所在地分析

单位：家，分

所在地	数量	FTI 均值	标准差	中　值
云　南	1	111. 18	—	111. 18
北　京	40	89. 25	28. 40	82. 91
广　东	8	81. 76	28. 25	73. 88
上　海	7	80. 14	23. 19	74. 66
江　苏	10	79. 61	29. 28	72. 43
四　川	2	79. 57	11. 93	79. 57
山　东	2	74. 87	24. 80	74. 87
辽　宁	1	68. 05	—	68. 05
安　徽	1	63. 68	—	63. 68
重　庆	1	59. 07	—	59. 07
内蒙古	1	58. 32	—	58. 32
江　西	2	56. 84	1. 07	56. 84
福　建	3	56. 25	24. 60	65. 36
浙　江	18	56. 14	12. 32	53. 47
广　西	1	55. 40	—	55. 40
河　南	1	53. 86	—	53. 86
湖　北	1	42. 40	—	42. 40
合　计	100	76. 95	27. 17	71. 83

在公益支出 Top 100 基金会中，得分排序前几位依次是：云南省、北京市、广东省、上海市，其中北京市的基金会数量最多，得分也较高；最后几位依次为湖北省、河南省、广西壮族自治区等。

表 24 分析了公益支出 Top 100 基金会的登记部门。民政部注册的基金会得分为 90.54 分，省级民政部门注册的基金会得分为 67.51 分。经过统计检验，民政部注册的基金会得分显著高于省级民政部门注册的基金会。

表 24　公益支出 Top 100 按登记部门对比

单位：家，分

登记部门	数量	FTI 均值	标准差	中　值
民政部	41	90.54	28.94	83.39
省级民政部门	59	67.51	21.48	61.18
合　计	100	76.95	27.17	71.83

四　“中字头”基金会 FTI 2013 得分分析

《基金会名称管理规定》第四条规定：全国性公募基金会应当在名称中使用“中国”“中华”“全国”“国家”等字样，非公募基金会不得使用上述字样。

名称以“中国”或“中华”开头的基金会往往具有较高的社会影响力和较大的示范效应。因此，在根据资产、收入和支出等财务指标进行分类分析之后，我们接着对这些发挥引领作用的“中字头”基金会的透明度表现进行综合分析。此类基金会共有 85 家，完整榜单请见本书附录三。

首先对“中字头”基金会的资产情况进行简要分析。

从表 25 可以看出，由于这些基金会所有财务资产类项目（如总资产、净资产等）的峰度较大，偏度为正，因此这些项目的数值情况均表现为集中趋势大、小于均值的数据偏多，即有少数基金会各项财务资产数值远高于其他基金会；而 FTI 得分的峰度为负，且较接近于零，说明 FTI 得分分布接近正态分布，偏度也较小，说明小于 FTI 均值的基金会数量稍多于高于 FTI 均值的基金会。

表 25 “中字头”基金会 FTI 分数及财务分布情况

财务分布	数量(家)	均　值	偏度	峰度
总资产(元)	77	140917095. 92	2. 64	6. 86
净资产(元)	77	130160664. 07	2. 50	6. 28
总收入(元)	77	98344652. 54	3. 75	17. 44
总支出(元)	77	85433387. 35	3. 31	13. 56
公益事业支出(元)	77	82354495. 33	3. 40	14. 29
FTI 分值(分)	85	72. 99	0. 50	-0. 52

注：有 8 家中字头基金会没有财务资产类信息。

“中字头”基金会的 FTI 均值为 72. 99 分，FTI 得分最低为 21. 20 分，FTI 得分最高为 129. 40 分，峰度为 -0. 52，接近 0，说明捐赠收入分布较为平滑，接近正态分布，而偏度为正，说明低于 FTI 均值 72. 99 分的“中字头”基金会数量较多，高于 FTI 均值的中字头基金会较少（见表 26、图 4）。

表 26 “中字头”基金会得分情况分析

单位：分，家

项目	FTI 均值	数量	极小值
分　值	72. 99	85	21. 20
	极大值	偏度	峰度
	129. 40	0. 50	-0. 52

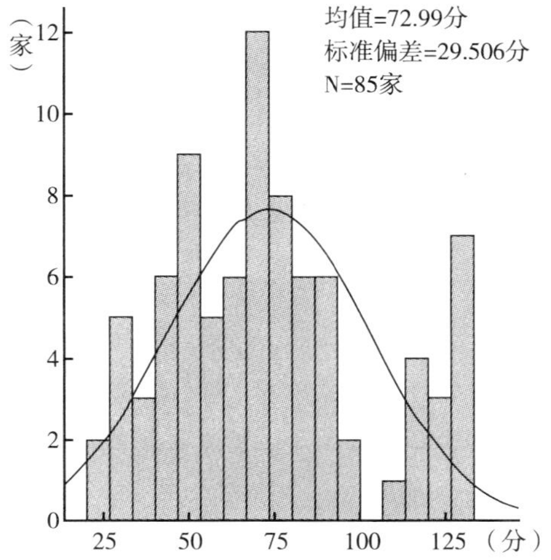

图 4 “中字头”基金会得分分布

如表27所示，在“中字头”基金会中，涉及教育、科学研究、医疗救助、国际事务、文化类领域的基金会较多。

表27 “中字头”基金会涉及领域前十位分析

单位：家

领　域	基金会数量	领　域	基金会数量
教　　育	35	卫生保健	14
科学研究	26	扶贫助困	13
医疗救助	24	儿　　童	12
国际事务	23	安全救灾	11
文　　化	22	环　　境	7

85家“中字头”基金会全部都是公募基金会，FTI均值为72.99分（见表28）。

表28 “中字头”基金会按类型对比

单位：家，分

基金会类型	数量	FTI均值	标准差	中　值
公　募	85	72.99	29.51	70.74
合　计	86	72.99	29.51	70.74

在“中字头”基金会中，民间基金会有2家，FTI均值为92.00分；非民间基金会有83家，得分均值为72.54分（见表29）。经过统计分析，发现两者之间的FTI均值并无显著差异。

表29 “中字头”基金会按照背景进行分析

单位：家，分

背景	数量	FTI均值	标准差	中　值
非民间	83	72.54	29.17	70.74
民　间	2	92.00	51.19	92.00
合　计	85	72.99	29.51	70.74

“中字头”基金会中系统基金会有70家，FTI得分较高，平均为73.94分；独立型基金会有15家，平均得分为68.60分（见表30）。

表 30　对“中字头”基金会按照类型分析

单位：家，分

一级分类	数量	FTI 均值	标准差	中　值
系统基金会	70	73.94	30.82	71.64
独立型	15	68.60	22.71	68.44
合　计	85	72.99	29.51	70.74

“中字头”基金会全部在民政部注册，均值为 72.99 分。

这些基金会分布在 6 个省市，其中河北省与甘肃省的基金会 FTI 得分都较高，分别为 118.00 分与 87.84 分；北京市有 80 个，FTI 得分为 73.42 分；河南省的“中字头”基金会有 1 个，得分为 28.40 分（见表 31）。

表 31　“中字头”基金会按照所在地分析

单位：家，分

所在地	数量	FTI 均值	标准差	中　值
河　北	1	118.00	—	118.00
甘　肃	1	87.84	—	87.84
北　京	80	73.42	29.27	71.64
湖　北	1	50.18	—	50.18
山　东	1	46.80	—	46.80
河　南	1	28.40	—	28.40
合　计	85	72.99	29.51	70.74

五　各省份 FTI 第一名的横向对比

取各省份 FTI 得分第一位（包括并列第一位）的基金会，可以得到一个由 44 个基金会组成的榜单。那么各省份 FTI “状元”的得分是否存在差异？下面为各省份 FTI “状元”的榜单（如某省有多个满分基金会，则取其一）。

如表 32 所示，北京、广东、黑龙江、江苏、上海、天津和浙江均有 FTI 得分为满分的基金会，而西藏和宁夏的 FTI “状元”得分低于 60 分。这再一次从侧面反映了基金会透明度的地区差距。

表 32　各省份 FTI 第一名列表

单位：分

排名	基金会名称	所在地	FTI 分值
1	中国残疾人福利基金会等	北　京	129.40
1	深圳壹基金公益基金会	广　东	129.40
1	黑龙江省青少年发展基金会	黑龙江	129.40
1	爱德基金会等	江　苏	129.40
1	上海宋庆龄基金会等	上　海	129.40
1	天津大学北洋教育发展基金会	天　津	129.40
1	浙江省爱心事业基金会等	浙　江	129.40
8	成都市残疾人福利基金会	四　川	127.40
9	河南省中原文化建设发展基金会	河　南	123.40
10	中国煤矿尘肺病防治基金会	河　北	118.00
10	山东理工大学教育发展基金会	山　东	118.00
12	湖南省残疾人福利基金会	湖　南	116.79
13	山西省残疾人福利基金会	山　西	114.01
14	云南省青少年发展基金会	云　南	111.18
15	贵州文化薪火乡村发展基金会	贵　州	109.58
16	重庆市青少年发展基金会	重　庆	108.00
17	福建省青少年发展基金会	福　建	107.80
18	海南成美慈善基金会	海　南	106.06
19	安徽省池州仁众教育基金会	安　徽	105.54
20	新疆维吾尔自治区青少年发展基金会	新　疆	94.80
21	江西省革命老区爱心基金会	江　西	91.80
22	武汉大学教育发展基金会	湖　北	91.60
23	中国敦煌石窟保护研究基金会	甘　肃	87.84
24	广西青少年发展基金会	广　西	87.63
25	陕西省红十字基金会	陕　西	82.94
26	吉林师范大学助学基金会	吉　林	81.60
27	大连市青少年发展基金会	辽　宁	81.40
28	内蒙古民族教育发展基金会	内蒙古	78.67
29	青海省贫困学生助学基金会	青　海	64.78
30	宁夏科技创业基金会	宁　夏	57.87
31	援助西藏发展基金会	西　藏	46.80

B.5
基金会透明个案分析

一 中国扶贫基金会

1. 您认为基金会自身是否需要公开透明？信息公开和透明会对基金会和社会带来哪些好处？

基金会作为民间组织，其自身十分需要公开透明。信息的公开透明是基金会建立社会公信力的最为重要和有效的方式，一定程度上更是公益组织的行为准则和工作原则，是公益机构长远发展的战略基石。基金会等公益机构的信息公开，是对社会资源使用的有效反馈，不仅能让社会了解公益机构的运行和工作情况，更能为社会对公益机构的有效监督搭建良好的平台，在公开透明的环境下，社会监督成本降低、效率提升，将促进基金会等公益机构自身的建设和完善，并能有效利用市场化原则，加快基金会等公益组织的优胜劣汰。

2. 贵机构对中基透明指数（FTI）的总体评价如何？您认为这项工作能否起到推动基金会行业透明的作用？

中国扶贫基金会对中基透明指数的建设和出台非常认可和欢迎，我们认为这是公益行业以透明度为基础的公信力建设的里程碑之举。经过多半年的运营，中基透明指数已经得到了业界的广泛认可和重视，1000 多家基金会的信息披露，多家基金会在不断完善自身透明度，总体透明度指数不断上升，这些都佐证了中基透明指数在推动基金行业透明方面的重要作用。

3. 贵机构采取了哪些具体措施，成功地提高了自己的中基透明指数得分和排名？

中国扶贫基金会非常重视自身的公开透明，我们的机构文化就是“服务、改变、阳光”，所谓“阳光”就是公开透明，我们一直将公开透明作为机构建设的重要任务之一。2010 年以来，我会启动了信息化系统建设，与用友公司合作，开发机构的信息化管理系统，已初见成效。中国扶贫基金会新版官方网站就是信息化建设的一个重要组成部分，新版官方网站以信息披露为重要目的，在借鉴中基透明指数各项指标的情况下，我们完善、规范了网站披露内容，使得我会在中基透明指数的排名目前与其他几家基金会并列第一位。

4. 贵机构今后拟采取哪些具体措施，进一步提高自身的透明程度和信息公开工作？

中国扶贫基金会未来依然将坚守机构的信息公开原则，依托信息化系统，完善机构的内部治理，搭建有效的信息披露渠道，通过自有传播平台如官方网站、官方微博、新闻发布会、“透明开放日”等渠道向社会进行信息披露；通过社会媒体（包括传统媒体和新媒体）进行信息披露，不断完善和提升机构信息公开的频率和广度，接受社会监督。

5. 您认为中基透明指数今后应如何加以改进？

在目前中基透明指数已经取得的良好效果基础上，可以考虑进一步细分指数对象，如筹资或资产规模划分，教育、医疗等所关注领域的划分，全国性、地方性等地域划分。同时，可以考虑从中基透明指数上拓展到关注基金会运行效率上，能够研究出台中基效率指数，这将是检验基金会运行的核心要素，更是推动基金会建设和长远发展的重要指标。

二　中国残疾人福利基金会

1. 您认为基金会自身是否需要公开透明？信息公开和透明会对基金会和社会带来哪些好处？

作为一家 NGO，就要接受社会的监督。公开透明是建立公信力的根本所在，是基金会安身立命之根本，是捐赠人决定捐助对象的重要依据。越公开透明，越有利于社会监督基金会，越会促使基金会健康发展。

2. 贵机构对中基透明指数的总体评价如何，您认为这项工作能否起到推动基金会行业透明的作用？

基金会中心网发布中基透明指数，十分必要和及时。这就像一面镜子一样，让我们可以对照着进行检查，查漏补缺。中基透明指数促进了基金会透明度的提高，提升了基金会行业的公信力，对我国慈善事业的健康持续发展起到了推动作用。

3. 贵机构采取了哪些具体措施，成功地提高了自己的中基透明指数得分和排名？

基金会召开理事长办公会，研讨如何加强我会的信息披露工作，并责成专人负责。第一，建立制度。依据民政部发布的信息披露指引，制定了《中国残疾人福利基金会信息披露暂行办法》。第二，完善信息员制度。每个部门设立一名信息员，负责本部门的信息采集工作，设立信息员例会制度。第三，组织培训。邀请有关专家，对全会工作人员进行公文与信息写作、新媒体应用与舆情监控等方面的培训，提高员工信息工作水平。第四，网站改造。我们依据基金会中心网对基金会透明度评分指标，逐条分析，查找不足，制定了《中国残疾人福利基金会网站建设方案》。为了节省经费，在方案设计过程中，我们采取保留原有网站架构，不进行颠覆性的修改，以缺什么补什么为原则，完善了网站的信息发布完整性。同时，通过栏目的调整，使公众更容易查阅相关信息。

通过我们不断的努力，在中基透明指数上的排名从第 234 名逐步提高。

4. 贵机构今后拟采取哪些具体措施，进一步提高自身的透明程度和信息公开工作？

（1）完善制度建设，使信息披露工作规范化、制度化。

（2）提高为捐赠人服务的水平，信息披露工作就是捐赠人服务工作的一部分。

（3）提高员工业务水平，加强业务培训，使大家树立信息披露工作意识。

（4）倡议地方残疾人福利基金会重视信息披露工作。

5. 您认为中基透明指数今后应如何加以改进？

愿更多的 NGO 重视信息披露工作，能够以中基透明指数为模板，做好信息披露工作。

三　上海慈善基金会

我会（上海市慈善基金会）成立于 1994 年 5 月。成立伊始，我会就确立了“安老、扶幼、助学、济困”的宗旨，将“依靠社会办慈善，办好慈善为社会”作为办会方针。我会还认识到，上海要建设国际化大都市，上海的慈善组织一定要和国际化大都市相适应，一定要和国际通行的慈善理念、慈善行为接轨。当时，慈善事业刚刚起步，社会对慈善的熟悉度和关注度都不高，慈善的法治环境还没有形成，政府的慈善政策研究和学术界的理论研究也相对薄弱，慈善事业的生存、发展环境不很理想。没有现成的发展模式，没有可以借鉴的经验，在政府的倡导和推动下，我会在一批有经验、有责任心的老同志的带领下，开始探索走中国特色慈善组织的发展道路。

成立初期，我会即提出，要将“三化建设”（即规范化、法制化、科学化）作为工作的目标，将公开透明作为规范化建设的抓手。我会常年聘请了“四师”（即律师、会计师、审计师、评估师）。从成立起，我会即对全年账目进行审计，并且将审计结果在上海《解放日报》上全文公开。这种做法连续坚持了19年，至今从未间断。

进入21世纪后，慈善组织发展迅速。国务院出台了《基金会管理办法》，民政部相继出台了《基金会信息公布办法》等有关慈善组织管理的规章制度。特别是2008年四川汶川大地震后，社会公众的慈善热情出现了“井喷式”爆发。慈善组织的生存环境发生了根本性的变化，政府对慈善组织的管理要求高了，社会公众对慈善组织的关注度也高了。

随着我会自身建设实践的深入和经验的积累，以及一些慈善组织在工作中暴露出来的瑕疵引起了社会的热议，我会进一步认识到，要真正做到公开透明，必须要建立和完善慈善组织内部的自律机制。因此，我会先后成立了监事会和内审室，在重大决策、募捐和资助项目实施以及日常工作上，实施监督检查和跟踪调查。建立了“上海慈善网”，及时公布我会的募捐和项目资助的信息。同时，还先后制定了40多项内部管理制度，在制度上和体制上给自律机制的建立和完善提供保证。

不久，我会面临了“静安‘11·15’火灾”的考验。一些受灾群众聘请了律师，对我会接受市民火灾捐赠的数额及募捐款项的使用提出了质疑。面对社会的质疑，我会进行了仔细分析，主要问题集中在及时公布募捐结果和项目资助的信息上。按照我会的规定，资助项目实施一段时期后，经过审计，我会将全部公布募捐所得钱款及其使用的信息。质疑提出时离我会公开相关信息还差一个多月。于是，我会立即在各大媒体上公布了所有募捐钱款的数额，一个月后，又在各大媒体上公布了经过审计的资助项目的实施情况。质疑风波逐渐平息。

通过质疑风波，我会对信息公开的认识更加深刻了。其实，有关募捐钱款的信息，我会已经在上海慈善网上即时公布，说明社会对上海慈善网的关注度不高，或者上海慈善网的公布方式不方便公众查找。及时公布信息已经成为慈善组织公信力建设的关键，公开透明已经上升成为慈善组织的生命线。

2012 年，上海市人大审议通过了《上海市募捐条例》。民政部先后出台了《公益慈善捐助信息披露指引》《关于规范基金会行为的若干规定（试行）》等规章制度，对慈善组织的信息公开提出了更高的更具体的要求。这时，我会关注到了社会第三方组织对慈善组织透明度的评估。我会被“福布斯中国发布”评定为全国最透明的 25 家基金会之一。但是，在基金会中心网公布的中基透明指数排名中，我会的排名并不高。于是，我会认真研究了基金会中心网的透明指数体系。

经研究，我会发现，中基透明指数是以排行榜为主要呈现形式的全国基金会透明评价标准的体系。它比较直接地反映了基金会当前的透明状况。慈善组织可以比照体系的具体评价标准，了解自己组织的信息公开程度和位置，也方便公众知悉、查询和监督慈善组织的运作。

中基透明指数的特点是，评价标准体系根据国家相关的法律法规和规范性文件制定，内容涵盖宽泛，从基金会的基本信息、财务信息、项目信息和捐赠信息等 60 个指标进行评分，比较客观、公正。所有数据公开采集、自动生成，避免了人为因素的干扰和介入。透明指数的得分每周更新一次，能比较及时、比较有效地反映基金会当下的透明程度。

总的来看，基金会中心网作为民间的独立的第三方组织，搭建了一个客观的、公开的、公正的信息披露平台。它的做法与国际接轨。中基透明指数可以帮助社会公众更加及时、更加准确地了解慈善组织的信息公开程度，可以帮助政府相关部门加强对慈善组织的监督和管理，更可以促进慈善组织更好地实现信息公开，加强公信力建设，使慈善组织健康地、规范地发展。

我会在中基透明指数排名不高，主要问题在信息公布的种类和方式方法等方面与评价标准体系还不相适应。我会的年检报告，在上海市民政局网站上公布了，在媒体上公布了，就是忽略了在上海慈善网上公布。由于上海慈善网公布信息的形式，是我会自行设计，一些信息未能被中基透明指数及时采集到。还有一些信息公布得不完整，如理事会会议纪要、主要捐赠人等。我会及时与基金会中心网进行了沟通。在他们的悉心指导下，我会对存在的不足及时进行了整改，我会的透明指数排名逐步上升到了第一位。

尽管我会的信息公开工作取得了一些成绩，社会第三方组织也给予了比较高的评价，但是我会深深地认识到，我会的信息公开还有很多工作要做，不断增强透明度，加强自身建设，道路还很漫长。

2013 年，我会将“阳光慈善，幸福公益”作为工作目标，要求做到“更加透明、更加规范、更加专业、更加高效”，努力提高我会的社会公信力。我会已经或者即将要做好以下几件工作。

第一，我会要按照《上海市募捐条例》的规定，实行募捐备案制度。在募捐开始前 10 个工作日内，将募捐方案报政府相关部门备案。方案一事一报，内容包括募捐时间、地点、目的、合作伙伴、募捐所得款项的用途等。募捐方案在上海慈善网和上海市民政局指定的网站上公开。在募捐结束的 15 个工作日内，公开募捐结果的相关信息。在 2012 年“蓝天下的至爱”系列慈善活动中，我会组织了 5 次面向社会的公开募捐活动，每次都按照规定进行了信息公开，管理部门和社会的反响都比较好。接下来，我会还要不断地公布募捐所得款项的使用情况。

第二，修订、完善我会的信息公开制度。对我会的基本信息、业务信息、重大信息、依申请信息等，以项目公开为重点，实行信息公开的分类管理。对于不同类别的信息，要采取不同的公开办法。法律法规和规章制度要求公开的，我会一定要公开。对没有规定要公开的，只要有利于社会公众对我会的了解和监督，只要有利于我会的公信力建设，一定要创造条件公开。我会要落实信息公开的职能部门，培养我会信息公开的专业化人才，优化我会信息公开的流程，建立我会信息公开的责任制，进一步确保我会信息公开的制度化、经常化、规范化。

第三，建立我会的信息化管理系统。将我会的募捐、项目资助、专项基金管理、基金和财务管理，以及办公自动化等，建立一个综合的信息数据库，搭建一个信息共享的大平台，优化各项业务的运作流程，将业务操作过程放置在一个透明的玻璃棚里，既有利于提高工作效率，更有利于完善我会的自律机制。

第四，引导社会公众加强对我会工作的监督。对捐赠人设置依据申请公开信息的制度，捐赠人有权利了解有关他们捐赠的比信息公开中多得多的信息，有权知晓他们每一笔捐赠款项资助的项目的实施情况。只要捐赠人提出申请，我会必须在规定的时间内，以规范的方式予以应答。设立我会的投诉电话和网上投诉窗口，公开政府相关管理部门的监督电话，方便社会公众的监督和举报。与东方网、《解放日报》《新民晚报》等媒体建立舆情沟通机制，请媒体了解社会公众对改进我会工作的意见，并及时反馈给我会。

四　深圳壹基金公益基金会

1. 您认为基金会自身是否需要公开透明？信息公开和透明会对基金会和社会带来哪些好处？

不管是对社会还是对基金会自身，基金会信息公开透明的必要性是毋庸置疑的。

为什么这么说呢？首先从行业治理的角度来讲，信息公开透明后，基金会的捐赠人一定会关注基金会的资金管理和使用情况，社会公众就会变成基金会的监督者，那么基金会的监管人就不仅仅是监管部门，还有社会公众，通过信息公开透明能够大幅度提高对基金会的监管力度。其次从基金会自身建设来讲，通过信息公开透明，能够促进基金会加强项目管理，规范制度建设，提高基金会内部管理水平。

2. 贵机构对中基透明指数的总体评价如何，您认为这项工作能否起到推动基金会行业透明的作用？

中基透明指数的评价指标分了 3 个等级 60 个指标，指数又由 4 个参数来决定。我们认为指标设置合理，指标权重的设置又突出了信息披露的重点内容。同时在每一项指标如何披露上，中心网都给出了范例，使我们很容易就能掌握指标如何进行披露。

中基透明指数在推动基金会行业透明方面的作用是不言而喻的，指数指标设置全面又清晰，基金会只要按照评价指标的要求进行信息披露，就自然会完善机构的内部管理，包括机构的制度建设、项目管理、筹资管理、机构内控制度的建设等。

3. 贵机构采取了哪些具体措施，成功地提高了自己的中基透明指数得分和排名?

2010 年底壹基金落户深圳，新的壹基金在成立之初就确立了“尽我所能、人人公益”的理念，并明确了壹基金的三大战略领域，壹基金要在“灾害救助、儿童关怀、公益支持”三大战略领域进行发展。其中“公益支持领域”是壹基金推动行业的透明化建设方面的重点。

2011 年 1 月 11 日壹基金成立，成立之初壹基金大量的工作在于接转原红十字会壹基金计划及上海壹基金原有的项目，财务及项目数据分散在不同机构，因此 2011 年没能有效开展透明指数建设方面的工作。同时，基金会中心网为提高壹基金透明指数，不断向壹基金提建议，要求壹基金补充数据漏洞，对壹基金中基透明指数的提高起了重要的指导作用。

2012 年壹基金决定将提高透明指数作为工作任务，具体采取的措施如下。

（1）明确负责透明指数的负责部门和负责人。

（2）认真研究中基透明指数的指标设计和评分方法，深刻领悟中基透明指数指标评比的思想精髓。

（3）召集全体员工大会，将“中基透明指数指标及算法详解”宣传到每一位员工。

（4）根据评比指标，将透明指数建设工作在各部门间进行任务分工。例如，机构基础信息方面的工作由综合办负责，理事会的信息由理事会秘书负责，财务信息由财务部具体负责，项目信息由项目总监负责，等等，进行任务细分。

（5）以财务部为中心具体督办此项工作，并按时间节点督办各部门完成情况。

（6）监事对整体工作开展及披露信息的完整性和准确性进行监督。

4. 贵机构今后拟采取哪些具体措施，进一步提高自身的透明程度和信息公开工作？

（1）严格按《基金会管理条例》《关于规范基金会行为的若干规定（试行）的通知》及《公益慈善捐助信息公开指引》的要求，全面、完整、深入地开展信息披露工作。

（2）目前国内的中基指数、中民指数、USDO 指数及福布斯指数，都没有足够的数据来呈现项目。随着基本财务数据的普遍透明，原有透明指数指标会日趋成为常识要求，但公众越来越希望了解项目的投入产出、实施进程和结果评估。壹基金计划在项目透明指数方面进行探索，使公众了解项目的进程。

5. 您认为中基透明指数今后应如何加以改进？

中基透明指数在指标设计方面比较全面，但是在指标内容披露方面，与 2012 年 7 月份民政部下发的《关于规范基金会行为的若干规定（试行）的通知》，及《公益慈善捐助信息公开指引》要求披露的内容还没有完全契合，并且对在现实工作中如何做到按法规要求去披露信息存在困惑。例如，机构接收捐赠如何进行披露，披露的格式是什么？机构的资助项目如何进行披露，披露的格式是什么？这里说的实际上就是信息披露的操作问题。法规要求进行披露，但是实际工作却不知如何去披露，这就是现实存在的困惑。希望中基透明指数以后在这些方面加以研究，给我们以指导。

B.6
附　录

附录一　相关法律法规

一　《基金会管理条例》

第一章　总　则

第一条　为了规范基金会的组织和活动，维护基金会、捐赠人和受益人的合法权益，促进社会力量参与公益事业，制定本条例。

第二条　本条例所称基金会，是指利用自然人、法人或者其他组织捐赠的财产，以从事公益事业为目的，按照本条例的规定成立的非营利性法人。

第三条　基金会分为面向公众募捐的基金会（以下简称公募基金会）和不得面向公众募捐的基金会（以下简称非公募基金会）。公募基金会按照募捐的地域范围，分为全国性公募基金会和地方性公募基金会。

第四条　基金会必须遵守宪法、法律、法规、规章和国家政策，不得危害国家安全、统一和民族团结，不得违背社会公德。

第五条　基金会依照章程从事公益活动，应当遵循公开、透明的原则。

第六条　国务院民政部门和省、自治区、直辖市人民政府民政部门是基金会的登记管理机关。

国务院民政部门负责下列基金会、基金会代表机构的登记管理工作：

（一）全国性公募基金会；

（二）拟由非内地居民担任法定代表人的基金会；

（三）原始基金超过 2000 万元，发起人向国务院民政部门提出设立申请的非公募基金会；

（四）境外基金会在中国内地设立的代表机构。

省、自治区、直辖市人民政府民政部门负责本行政区域内地方性公募基金会和不属于前款规定情况的非公募基金会的登记管理工作。

第七条 国务院有关部门或者国务院授权的组织，是国务院民政部门登记的基金会、境外基金会代表机构的业务主管单位。

省、自治区、直辖市人民政府有关部门或者省、自治区、直辖市人民政府授权的组织，是省、自治区、直辖市人民政府民政部门登记的基金会的业务主管单位。

第二章 设立、变更和注销

第八条 设立基金会，应当具备下列条件：

（一）为特定的公益目的而设立；

（二）全国性公募基金会的原始基金不低于800万元人民币，地方性公募基金会的原始基金不低于400万元人民币，非公募基金会的原始基金不低于200万元人民币；原始基金必须为到账货币资金；

（三）有规范的名称、章程、组织机构以及与其开展活动相适应的专职工作人员；

（四）有固定的住所；

（五）能够独立承担民事责任。

第九条 申请设立基金会，申请人应当向登记管理机关提交下列文件：

（一）申请书；

（二）章程草案；

（三）验资证明和住所证明；

（四）理事名单、身份证明以及拟任理事长、副理事长、秘书长简历；

（五）业务主管单位同意设立的文件。

第十条 基金会章程必须明确基金会的公益性质，不得规定使特定自然人、法人或者其他组织受益的内容。

基金会章程应当载明下列事项：

（一）名称及住所；

（二）设立宗旨和公益活动的业务范围；

（三）原始基金数额；

（四）理事会的组成、职权和议事规则，理事的资格、产生程序和任期；

（五）法定代表人的职责；

（六）监事的职责、资格、产生程序和任期；

（七）财务会计报告的编制、审定制度；

（八）财产的管理、使用制度；

（九）基金会的终止条件、程序和终止后财产的处理。

第十一条 登记管理机关应当自收到本条例第九条所列全部有效文件之日起60日内，作出准予或者不予登记的决定。准予登记的，发给《基金会法人登记证书》；不予登记的，应当书面说明理由。

基金会设立登记的事项包括：名称、住所、类型、宗旨、公益活动的业务范围、原始基金数额和法定代表人。

第十二条 基金会拟设立分支机构、代表机构的，应当向原登记管理机关提出登记申请，并提交拟设机构的名称、住所和负责人等情况的文件。

登记管理机关应当自收到前款所列全部有效文件之日起60日内作出准予或者不予登记的决定。准予登记的，发给《基金会分支（代表）机构登记证书》；不予登记的，应当书面说明理由。

基金会分支机构、基金会代表机构设立登记的事项包括：名称、住所、公益活动的业务范围和负责人。

基金会分支机构、基金会代表机构依据基金会的授权开展活动，不具有法人资格。

第十三条 境外基金会在中国内地设立代表机构，应当经有关业务主管单位同意后，向登记管理机关提交下列文件：

（一）申请书；

（二）基金会在境外依法登记成立的证明和基金会章程；

（三）拟设代表机构负责人身份证明及简历；

（四）住所证明；

（五）业务主管单位同意在中国内地设立代表机构的文件。

登记管理机关应当自收到前款所列全部有效文件之日起60日内，作出准予或者不予登记的决定。准予登记的，发给《境外基金会代表机构登记证书》；不予登记的，应当书面说明理由。

境外基金会代表机构设立登记的事项包括：名称、住所、公益活动的业务范围和负责人。

境外基金会代表机构应当从事符合中国公益事业性质的公益活动。境外基金会对其在中国内地代表机构的民事行为，依照中国法律承担民事责任。

第十四条 基金会、境外基金会代表机构依照本条例登记后，应当依法办理税务登记。

基金会、境外基金会代表机构，凭登记证书依法申请组织机构代码、刻制印章、开立银行账户。

基金会、境外基金会代表机构应当将组织机构代码、印章式样、银行账号以及税务登记证件复印件报登记管理机关备案。

第十五条 基金会、基金会分支机构、基金会代表机构和境外基金会代表机构的登记事项需要变更的，应当向登记管理机关申请变更登记。

基金会修改章程，应当征得其业务主管单位的同意，并报登记管理机关核准。

第十六条 基金会、境外基金会代表机构有下列情形之一的，应当向登记管理机关申请注销登记：

（一）按照章程规定终止的；

（二）无法按照章程规定的宗旨继续从事公益活动的；

（三）由于其他原因终止的。

第十七条 基金会撤销其分支机构、代表机构的，应当向登记管理机关办理分支机构、代表机构办理注销登记。

基金会注销的，其分支机构、代表机构同时注销。

第十八条 基金会在办理注销登记前，应当在登记管理机关、业务主管单位的指导下成立清算组织，完成清算工作。

基金会应当自清算结束之日起15日内向登记管理机关办理注销登记；在清算期间不得开展清算以外的活动。

第十九条 基金会、基金会分支机构、基金会代表机构以及境外基金会代表机构的设立、变更、注销登记，由登记管理机关向社会公告。

第三章 组织机构

第二十条 基金会设理事会，理事为5人至25人，理事任期由章程规定，但每届任期不得超过5年。理事任期届满，连选可以连任。

用私人财产设立的非公募基金会，相互间有近亲属关系的基金会理事，总数不得超过理事总人数的三分之一；其他基金会，具有近亲属关系的不得同时在理事会任职。

在基金会领取报酬的理事不得超过理事总人数的三分之一。

理事会设理事长、副理事长和秘书长，从理事中选举产生，理事长是基金会的法定代表人。

第二十一条 理事会是基金会的决策机构，依法行使章程规定的职权。

理事会每年至少召开2次会议。理事会会议须有三分之二以上理事出席方能召开；理事会决议须经出席理事过半数通过方为有效。

下列重要事项的决议，须经出席理事表决，三分之二以上通过方为有效：

（一）章程的修改；

（二）选举或者罢免理事长、副理事长、秘书长；

（三）章程规定的重大募捐、投资活动；

（四）基金会的分立、合并。

理事会会议应当制作会议记录，并由出席理事审阅、签名。

第二十二条 基金会设监事。监事任期与理事任期相同。理事、理事的近亲属和基金会财会人员不得兼任监事。

监事依照章程规定的程序检查基金会财务和会计资料，监督理事会遵守法律和章程的情况。

监事列席理事会会议，有权向理事会提出质询和建议，并应当向登记管理机关、业务主管单位以及税务、会计主管部门反映情况。

第二十三条 基金会理事长、副理事长和秘书长不得由现职国家工作人员兼任。基金会的法定代表人，不得同时担任其他组织的法定代表人。公募基金会和原始基金来自中国内地的非公募基金会的法定代表人，应当由内地居民担任。

因犯罪被判处管制、拘役或者有期徒刑，刑期执行完毕之日起未逾 5 年的，因犯罪被判处剥夺政治权利正在执行期间或者曾经被判处剥夺政治权利的，以及曾在因违法被撤销登记的基金会担任理事长、副理事长或者秘书长，且对该基金会的违法行为负有个人责任，自该基金会被撤销之日起未逾 5 年的，不得担任基金会的理事长、副理事长或者秘书长。

基金会理事遇有个人利益与基金会利益关联时，不得参与相关事宜的决策；基金会理事、监事及其近亲属不得与其所在的基金会有任何交易行为。

监事和未在基金会担任专职工作的理事不得从基金会获取报酬。

第二十四条 担任基金会理事长、副理事长或者秘书长的香港居民、澳门居民、台湾居民、外国人以及境外基金会代表机构的负责人，每年在中国内地居留时间不得少于 3 个月。

第四章 财产的管理和使用

第二十五条 基金会组织募捐、接受捐赠，应当符合章程规定的宗旨和公益活动的业务范围。境外基金会代表机构不得在中国境内组织募捐、接受捐赠。

公募基金会组织募捐，应当向社会公布募得资金后拟开展的公益活动和资金的详细使用计划。

第二十六条 基金会及其捐赠人、受益人依照法律、行政法规的规定享受税收优惠。

第二十七条 基金会的财产及其他收入受法律保护，任何单位和个人不得私分、侵占、挪用。

基金会应当根据章程规定的宗旨和公益活动的业务范围使用其财产；捐赠协议明确了具体使用方式的捐赠，根据捐赠协议的约定使用。

接受捐赠的物资无法用于符合其宗旨的用途时，基金会可以依法拍卖或者变卖，所得收入用于捐赠目的。

第二十八条 基金会应当按照合法、安全、有效的原则实现基金的保值、增值。

第二十九条 公募基金会每年用于从事章程规定的公益事业支出，不得低于上一年总收入的70%；非公募基金会每年用于从事章程规定的公益事业支出，不得低于上一年基金余额的8%。

基金会工作人员工资福利和行政办公支出不得超过当年总支出的10%。

第三十条 基金会开展公益资助项目，应当向社会公布所开展的公益资助项目种类以及申请、评审程序。

第三十一条 基金会可以与受助人签订协议，约定资助方式、资助数额以及资金用途和使用方式。

基金会有权对资助的使用情况进行监督。受助人未按协议约定使用资助或者有其他违反协议情形的，基金会有权解除资助协议。

第三十二条 基金会应当执行国家统一的会计制度，依法进行会计核算、建立健全内部会计监督制度。

第三十三条 基金会注销后的剩余财产应当按照章程的规定用于公益目的；无法按照章程规定处理的，由登记管理机关组织捐赠给与该基金会性质、宗旨相同的社会公益组织，并向社会公告。

第五章 监督管理

第三十四条 基金会登记管理机关履行下列监督管理职责：

（一）对基金会、境外基金会代表机构实施年度检查；

（二）对基金会、境外基金会代表机构依照本条例及其章程开展活动的情况进行日常监督管理；

（三）对基金会、境外基金会代表机构违反本条例的行为依法进行处罚。

第三十五条 基金会业务主管单位履行下列监督管理职责：

（一）指导、监督基金会、境外基金会代表机构依据法律和章程开展公益活动；

（二）负责基金会、境外基金会代表机构年度检查的初审；

（三）配合登记管理机关、其他执法部门查处基金会、境外基金会代表机构的违法行为。

第三十六条 基金会、境外基金会代表机构应当于每年 3 月 31 日前向登记管理机关报送上一年度工作报告，接受年度检查。年度工作报告在报送登记管理机关前应当经业务主管单位审查同意。

年度工作报告应当包括：财务会计报告、注册会计师审计报告，开展募捐、接受捐赠、提供资助等活动的情况以及人员和机构的变动情况等。

第三十七条 基金会应当接受税务、会计主管部门依法实施的税务监督和会计监督。

基金会在换届和更换法定代表人之前，应当进行财务审计。

第三十八条 基金会、境外基金会代表机构应当在通过登记管理机关的年度检查后，将年度工作报告在登记管理机关指定的媒体上公布，接受社会公众的查询、监督。

第三十九条 捐赠人有权向基金会查询捐赠财产的使用、管理情况，并提出意见和建议。对于捐赠人的查询，基金会应当及时如实答复。

基金会违反捐赠协议使用捐赠财产的，捐赠人有权要求基金会遵守捐赠协议或者向人民法院申请撤销捐赠行为、解除捐赠协议。

第六章 法律责任

第四十条 未经登记或者被撤销登记后以基金会、基金会分支机构、基金会代表机构或者境外基金会代表机构名义开展活动的，由登记管理机关予以取缔，没收非法财产并向社会公告。

第四十一条 基金会、基金会分支机构、基金会代表机构或者境外基金会代表机构有下列情形之一的，登记管理机关应当撤销登记：

（一）在申请登记时弄虚作假骗取登记的，或者自取得登记证书之日起 12 个月内未按章程规定开展活动的；

（二）符合注销条件，不按照本条例的规定办理注销登记仍继续开展活动的。

第四十二条 基金会、基金会分支机构、基金会代表机构或者境外基金会代表机构有下列情形之一的，由登记管理机关给予警告、责令停止活动；情节严重的，可以撤销登记：

（一）未按照章程规定的宗旨和公益活动的业务范围进行活动的；

（二）在填制会计凭证、登记会计账簿、编制财务会计报告中弄虚作假的；

（三）不按照规定办理变更登记的；

（四）未按照本条例的规定完成公益事业支出额度的；

（五）未按照本条例的规定接受年度检查，或者年度检查不合格的；

（六）不履行信息公布义务或者公布虚假信息的。

基金会、境外基金会代表机构有前款所列行为的，登记管理机关应当提请税务机关责令补交违法行为存续期间所享受的税收减免。

第四十三条 基金会理事会违反本条例和章程规定决策不当，致使基金会遭受财产损失的，参与决策的理事应当承担相应的赔偿责任。

基金会理事、监事以及专职工作人员私分、侵占、挪用基金会财产的，应当退还非法占用的财产；构成犯罪的，依法追究刑事责任。

第四十四条 基金会、境外基金会代表机构被责令停止活动的，由登记管理机关封存其登记证书、印章和财务凭证。

第四十五条 登记管理机关、业务主管单位工作人员滥用职权、玩忽职守、徇私舞弊，构成犯罪的，依法追究刑事责任；尚不构成犯罪的，依法给予行政处分或者纪律处分。

第七章　附　则

第四十六条 本条例所称境外基金会，是指在外国以及中华人民共和国香港特别行政区、澳门特别行政区和台湾地区合法成立的基金会。

第四十七条 基金会设立申请书、基金会年度工作报告的格式以及基金会章程范本，由国务院民政部门制订。

第四十八条 本条例自 2004 年 6 月 1 日起施行，1988 年 9 月 27 日国务院发布的《基金会管理办法》同时废止。

本条例施行前已经设立的基金会、境外基金会代表机构，应当自本条例施行之日起 6 个月内，按照本条例的规定申请换发登记。

二 《基金会信息公布办法》

第一条 为了规范基金会、境外基金会代表机构信息公布活动，保护捐赠人及相关当事人的合法权益，促进公益事业发展，根据《基金会管理条例》（以下简称《条例》）的有关规定，制定本办法。

第二条 本办法所称信息公布，是指基金会、境外基金会代表机构按照《条例》和本办法的规定，将其内部信息和业务活动信息通过媒体向社会公布的活动。

基金会、境外基金会代表机构是信息公布义务人。

第三条 信息公布义务人公布的信息资料应当真实、准确、完整，不得有虚假记载、误导性陈述或者重大遗漏。

信息公布义务人应当保证捐赠人和社会公众能够快捷、方便地查阅或者复制公布的信息资料。

第四条 信息公布义务人应当向社会公布的信息包括：

（一）基金会、境外基金会代表机构的年度工作报告；

（二）公募基金会组织募捐活动的信息；

（三）基金会开展公益资助项目的信息。

基金会、境外基金会代表机构在遵守本办法规定的基础上可以自行决定公布更多的信息。

第五条 信息公布义务人应当在每年 3 月 31 日前，向登记管理机关报送上一年度的年度工作报告。登记管理机关审查通过后 30 日内，信息公布义务人按照统一的格式要求，在登记管理机关指定的媒体上公布年度工作报告的全文和摘要。

信息公布义务人的财务会计报告未经审计不得对外公布。

第六条 公募基金会组织募捐活动，应当公布募得资金后拟开展的公益活动和资金的详细使用计划。在募捐活动持续期间内，应当及时公布募捐活动所取得的收入和用于开展公益活动的成本支出情况。募捐活动结束后，应当公布募捐活动取得的总收入及其使用情况。

第七条 基金会开展公益资助项目，应当公布所开展的公益项目种类以及申请、评审程序。评审结束后，应当公布评审结果并通知申请人。公益资助项目完成后，应当公布有关的资金使用情况。事后对项目进行评估的，应当同时公布评估结果。

第八条 对于公共媒体上出现的对信息公布义务人造成或者可能造成不利影响的消息，信息公布义务人应当公开说明或者澄清。

第九条 除年度工作报告外，信息公布义务人公布信息时，可以选择报刊、广播、电视或者互联网作为公布信息的媒体。

第十条 信息公布所使用的媒体应当能够覆盖信息公布义务人的活动地域。公布的信息内容中应当注明信息公布义务人的基本情况和联系、咨询方式。

第十一条 信息公布义务人应当建立健全信息公布活动的内部管理制度，并指定专人负责处理信息公布活动的有关事务。对于已经公布的信息，应当制作信息公布档案，妥善保管。

第十二条 信息公布义务人公布有关活动或者项目的信息，应当持续至活动结束或者项目完成。

信息一经公布，信息公布义务人不得任意修改，确需修改的，应当严格履行内部管理制度的程序在修改后重新公布，并说明理由，声明原信息作废。

第十三条 信息公布义务人应当将信息公布活动的情况如实反映在年度工作报告中，接受登记管理机关监督检查。

第十四条 登记管理机关依法对信息公布活动进行监督管理，建立信息公布义务人诚信记录。

信息公布义务人不履行信息公布义务或者公布虚假信息的，由登记管理机关责令改正，并依据《条例》第四十二条规定给予行政处罚。

第十五条 年度工作报告的信息公布格式文本，由国务院民政部门制定。

第十六条 本办法自公布之日起施行。

三 《关于规范基金会行为的若干规定（试行）》（征求意见稿）

为确保基金会恪守公益宗旨，规范开展活动，扩大公开透明，维护捐赠人、受益人和基金会的合法权益，进一步促进基金会健康发展，现对基金会行为规范中的若干问题作出如下规定：

一　基金会接收和使用公益捐赠

（一）基金会接收捐赠，应当与捐赠人明确权利义务，并根据捐赠人的要求与其订立书面捐赠协议。

基金会接收捐赠应当确保公益性。直接或间接的有偿赠与和目的不符合公益性的赠与，不应确认为公益捐赠，不得开具捐赠票据。

（二）基金会应当在实际收到捐赠后据实开具捐赠票据。捐赠人不需要捐赠票据的，或者匿名捐赠的，也应当开具捐赠票据，由基金会留存备查。

接收非现金捐赠应当在完成受赠财产接收程序后方能确认收入并开具捐赠票据。受赠财产未经基金会验收确认，由捐赠人直接转移给受助人或者其他第三方的，不得作为基金会接收的捐赠收入，不得开具捐赠票据。

（三）基金会接收非现金捐赠，应当按照以下方法确定入账价值：

1. 捐赠人提供了发票、报关单等凭据的，应当以相关凭据作为确认入账价值的依据；捐赠方不能提供凭据的，应当以其他确认捐赠财产的证明，作为确认入账价值的依据。

2. 捐赠人提供的凭据或其他能够确认受赠资产价值的证明上标明的金额与受赠资产公允价值相差较大的，应当以其公允价值作为入账价值。

捐赠人捐赠固定资产、股权、无形资产、文物文化资产，应当以具有合法资质的第三方机构的评估作为确认入账价值的依据。无法评估或经评估无法确认价格的，基金会不得计入捐赠收入，不得开具捐赠票据，应当另外造册登记。

（四）基金会接收食品、药品、医疗器械等捐赠物品时，应当确保物品在到达最终受益人时仍处于保质期内且具有使用价值。

（五）基金会接收企业捐赠本企业生产的产品，应当要求企业提供产品质量认证证明或者产品合格证，以及受赠物品的品名、规格、种类、数量等相关资料。

（六）基金会应当将接收的捐赠财产用于资助符合其宗旨和业务范围的活动和事业。对于指定用于救助自然灾害等突发事件的受赠财产，用于应急的应当在应急期结束前使用完毕；用于灾后重建的应当在重建期结束前使用完毕。

（七）基金会与捐赠人订立了捐赠协议的，应当按照协议约定使用受赠财产。如需改变用途，应当征得捐赠人同意且仍需用于公益事业；确实无法征求捐赠人意见的，应当按照基金会的宗旨用于与原公益目的相近似的目的。

（八）基金会应当建立健全内部制度，将所有分支、代表机构、专项基金以及各项业务活动纳入统一管理。

基金会应当在内部制度中对下列问题做出规定：

1. 各项工作人员工资福利和行政办公支出（以下简称日常运作费用）的支付标准、列支原则、审批程序，以及占基金会总支出的比例；

2. 开展公益项目所发生的与该项目直接相关的运行成本（以下简称项目直接成本）的支付标准、列支原则、审批程序，以及占该项目总支出的比例；

3. 资产管理和处置的原则、风险控制机制、审批程序，以及用于投资的资产占基金会总资产的比例。

（九）捐赠协议和募捐公告中约定可以从公益捐赠中列支日常运作费用的，按照约定列支；没有约定的，不得从公益捐赠中列支。同时，基金会年度日常运作费用应当符合《基金会管理条例》的要求，累计不得超过当年总支出的10%。

日常运作费用包括：

1. 工作人员的工资、奖金、福利费、住房公积金、住房补贴、社会保障费；

2. 离退休人员工资及补助；

3. 担任专职工作理事的津贴、补助和理事会运行费用；

4. 组织日常运作的办公费、水电费、邮电费、物业管理费、会议费、广告费、市内交通费、差旅费、折旧费、修理费、租赁费、无形资产摊销费、资产盘亏损失、资产减值损失、因预计负债所产生的损失、审计费以及聘请中介机构费和应偿还的受赠资产等。

（十）基金会在开展公益项目时发生的项目直接成本，捐赠协议或者募捐公告中有约定的，在约定范围内列支；没有约定的，不得超出本基金会规定的标准支出。

项目直接成本包括：

1. 为向受助方提供物资和服务发生的采购费用，包括购买物资费用、购买服务费用等；

2. 为开展项目临时聘用人员和使用组织外部劳务的报酬，包括临时聘用人员的工资福利、劳务费、专家费等；

3. 为立项、执行、监督和评估公益项目发生的费用，包括差旅费、交通费、通信费、会议费、购买服务费等；

4. 为宣传、推广公益项目发生的费用，包括广告费、购买服务费等；

5. 因项目需要租赁房屋、购买和维护固定资产的费用，包括所发生的租赁费、折旧费、修理费、办公费、水电费、邮电费、物业管理费等；

6. 为开展项目需要支付的其他费用。

（十一）属于基金会日常运作费用的支出不得列入项目直接成本。开展公益项目期间无法与日常运作费用明确区分的支出应当列入日常运作费用。

（十二）基金会应当对公益捐赠的使用情况进行全过程监督，确保受赠款物及时足额拨付和使用。

（十三）基金会选定公益项目执行方、受益人，应当遵循公开、公正、公平和诚实信用的原则，保护社会公共利益和与项目有关的当事人的合法权益。基金会不得资助营利组织。

二　基金会的交易、合作及保值增值

（一）基金会应当严格区分交换交易收入和捐赠收入。通过出售物资、提供服务、授权使用或转让资产包括无形资产等交换交易取得的收入，应当记入商品销售收入、提供服务收入等相关会计科目，不得计入捐赠收入，不得开具公益事业捐赠票据。

（二）基金会进行交换交易，应当保护自身和社会公众的合法权益。不得以低于公允价值的价格出售物资、提供服务、授权或者转让无形资产；不得以高于公允价值的价格购买产品和服务。

（三）基金会不得将本组织的名称，公益项目品牌等其他应当用于公益目的的无形资产用于非公益目的。

（四）基金会不得直接宣传、促销、销售企业的产品和品牌；不得为企业及其产品提供信誉或者质量担保。

（五）基金会不得向个人、企业直接提供与公益活动无关的借款。

（六）基金会进行保值增值活动时，应当遵守以下规定：

1. 基金会进行保值增值应当遵守合法、安全、有效的原则，符合基金会的宗旨，维护基金会的信誉，遵守与捐赠人和受助人的约定，保证公益支出的实现；

2. 基金会可用于保值增值的资产限于非限定性资产、在保值增值期间暂不需要拨付的限定性资产；

3. 基金会进行委托投资，应当委托银行或者其他金融机构进行。

三　基金会的信息公布

（一）基金会的信息公布工作，应当符合《基金会信息公布办法》的要求。

（二）基金会通过义演、义赛、义卖、义展等活动进行募捐时，应当在开展募捐前向社会公布捐赠人权利义务、资金详细使用计划、成本预算；在资金使用过程中计划有调整的，应当及时向公众公布调整后的计划。

（三）基金会因开展募捐以及为突发事件接收的公益捐赠，应当在取得捐赠收入后定期在自身网站和其他公开媒体上公布详细的收入和支出明细，包括捐赠收入、直接用于受助人的款物、与所开展的公益项目相关的各项直接成本等，在捐赠收入中列支了日常运作费用的，还应当公布列支的情况。项目运行周期大于 3 个月的，每 3 个月公示 1 次；所有项目应当在项目结束后进行全面公示。

（四）捐赠人有权查询捐赠财产的使用、管理情况。对于捐赠人的查询，基金会应当及时如实答复。

（五）基金会的年度工作报告除在登记管理机关指定的媒体上公布外，还应当置备于本基金会，接受捐赠人的查询。

（六）基金会制定的内部制度应当置备于本基金会，接受登记管理机关的检查和捐赠人的查询；公募基金会制定的内部制度，应当在本组织网站、登记管理机关指定的公开媒体和其他便于社会公众查询的公开媒体上予以公开。

本规定适用于在民政部门登记注册的基金会、境外基金会代表机构和其他具有公益性捐赠税前扣除资格的社会团体。

四 《公益慈善捐助信息披露指引》（征求意见稿）

第一章 总则

第一条 为提高慈善工作的透明度，增强公益慈善组织的社会公信力，引导公益慈善资源的有效分配，推动慈善事业持续健康发展，依照《中华人民共和国公益事业捐赠法》《中华人民共和国政府信息公开条例》《基金会管理条例》《社会团体登记管理条例》《基金会信息公布办法》《救灾捐赠管理办法》等相关法律法规和规章，制定本指引。

第二条 指引适用于信息披露主体规范披露公益慈善捐助信息。信息披露主体应根据指引的要求，逐步完善信息披露工作，满足社会捐助管理机关和社会公众对公益慈善捐助信息披露工作的要求。

第三条 指引所指的信息披露主体是公益慈善类的社会团体、基金会和民办非企业单位。县级（含县级）以上人民政府及其组成部门和直属机构、公益性群众团体、公益性非营利的事业单位参照实行。

第四条 指引所指的公益慈善捐助信息是指信息披露主体在公益慈善活动中有关捐赠款物的募集、接受和使用的信息。

第二章 信息披露基本规则

第五条 信息披露要及时、准确、完整，确保披露信息真实。

第六条 信息披露方式应尽力让捐赠人、社会公众及有关单位能够及时、方便、完整地获取和查阅披露信息。

第七条 披露信息可能危及国家安全、侵犯他人权益或隐私，以及其他法律法规规定不予公开的信息可不予公开。公开捐赠人和受益人的信息需征得当事人同意或事先进行约定。

第八条 信息披露主体应制定信息披露工作流程，明确责任主体，使信息披露工作走入规范化、常态性。

第九条 信息披露主体可按重大事件和日常性信息分类披露，即发生重大自然灾害、重大生产安全事故、重大治安灾害事故和举办重大社会活动，由政府部门或公益慈善组织开展的重大社会捐赠活动的信息按重大事件专项信息披露；一般性公益慈善项目及其活动按日常性捐助信息披露。

第三章　信息披露内容

第十条　接受捐赠机构信息，包括机构名称、机构基本情况（年检情况、公募或非公募资质、评估结果、成立时间）、机构宗旨和业务范围、办公地址、工作电话、处理投诉的联系人及联系方式等。

第十一条　募捐活动信息，包括活动名称、活动地域、活动起止时间、募集款物数额及活动目标、募集款物的用途、募集款物的使用计划、募捐活动的合作伙伴、募捐活动的方式（义演、义卖或是其他）、募捐工作成本及开支情况等。

第十二条　接收捐赠信息，包括接受捐赠款物时间、捐赠来源、接受捐赠款物性质（定向捐赠或非定向捐赠）、接受捐赠款物内容（捐赠类型、捐赠数额）等。

第十三条　捐赠款物使用信息，包括受益对象、受益地区（应注明省、市、县及其具体受益地区）、捐赠款物拨付和使用的时间和数额、捐赠活动和项目成本、捐助效果（图片、数字、文字说明）等。

第十四条　机构财务信息，包括年度财务会计报告（会计报表、资产负债表、业务活动表、现金流量表、会计报表附注、财务情况说明书）、审计报告等。

第四章　信息披露时限及对象

第十五条　日常性捐助信息应在捐赠接受机构收到捐赠后的 7 个工作日内披露捐赠款物接收信息；重大事件专项信息应在捐赠接受机构收到捐赠后的 24 小时内披露捐赠款物接受信息或按有关重大事件处置部门要求的时限披露。

第十六条　捐赠款物拨付和使用信息应采取动态方式及时披露。一般应在捐赠款物拨付后 1 个月内向社会披露，并视情况定期或不定期披露后续信息，信息披露间隔时间不应超过 6 个月，使捐赠人和社会公众及时了解捐赠款物使用进展信息。

第十七条 公益慈善组织的年度财务会计报告应当于次年4个月内对外披露或按公益慈善组织登记管理机关的要求披露。

第十八条 可采取多种方式披露信息，包括机构出版物（如年报、通讯等）及其官方网站、大众媒体（电视、报纸、电台、杂志等）、现场披露（如披露周、新闻发布会等）、定期以邮寄或电子邮件等形式、公益慈善项目报告、专项基金的年度报告，以及其他可行方式。

第十九条 信息披露对象是社会公众，其中，根据捐赠人、公益慈善组织登记管理机关、公益慈善组织业务主管单位、财政、税务等部门的要求，信息披露主体应提供专门信息和报告。

第五章 附则

第二十条 社会捐助行政管理机关鼓励信息披露主体依据指引做好信息披露工作，并在工作评价和表彰奖励等工作中将信息披露工作作为重要指标。

第二十一条 社会捐助行政管理机关应定期向社会公布本行政区域内公益慈善组织及其他信息披露主体的信息披露情况。

第二十二条 本指引由民政部社会福利和慈善事业促进司负责解释。社会各界如对指引有意见或建议，请以传真或电话（010－58123164）方式告知负责部门。

五 《中华人民共和国政府信息公开条例》

第一章 总 则

第一条 为了保障公民、法人和其他组织依法获取政府信息，提高政府工作的透明度，促进依法行政，充分发挥政府信息对人民群众生产、生活和经济社会活动的服务作用，制定本条例。

第二条 本条例所称政府信息，是指行政机关在履行职责过程中制作或者获取的，以一定形式记录、保存的信息。

第三条 各级人民政府应当加强对政府信息公开工作的组织领导。

国务院办公厅是全国政府信息公开工作的主管部门，负责推进、指导、协调、监督全国的政府信息公开工作。

县级以上地方人民政府办公厅（室）或者县级以上地方人民政府确定的其他政府信息公开工作主管部门负责推进、指导、协调、监督本行政区域的政府信息公开工作。

第四条 各级人民政府及县级以上人民政府部门应当建立健全本行政机关的政府信息公开工作制度，并指定机构（以下统称政府信息公开工作机构）负责本行政机关政府信息公开的日常工作。

政府信息公开工作机构的具体职责是：

（一）具体承办本行政机关的政府信息公开事宜；

（二）维护和更新本行政机关公开的政府信息；

（三）组织编制本行政机关的政府信息公开指南、政府信息公开目录和政府信息公开工作年度报告；

（四）对拟公开的政府信息进行保密审查；

（五）本行政机关规定的与政府信息公开有关的其他职责。

第五条 行政机关公开政府信息，应当遵循公正、公平、便民的原则。

第六条 行政机关应当及时、准确地公开政府信息。行政机关发现影响或者可能影响社会稳定、扰乱社会管理秩序的虚假或者不完整信息的，应当在其职责范围内发布准确的政府信息予以澄清。

第七条 行政机关应当建立健全政府信息发布协调机制。行政机关发布政府信息涉及其他行政机关的，应当与有关行政机关进行沟通、确认，保证行政机关发布的政府信息准确一致。

行政机关发布政府信息依照国家有关规定需要批准的，未经批准不得发布。

第八条 行政机关公开政府信息，不得危及国家安全、公共安全、经济安全和社会稳定。

第二章 公开的范围

第九条 行政机关对符合下列基本要求之一的政府信息应当主动公开：

（一）涉及公民、法人或者其他组织切身利益的；

（二）需要社会公众广泛知晓或者参与的；

（三）反映本行政机关机构设置、职能、办事程序等情况的；

（四）其他依照法律、法规和国家有关规定应当主动公开的。

第十条 县级以上各级人民政府及其部门应当依照本条例第九条的规定，在各自职责范围内确定主动公开的政府信息的具体内容，并重点公开下列政府信息：

（一）行政法规、规章和规范性文件；

（二）国民经济和社会发展规划、专项规划、区域规划及相关政策；

（三）国民经济和社会发展统计信息；

（四）财政预算、决算报告；

（五）行政事业性收费的项目、依据、标准；

（六）政府集中采购项目的目录、标准及实施情况；

（七）行政许可的事项、依据、条件、数量、程序、期限以及申请行政许可需要提交的全部材料目录及办理情况；

（八）重大建设项目的批准和实施情况；

（九）扶贫、教育、医疗、社会保障、促进就业等方面的政策、措施及其实施情况；

（十）突发公共事件的应急预案、预警信息及应对情况；

（十一）环境保护、公共卫生、安全生产、食品药品、产品质量的监督检查情况。

第十一条 设区的市级人民政府、县级人民政府及其部门重点公开的政府信息还应当包括下列内容：

（一）城乡建设和管理的重大事项；

（二）社会公益事业建设情况；

（三）征收或者征用土地、房屋拆迁及其补偿、补助费用的发放、使用情况；

（四）抢险救灾、优抚、救济、社会捐助等款物的管理、使用和分配情况。

第十二条 乡（镇）人民政府应当依照本条例第九条的规定，在其职责范围内确定主动公开的政府信息的具体内容，并重点公开下列政府信息：

（一）贯彻落实国家关于农村工作政策的情况；

（二）财政收支、各类专项资金的管理和使用情况；

（三）乡（镇）土地利用总体规划、宅基地使用的审核情况；

（四）征收或者征用土地、房屋拆迁及其补偿、补助费用的发放、使用情况；

（五）乡（镇）的债权债务、筹资筹劳情况；

（六）抢险救灾、优抚、救济、社会捐助等款物的发放情况；

（七）乡镇集体企业及其他乡镇经济实体承包、租赁、拍卖等情况；

（八）执行计划生育政策的情况。

第十三条 除本条例第九条、第十条、第十一条、第十二条规定的行政机关主动公开的政府信息外，公民、法人或者其他组织还可以根据自身生产、生活、科研等特殊需要，向国务院部门、地方各级人民政府及县级以上地方人民政府部门申请获取相关政府信息。

第十四条 行政机关应当建立健全政府信息发布保密审查机制，明确审查的程序和责任。

行政机关在公开政府信息前，应当依照《中华人民共和国保守国家秘密法》以及其他法律、法规和国家有关规定对拟公开的政府信息进行审查。

行政机关对政府信息不能确定是否可以公开时，应当依照法律、法规和国家有关规定报有关主管部门或者同级保密工作部门确定。

行政机关不得公开涉及国家秘密、商业秘密、个人隐私的政府信息。但是，经权利人同意公开或者行政机关认为不公开可能对公共利益造成重大影响的涉及商业秘密、个人隐私的政府信息，可以予以公开。

第三章 公开的方式和程序

第十五条 行政机关应当将主动公开的政府信息，通过政府公报、政府网站、新闻发布会以及报刊、广播、电视等便于公众知晓的方式公开。

第十六条 各级人民政府应当在国家档案馆、公共图书馆设置政府信息查阅场所，并配备相应的设施、设备，为公民、法人或者其他组织获取政府信息提供便利。

行政机关可以根据需要设立公共查阅室、资料索取点、信息公告栏、电子信息屏等场所、设施，公开政府信息。

行政机关应当及时向国家档案馆、公共图书馆提供主动公开的政府信息。

第十七条 行政机关制作的政府信息，由制作该政府信息的行政机关负责公开；行政机关从公民、法人或者其他组织获取的政府信息，由保存该政府信息的行政机关负责公开。法律、法规对政府信息公开的权限另有规定的，从其规定。

第十八条 属于主动公开范围的政府信息，应当自该政府信息形成或者变更之日起20个工作日内予以公开。法律、法规对政府信息公开的期限另有规定的，从其规定。

第十九条 行政机关应当编制、公布政府信息公开指南和政府信息公开目录，并及时更新。

政府信息公开指南，应当包括政府信息的分类、编排体系、获取方式，政府信息公开工作机构的名称、办公地址、办公时间、联系电话、传真号码、电子邮箱等内容。

政府信息公开目录，应当包括政府信息的索引、名称、内容概述、生成日期等内容。

第二十条 公民、法人或者其他组织依照本条例第十三条规定向行政机关申请获取政府信息的，应当采用书面形式（包括数据电文形式）；采用书面形式确有困难的，申请人可以口头提出，由受理该申请的行政机关代为填写政府信息公开申请。

政府信息公开申请应当包括下列内容：

（一）申请人的姓名或者名称、联系方式；

（二）申请公开的政府信息的内容描述；

（三）申请公开的政府信息的形式要求。

第二十一条 对申请公开的政府信息，行政机关根据下列情况分别作出答复：

（一）属于公开范围的，应当告知申请人获取该政府信息的方式和途径；

（二）属于不予公开范围的，应当告知申请人并说明理由；

（三）依法不属于本行政机关公开或者该政府信息不存在的，应当告知申请人，对能够确定该政府信息的公开机关的，应当告知申请人该行政机关的名称、联系方式；

（四）申请内容不明确的，应当告知申请人作出更改、补充。

第二十二条 申请公开的政府信息中含有不应当公开的内容，但是能够作区分处理的，行政机关应当向申请人提供可以公开的信息内容。

第二十三条 行政机关认为申请公开的政府信息涉及商业秘密、个人隐私，公开后可能损害第三方合法权益的，应当书面征求第三方的意见；第三方不同意公开的，不得公开。但是，行政机关认为不公开可能对公共利益造成重大影响的，应当予以公开，并将决定公开的政府信息内容和理由书面通知第三方。

第二十四条 行政机关收到政府信息公开申请，能够当场答复的，应当当场予以答复。

行政机关不能当场答复的，应当自收到申请之日起 15 个工作日内予以答复；如需延长答复期限的，应当经政府信息公开工作机构负责人同意，并告知申请人，延长答复的期限最长不得超过 15 个工作日。

申请公开的政府信息涉及第三方权益的，行政机关征求第三方意见所需时间不计算在本条第二款规定的期限内。

第二十五条 公民、法人或者其他组织向行政机关申请提供与其自身相关的税费缴纳、社会保障、医疗卫生等政府信息的，应当出示有效身份证件或者证明文件。

公民、法人或者其他组织有证据证明行政机关提供的与其自身相关的政府信息记录不准确的，有权要求该行政机关予以更正。该行政机关无权更正的，应当转送有权更正的行政机关处理，并告知申请人。

第二十六条 行政机关依申请公开政府信息，应当按照申请人要求的形式予以提供；无法按照申请人要求的形式提供的，可以通过安排申请人查阅相关资料、提供复制件或者其他适当形式提供。

第二十七条 行政机关依申请提供政府信息，除可以收取检索、复制、邮寄等成本费用外，不得收取其他费用。行政机关不得通过其他组织、个人以有偿服务方式提供政府信息。

行政机关收取检索、复制、邮寄等成本费用的标准由国务院价格主管部门会同国务院财政部门制定。

第二十八条　申请公开政府信息的公民确有经济困难的，经本人申请、政府信息公开工作机构负责人审核同意，可以减免相关费用。

申请公开政府信息的公民存在阅读困难或者视听障碍的，行政机关应当为其提供必要的帮助。

第四章　监督和保障

第二十九条　各级人民政府应当建立健全政府信息公开工作考核制度、社会评议制度和责任追究制度，定期对政府信息公开工作进行考核、评议。

第三十条　政府信息公开工作主管部门和监察机关负责对行政机关政府信息公开的实施情况进行监督检查。

第三十一条　各级行政机关应当在每年 3 月 31 日前公布本行政机关的政府信息公开工作年度报告。

第三十二条　政府信息公开工作年度报告应当包括下列内容：

（一）行政机关主动公开政府信息的情况；

（二）行政机关依申请公开政府信息和不予公开政府信息的情况；

（三）政府信息公开的收费及减免情况；

（四）因政府信息公开申请行政复议、提起行政诉讼的情况；

（五）政府信息公开工作存在的主要问题及改进情况；

（六）其他需要报告的事项。

第三十三条　公民、法人或者其他组织认为行政机关不依法履行政府信息公开义务的，可以向上级行政机关、监察机关或者政府信息公开工作主管部门举报。收到举报的机关应当予以调查处理。

公民、法人或者其他组织认为行政机关在政府信息公开工作中的具体行政行为侵犯其合法权益的，可以依法申请行政复议或者提起行政诉讼。

第三十四条　行政机关违反本条例的规定，未建立健全政府信息发布保密审查机制的，由监察机关、上一级行政机关责令改正；情节严重的，对行政机关主要负责人依法给予处分。

第三十五条 行政机关违反本条例的规定，有下列情形之一的，由监察机关、上一级行政机关责令改正；情节严重的，对行政机关直接负责的主管人员和其他直接责任人员依法给予处分；构成犯罪的，依法追究刑事责任：

（一）不依法履行政府信息公开义务的；

（二）不及时更新公开的政府信息内容、政府信息公开指南和政府信息公开目录的；

（三）违反规定收取费用的；

（四）通过其他组织、个人以有偿服务方式提供政府信息的；

（五）公开不应当公开的政府信息的；

（六）违反本条例规定的其他行为。

第五章 附 则

第三十六条 法律、法规授权的具有管理公共事务职能的组织公开政府信息的活动，适用本条例。

第三十七条 教育、医疗卫生、计划生育、供水、供电、供气、供热、环保、公共交通等与人民群众利益密切相关的公共企事业单位在提供社会公共服务过程中制作、获取的信息的公开，参照本条例执行，具体办法由国务院有关主管部门或者机构制定。

第三十八条 本条例自 2008 年 5 月 1 日起施行。

附录二 中基透明指数（FTI）指标及算法详解*

一 手册用户

基金会工作人员。

二 手册用途

1. 介绍 FTI 指标含义，指导基金会提升 FTI 得分与排名。
2. 展示各指标的模范基金会样板，提供信息更新的参考依据。
3. 进一步了解 FTI 指标体系和计算方法。

三 透明度提升总体原则

1. 完整披露 2011 年度基金会工作报告

中基透明指数指标主要来自民政登记机关要求基金会报送的年度工作报告模板，其中主要财务信息和主要项目信息的评分完全依靠 2011 年度报告的填写和披露情况而定。所以，建议完整填写 2011 年度报告并在互联网上公开报告全文，这样会大幅提升基金会的透明度分数和排名。

2. 建立基金会官方网站和微博

一方面，中基透明指数指标中包含 7 项反映基金会信息化建设水平的指标，没有官方网站和微博的基金会将完全损失这些分数；另一方面，根据透明指数分值的计算方法，引入披露渠道这一参数，通过基金会官方网站披露参数值为 1.2，通过其他渠道披露参数值为 0.8，即同样披露一项指标，通过官网披露的分值将是通过其他渠道披露分值的 1.5 倍。所以，建议基金会建立自身官方网站和微博，并在网站上建立信息披露、立项公示、项目查询、受益方/执行方查询、捐赠方查询等栏目。基金会中心网提供网站建设和微博注册认证绿色通道等服务。

---

* 编制机构：基金会中心网（www. FTI. org. cn）；手册版本：2013 年第三版。

3. 信息完善后告知基金会中心网

中基透明指数中各基金会的分数和名次每周日均更新一次，全国基金会的透明度排名会随之发生变化。虽然基金会中心网的工作人员日常会观察各基金会的最新信息披露情况，但我们还是建议基金会信息完善后及时告知基金会中心网，可以保证第一时间反映基金会的新的透明度分数和排名。

四 计算方法

中基透明指数总分等于60个指标的分数之和，满分为129.4分，其中基本信息总分为58.2分，财务信息总分为28.8分，项目信息总分为38分，捐赠信息总分为4.4分。计算公式如下。

中基透明指数分数将由四个参数决定：指标是否披露（T_i）、指标权重（W_i）、信息披露渠道（S_i）和信息披露的完整程度（C_i）。某家基金会的透明度分数 FTI_n 等于单个指标对应的四个参数的乘积的合计（见式1）。

$$FTI_n = \sum (T_i \times W_i \times S_i \times C_i) \quad \text{（式1）}$$

- n：基金会序号，如1，2，3……
- i：指标序号，值介于1～60。
- T_i：第 i 个三级指标是否披露，值为0或1。
- W_i：第 i 个三级指标的权重，值范围为1～6。
- S_i：第 i 个指标的信息来源，来源官网时 S_i 值为1.2，来源其他渠道时Si值为0.8。
- C_i：第 i 个指标信息披露完整度，值介于0～1，完整度越高值越接近1（该参数仅应用于主要项目信息分数的计算）。

为了快速理解指标和计算方法，请基金会工作人员参照表1具体描述和模仿基金会的案例参考。

因部分2011年成立的基金会不需要提交2011年度工作报告，及2012年以后成立的基金会无2011年度工作报告，所以本榜单默认只包含2011年1月1日前成立的基金会，2011年1月1日之后成立的基金会可以自愿加入榜单，可按照下方的联系方式向基金会中心网提供相关数据信息。

表 1 具体透明指标管理

指标			权重	说明	模范基金会样板
1 基本信息	1.1 基础信息	1.1.1 宗旨	2	年度工作报告中填写的宗旨： 通过机构官网披露，分数 =2×1.2 =2.4 分；通过其他渠道披露，分数 =2×0.8 =1.6 分；没有披露，分数 =0 分 建议通过官方网站披露机构宗旨	中国人口福利基金会（http://www.cpwf.org.cn/NewsInfo.aspx? id =5153）
		1.1.2 业务范围	2	年度工作报告中填写的业务范围： 评分和建议参考 1.1.1 宗旨中的说明	中国人口福利基金会（http://www.cpwf.org.cn/NewsInfo.aspx? id =5153）
		1.1.3 成立时间	1	年度工作报告中填写的成立时间： 通过机构官网披露，分数 =1×1.2 =1.2 分；通过其他渠道披露，分数 =1×0.8 =0.8 分；没有披露，分数 =0 分 建议通过官方网站披露机构成立时间	中国人口福利基金会（http://www.cpwf.org.cn/NewsInfo.aspx? id =5153）
		1.1.4 原始基金	1	年度工作报告中填写的原始基金数额： 评分和建议参考 1.1.3 成立时间中的说明	中国人口福利基金会（http://www.cpwf.org.cn/NewsInfo.aspx? id =5153）
		1.1.5 登记证号	1	年度工作报告中填写的法人登记证号： 评分和建议参考 1.1.3 成立时间中的说明	吴阶平医学基金会（http://www.wjpmf.org/about/zizhi/zizhi000.asp）
		1.1.6 组织机构代码	1	年度工作报告中填写的代码标识： 评分和建议参考 1.1.3 成立时间中的说明	吴阶平医学基金会（http://www.wjpmf.org/about/zizhi/zizhi000.asp）
		1.1.7 理事长姓名	1	现任理事长即法人代表姓名： 评分和建议参考 1.1.3 成立时间中的说明	南都公益基金会（http://www.naradafoundation.org/html/yzjg/index.html）
		1.1.8 秘书长姓名	1	现任秘书长的姓名： 评分和建议参考 1.1.3 成立时间中的说明	南都公益基金会（http://www.naradafoundation.org/html/yzjg/index.html）
		1.1.9 秘书长简介	1	现任秘书长的工作简历： 评分和建议参考 1.1.3 成立时间中的说明	南都公益基金会（http://www.naradafoundation.org/html/yzjg/index.html）

续表

指标			权重	说明	模范基金会样板
1 基本 信息	1.1 基础 信息	1.1.10 全职员工 数量	1	2011 年度工作报告中全职员工总数： 评分和建议参考 1.1.3 成立时间中的说明	中国人口福利基金会 (http://www.cpwf.org.cn/NewsInfo.aspx? id = 5153)
		1.1.11 原始基金 出资方	1	为基金会成立提供注册资金的单位或个人： 评分和建议参考 1.1.3 成立时间中的说明	南都公益基金会 (http://www.naradafoundation.org/html/jgjs/index.html)
		1.1.12 基金会 发起方	1	发起成立基金会的单位或个人： 评分和建议参考 1.1.3 成立时间中的说明	腾讯公益慈善基金会 (http://gongyi.qq.com/tccf/about.htm)
	1.2 联系 信息	1.2.1 联系人 姓名	1	基金会的联系人姓名： 评分和建议参考 1.1.3 成立时间中的说明	江苏昌明教育基金会 (http://www.nef.org.cn/Article/Article.aspx?sourceId = 13)
		1.2.2 联系人 职务	1	基金会的联系人职务： 评分和建议参考 1.1.3 成立时间中的说明	江苏昌明教育基金会 (http://www.nef.org.cn/Article/Article.aspx?sourceId = 13)
		1.2.3 联系 电话	1	基金会的联系电话： 评分和建议参考 1.1.3 成立时间中的说明	江苏昌明教育基金会 (http://www.nef.org.cn/Article/Article.aspx?sourceId = 13)
		1.2.4 联系 邮箱	1	基金会联系人的电子邮箱： 评分和建议参考 1.1.3 成立时间中的说明	江苏昌明教育基金会 (http://www.nef.org.cn/Article/Article.aspx?sourceId = 13)
		1.2.5 基金会 办公地址	1	基金会实际办公地址： 评分和建议参考 1.1.3 成立时间中的说明	江苏昌明教育基金会 (http://www.nef.org.cn/Article/Article.aspx?sourceId = 13)

续表

指标			权重	说明	模范基金会样板
1 基本信息	1.3 理事会信息	1.3.1 理事会纪要	2	2011 年度工作报告机构建设情况部分的理事会召开情况信息表的填写通过机构官网披露，分数 =2×1.2 =2.4 分；通过其他渠道披露，分数 =2×0.8 =1.6 分；没有披露，分数 =0 分	中国人口福利基金会（http://www.cpwf.org.cn/NewsInfo.aspx? id =5153）
		1.3.2 理事姓名	1	现任理事会的理事姓名： 评分和建议参考 1.1.3 成立时间中的说明	中国青少年发展基金会（http://www.cydf.org.cn/shiyong/html/lm_138/2009 -12 -24/105847.htm）
		1.3.3 理事会职务	1	现任理事会的理事职务： 评分和建议参考 1.1.3 成立时间中的说明	中国青少年发展基金会（http://www.cydf.org.cn/shiyong/html/lm_138/2009 -12 -24/105847.htm）
		1.3.4 理事工作单位	1	现任理事会的理事工作单位： 评分和建议参考 1.1.3 成立时间中的说明	中国青少年发展基金会（http://www.cydf.org.cn/shiyong/html/lm_138/2009 -12 -24/105847.htm）
		1.3.5 理事薪酬	1	理事 2011 年度在基金会领取的薪酬： 评分和建议参考 1.1.3 成立时间中的说明	中国人口福利基金会（http://www.cpwf.org.cn/NewsInfo.aspx? id =5153）
	1.4 信息化信息	1.4.1 机构官网	4	基金会独立网站、挂靠在相关机构下面的基金会信息页面、在公益 360 网上开设基金会页面并填写有效信息均被视为基金会官网，公益 360 网为无官方网站的基金会提供免费官方网站建设服务 开设官网，分数 =4 分；没有开设，分数 =0 分	南都公益基金会（http://www.naradafoundation.org/）； 在公益 360 网上的基金会网站：心平公益基金会（http://f.chinag360.com/xinping/）
		1.4.2 机构微博	3	机构官方微博，在新浪、腾讯、搜狐、网易开通机构微博并完成认证 开设微博，分数 =3 分；没有开设，分数 =0 分	南都公益基金会（http://weibo.com/naradafoundation；http://t.qq.com/narada foundation/）

续表

指 标			权重	说明	模范基金会样板
1 基本信息	1.4 信息化信息	1.4.3 信息披露栏目	2	基金会官网上的独立栏目，主要展示基金会年度工作报告、财务信息等需要公示的信息，栏目名称为信息披露、信息公开等 开设专门栏目，分数=2分；没有开设，分数=0分	中国青少年发展基金会（http://www.cydf.org.cn/xxpl.asp）
	1.5 章程及制度	1.5.1 机构管理制度	4	基金会整体管理制度： 通过机构官网披露，分数=4×1.2=4.8分；通过其他渠道披露，分数=4×0.8=3.2分；没有披露，分数=0分	江苏昌明教育基金会（http://www.nef.org.cn/Article/Article.aspx? txtId=271）
		1.5.2 人力资源管理制度	2	基金会员工招聘、薪酬、休假和福利等管理制度： 通过机构官网披露，分数=2×1.2=2.4分；通过其他渠道披露，分数=2×0.8=1.6分；没有披露，分数=0分	中国青少年发展基金会（http://www.cydf.org.cn/shiyong/html/lm_582/2012-08-20/223224.htm）
		1.5.3 财务管理制度	2	基金会财务管理制度： 评分规则参考1.5.2人力资源管理制度	南都公益基金会（http://www.naradafoundation.org/html/2012-06/11264.html）
		1.5.4 项目管理制度	2	基金会项目管理制度： 评分规则参考1.5.2人力资源管理制度	中国绿色碳汇基金会（http://www.thjj.org/about-rule-project.html）
		1.5.5 章程	1	规定基金会活动范围和管理制度的文件 通过机构官网披露，分数=1×1.2=1.2分；通过其他渠道披露，分数=1×0.8=0.8分；没有披露，分数=0分	南都公益基金会（http://www.naradafoundation.org/html/2012-06/11269.html）
	1.6 年度工作报告	1.6.1 年度工作报告	5	指向登记机关提交的2011年度工作报告 基金会官网披露2011年度工作报告全文，分数=5×1.2=6分；其他渠道披露全文，分数=5×0.8=4分 基金会官网披露2011年度工作报告摘要，分数=1×1.2=1.2分；其他渠道披露摘要，分数=1×0.8=0.8分；没有披露，分数=0分 （建议：通过基金会官网公开向登记机关报送2011年度工作报告）	中国人口福利基金会（http://www.cpwf.org.cn/NewsInfo.aspx? id=5153）；中国初级卫生保健基金会（http://www.cphcf.org.cn/xw.asp? Articleid=615）

续表

指标			权重	说明	模范基金会样板
2 财务信息	2.1 财务报告	2.1.1 审计报告	4	电子扫描版会计师事务所审计的2011年度审计报告，应至少包括基金会的基本情况、基本财务数据及三大财务报表、会计师事务所及注册会计师的签名盖章 基金会官网披露，分数 = 4 × 1.2 = 4.8分；其他渠道披露，分数 = 4 × 0.8 = 3.2分；没有披露，分数 = 0分	中国青少年发展基金会（http://www.cydf.org.cn/shenjibaogao/shenjigong gao.htm）
		2.1.2 资产负债表	2	2011年度审计报告或者2011年度工作报告所包含的经会计师事务所审计的资产负债表： 基金会官网披露，分数 = 2 × 1.2 = 2.4分；其他渠道披露，分数 = 2 × 0.8 = 1.6分；没有披露，分数 = 0分	中国青少年发展基金会（http://www.cydf.org.cn/shiyong/html/lm_104/2012-07-02/165153_2.htm）
		2.1.3 业务活动表	2	2011年度审计报告或者2011年度工作报告所包含的经会计师事务所审计的业务活动表： 评分规则参考2.1.2资产负债表	中国青少年发展基金会（http://www.cydf.org.cn/shiyong/html/lm_104/2012-07-02/165153_3.htm）
	2.2 主要财务信息	2.2.1 捐赠收入	2	2011年度工作报告全文或摘要或审计报告中的业务活动表中填写的捐赠收入数额： 基金会官网披露，分数 = 2 × 1.2 = 2.4分；其他渠道披露，分数 = 2 × 0.8 = 1.6分；没有披露，分数为0分	中国人口福利基金会（http://www.cpwf.org.cn/NewsInfo.aspx?id=5153）
		2.2.2 公益事业支出	2	2011年度工作报告全文或摘要中的公益事业支出数额： 评分规则参考2.2.1捐赠收入	中国人口福利基金会（http://www.cpwf.org.cn/NewsInfo.aspx?id=5153）
		2.2.3 总资产	1	2011年度工作报告全文或摘要或审计报告中的总资产数额： 通过基金会官网披露，分数 = 1 × 1.2 = 1.2分；其他渠道披露，分数 = 1 × 0.8 = 0.8分；没有披露，分数为0分	中国人口福利基金会（http://www.cpwf.org.cn/NewsInfo.aspx?id=5153）
		2.2.4 净资产	1	2011年度工作报告全文或摘要或审计报告中的净资产数额： 评分规则参考2.2.3总资产	中国人口福利基金会（http://www.cpwf.org.cn/NewsInfo.aspx?id=5153）
		2.2.5 总收入	1	2011年度工作报告全文或摘要或审计报告中的收入合计数额： 评分规则参考2.2.3总资产	中国人口福利基金会（http://www.cpwf.org.cn/NewsInfo.aspx?id=5153）

续表

指标			权重	说明	模范基金会样板
2 财务信息	2.2 主要财务信息	2.2.6 投资收益	1	2011 年度工作报告全文或摘要或审计报告中的投资收益数额： 评分规则参考 2.2.3 总资产	中国人口福利基金会（http://www.cpwf.org.cn/NewsInfo.aspx?id=5153）
2 财务信息	2.2 主要财务信息	2.2.7 政府补助收入	1	2011 年度工作报告全文或摘要或审计报告中的政府补助收入数额： 评分规则参考 2.2.3 总资产	中国人口福利基金会（http://www.cpwf.org.cn/NewsInfo.aspx?id=5153）
2 财务信息	2.2 主要财务信息	2.2.8 服务收入	1	2011 年度工作报告全文或摘要或审计报告中的服务收入数额： 评分规则参考 2.2.3 总资产	中国人口福利基金会（http://www.cpwf.org.cn/NewsInfo.aspx?id=5153）
2 财务信息	2.2 主要财务信息	2.2.9 总支出	1	2011 年度工作报告全文或摘要或审计报告中的总支出数额： 评分规则参考 2.2.3 总资产	中国人口福利基金会（http://www.cpwf.org.cn/NewsInfo.aspx?id=5153）
2 财务信息	2.2 主要财务信息	2.2.10 工资福利支出	1	2011 年度工作报告全文或摘要中的工资福利支出数额： 评分规则参考 2.2.3 总资产	中国人口福利基金会（http://www.cpwf.org.cn/NewsInfo.aspx?id=5153）
2 财务信息	2.2 主要财务信息	2.2.11 行政办公支出	1	2011 年度工作报告全文或摘要中的行政办公支出数额： 评分规则参考 2.2.3 总资产	中国人口福利基金会（http://www.cpwf.org.cn/NewsInfo.aspx?id=5153）
2 财务信息	2.2 主要财务信息	2.2.12 业务活动成本	1	2011 年度工作报告全文或摘要或审计报告中的业务活动成本数额： 评分规则参考 2.2.3 总资产	中国人口福利基金会（http://www.cpwf.org.cn/NewsInfo.aspx?id=5153）
2 财务信息	2.2 主要财务信息	2.2.13 管理费用	1	2011 年度工作报告全文或摘要或审计报告中的管理费用数额： 评分规则参考 2.2.3 总资产	中国人口福利基金会（http://www.cpwf.org.cn/NewsInfo.aspx?id=5153）
2 财务信息	2.2 主要财务信息	2.2.14 筹资费用	1	2011 年度工作报告全文或摘要或审计报告中的筹资费用数额： 评分规则参考 2.2.3 总资产	中国人口福利基金会（http://www.cpwf.org.cn/NewsInfo.aspx?id=5153）
3 项目信息	3.1 主要项目信息	3.1.1 项目支出	6	2011 年度工作报告本年度业务活动情况报告中的项目本年度支出数额 该指标得分由年度业务活动情况报告表中的公益活动数量、项目年度支出，以及 2011 年度工作报告中公益支出情况表中的公益事业支出数额三个参数决定。如果公益事业支出为 0 或者未填写，则该指标分数为 0 分 完整度 Ci =（填写项目支出的公益活动数量/年度共开展公益活动数量）×（所有公益活动的项目本年度支出合计/公益事业支出数额）	中国人口福利基金会（http://www.cpwf.org.cn/NewsInfo.aspx?id=5153）

续表

指标			权重	说明	模范基金会样板
3 项目信息	3.1 主要项目信息	3.1.1 项目支出		例如,某家基金会年度开始了5个项目,其中4个项目填写了项目本年度支出,1个项目没有填写,4个项目支出合计800万元,公益事业支出1000万元,并将年度报告全文在机构官网上披露,那么项目支出指标的透明分值等于=指标是否披露×权重×渠道×完整度=1×6×1.2×[(4/5)×(800/1000)]=4.608分 填写基金会中心网的项目信息采集表并提交给基金会中心网,视为已经通过其他渠道披露项目信息,计分方式与来源于非官网的年度工作报告中的项目信息相同 建议:第一,完整详细地填写每一个公益活动的信息,保证每个项目主要信息指标都完整披露;第二,保证项目支出合计接近公益事业支出金额,越接近公益支出,说明基金会越能清楚地告诉公众本基金会年度公益支出的具体去向;第三,务必保证填写公益支出情况表中的公益事业支出数额	—
		3.1.2 项目收入	6	2011年度工作报告本年度业务活动情况报告中的项目本年度收入数额: 计算方法和建议参考3.1.1项目支出	中国人口福利基金会(http://www.cpwf.org.cn/NewsInfo.aspx?id=5153)
		3.1.3 资金用途	6	根据2011年度工作报告本年度业务活动情况报告中的项目内容简述得出项目的资金使用方式: 计算方法和建议参考3.1.1项目支出	中国绿化基金会:2011年,"华夏绿洲助学行动" 针对我国西部沙漠化地区贫困少年儿童实施捐助的全国性公益活动,行动募集的款项将直接资助内蒙古、山西、陕西、甘肃、宁夏、青海、西藏和新疆8个省区沙漠化地区的贫困少年儿童,以及为办学条件落后的学校添加电教化设备
		3.1.4 项目概述	2	2011年度工作报告本年度业务活动情况报告中的项目内容简述: 计算方法和建议参考3.1.1项目支出	中国人口福利基金会(http://www.cpwf.org.cn/NewsInfo.aspx?id=5153)

续表

指标			权重	说明	模范基金会样板
3 项目信息	3.1 主要项目信息	3.1.5 执行地点	2	2011 根据年度工作报告本年度业务活动情况报告中的项目内容简述得出项目的执行地点： 计算方法和建议参考 3.1.1 项目支出	招商局慈善基金会：2011 年，"威宁山区小学免费午餐项目"出资 33.5 万元，帮助贵州省威宁县三家山区小学（牛棚镇新华小学、新龙小学、观风海镇勺口小学）开展"免费午餐"。2011 年度秋季学期开餐，880 余名汉、回、彝、苗等各民族学龄儿童生平第一次吃到热乎乎的免费午餐
		3.1.6 活动领域	2	2011 年度工作报告本年度业务活动情况报告中的项目内容简述得出项目的活动领域： 计算方法和建议参考 3.1.1 项目支出	中国绿化基金会：2011 年，"华夏绿洲助学行动"针对我国西部沙漠化地区贫困少年儿童实施捐助的全国性公益活动，行动募集的款项直接资助内蒙古、山西、陕西、甘肃、宁夏、青海、西藏和新疆 8 个省区沙漠化地区的贫困少年儿童，以及为办学条件落后的学校添加电教化设备
		3.1.7 项目名称	1	2011 年度工作报告本年度业务活动情况报告中的项目名称： 计算方法和建议参考 3.1.1 项目支出	中国人口福利基金会 （http://www.cpwf.org.cn/NewsInfo.aspx? id =5153）
	3.2 信息化信息	3.2.1 立项公示栏目	3	基金会官网展示年度项目计划或者项目招标的栏目： 设有专门栏目，分数 =3 分；没有设计，分数 =0 分	湖南省残疾人福利基金会 （http://www.hnfdp.org.cn/html/53/category - catid - 53.html）； 南都公益基金会 （http://www.nandufoundation.org/html/2012 - 07/15081.html）

续表

指　标			权重	说明	模范基金会样板
3 项目信息	3.2 信息化信息	3.2.2 受助方公示栏目	3	基金会官网展示自我运作项目的受益方或者资助项目的执行方信息的栏目： 设有专门栏目，分数=3分；没有设计，分数=0分	受益方：北京成龙慈善基金会 （http://www.chengloongcishan.org/html/use/）； 执行方：南都公益基金会 （http://www.naradafoundation.org/html/hgxm.html?type=075600086199）
		3.2.3 项目查询栏目	2	基金会官网展示项目细节信息的栏目： 设有专门栏目，分数=2分；没有设计，分数=0分	南都公益基金会 （http://www.naradafoundation.org/html/hgxm.html?type=075600086199）
4 捐赠信息	4.1 信息化信息	4.1.1 捐赠方查询栏目	2	基金会官网展示捐赠细节信息的栏目： 设有专门栏目，分数=2分；没有设计，分数=0分	中华少年儿童慈善救助基金会 （http://www.ccafc.org.cn/templates/Donation Search/index.aspx?nodeid=106）； 北京华育助学基金会 （http://www.huayv.org.cn/_d270690850.htm）
	4.2 捐赠人	4.2.1 主要捐赠人名称	2	年度工作报告业务活动情况部分的大额捐赠收入情况信息表： 通过机构官网披露，分数=2×1.2=2.4分；通过其他渠道披露，分数=2×0.8=1.6分；没有披露，分数=0分	中国人口福利基金会 （http://www.cpwf.org.cn/NewsInfo.aspx?id=5153）

五　支持服务

如果您有任何同指数相关的问题或者信息更新，请通过下面的方式联系我们：

联系人：刘东启；联系电话：010－65696480 转 6619 分机；邮箱：FTI@foundationcenter.org.cn；网址：www.FTI.org.cn。

六　基金会中心网的使命

建立基金会行业信息披露平台，提供行业发展所需的能力建设服务，促进行业自律机制形成和公信力提升，培育良性、透明的公益文化。

附录三　FTI 完整榜单*

1. 净资产 Top 100 榜单

单位：分，元

排名	基金会名称	FTI 得分	净资产
1	河南省宋庆龄基金会	53.86	3064916348
2	清华大学教育基金会	98.22	2018761631
3	上海市慈善基金会	129.40	1713759166
4	北京大学教育基金会	94.20	1482432415
5	老牛基金会	58.32	1029227896
6	中国教育发展基金会	54.80	986390882
7	神华公益基金会	82.42	824644315
8	浙江大学教育基金会	80.48	805597294
9	中国残疾人福利基金会	129.40	745700362
10	中华全国体育基金会	93.43	744436876
11	上海市大学生科技创业基金会	71.40	710639987
12	中国红十字基金会	129.40	641364209
13	南京大学教育发展基金会	119.43	631530881
14	中国青少年发展基金会	124.50	570917078
15	上海市拥军优属基金会	50.74	568140415
16	上海交通大学教育发展基金会	74.66	500329125
17	上海宋庆龄基金会	129.40	486569109
18	中国光华科技基金会	126.40	483541877
19	中国扶贫基金会	129.40	482164646
20	上海市体育发展基金会	72.40	417537035
21	中国儿童少年基金会	73.08	404533448
22	四川省青少年发展基金会	71.13	401317625
23	广东省扶贫基金会	74.56	395248781
24	中国妇女发展基金会	129.40	371857233
25	东南大学教育基金会	83.00	340579222
26	中国癌症基金会	118.26	336313924
27	上海市老年基金会	82.34	334651555
28	上海汽车工业科技发展基金会	73.17	329005833
29	苏州大学教育发展基金会	79.60	320815612

* 附录中所有榜单的数据截止日期为 2013 年 3 月 11 日。

续表

排名	基金会名称	FTI 得分	净资产
30	南京金陵文化保护发展基金会	60.00	305293905
31	瀛公益基金会	90.60	299355982
32	中远慈善基金会	123.53	292062456
33	中国宋庆龄基金会	80.80	281256542
34	中国绿化基金会	89.86	246417366
35	上海市教育发展基金会	70.47	239889945
36	北京师范大学教育基金会	47.80	238922777
37	广州市番禺区教育基金会	53.34	235891467
38	上海民生艺术基金会	56.80	232872950
39	爱德基金会	129.40	219211395
40	南京航空航天大学教育发展基金会	59.20	219120121
41	广州市教育基金会	76.40	214195243
42	中国光彩事业基金会	43.12	212376234
43	中国青年创业就业基金会	73.20	212299530
44	泛海公益基金会	32.80	201707058
45	中国科学技术大学教育基金会	30.40	201042408
46	上海工商界爱国建设特种基金会	49.14	198071284
47	南京林业大学教育发展基金会	66.00	197695637
48	瑞安市人民教育基金会	42.86	191716578
49	北京交通大学教育基金会	98.21	191425808
50	北京市中国人民大学教育基金会	61.53	190658872
51	上海复旦大学教育发展基金会	96.65	189276664
52	中国公安民警英烈基金会	60.47	188610983
53	友成企业家扶贫基金会	123.07	185800816
54	南京信息大学教育发展基金会	56.14	182723772
55	南京审计学院教育发展基金会	57.30	180680906
56	深圳市警察基金会	79.95	178149254
57	广东省公安民警医疗救助基金会	50.40	175524677
58	江苏大学教育发展基金会	51.09	171194786
59	中国发展研究基金会	88.20	171004437
60	广州市交通建设管理基金会	56.70	170861279
61	上海唐君远教育基金会	74.02	169480941
62	南京工程学院教育发展基金会	56.80	164929000
63	陕西省府谷县教育基金会	56.80	163384568
64	慈济慈善事业基金会	107.44	161836189
65	华阳慈善基金会	28.40	154424336

续表

排名	基金会名称	FTI 得分	净资产
66	上海文化发展基金会	66.79	152570428
67	中国法律援助基金会	83.39	151897936
68	佛山市顺德区教育基金会	49.29	150704216
69	厦门市教育基金会	75.00	148869149
70	伊金霍洛旗人民教育基金会	36.00	144822791
71	常州市见义勇为基金会	59.00	144073017
72	厦门大学教育发展基金会	74.00	137768489
73	四川省教育基金会	70.20	137521597
74	中国医药卫生事业发展基金会	58.40	133129991
75	福建新华都慈善基金会	65.36	132408721
76	腾讯公益慈善基金会	116.97	130223318
77	上海公安金盾基金会	46.41	130170911
78	华民慈善基金会	124.23	126579706
79	中华环境保护基金会	75.60	125952837
80	广州市职工济难基金会	56.32	125807394
81	中山市教育基金会	55.24	125387828
82	南京外国语学校教育基金会	54.80	124706102
83	中国人寿慈善基金会	37.60	124697144
84	中国友好和平发展基金会	89.82	124224982
85	东莞市医疗救济基金会	58.40	124151074
86	南京财经大学教育发展基金会	61.03	123734712
87	中国绿色碳汇基金会	77.60	123322848
88	南京师范大学教育发展基金会	57.35	123298516
89	宝钢教育基金会	49.95	122737432
90	广东省见义勇为基金会	54.51	122661819
91	宁波大学教育发展基金会	57.60	121329751
92	广东省繁荣粤剧基金会	50.21	120696611
93	广西民族教育发展基金会	71.18	118412198
94	中国博士后科学基金会	72.53	118180413
95	榆林市胡星元慈善基金会	54.00	115726105
96	中科院研究生教育基金会	42.80	113032041
97	上海增爱基金会	93.16	112322701
98	湖南省公安民警基金会	45.51	112134836
99	湖南省教育基金会	76.41	110962912
100	南京中医药大学教育发展基金会	58.24	110632044

2. 捐赠收入 Top 100 榜单

单位：分，元

排名	基金会名称	FTI 得分	捐赠收入
1	清华大学教育基金会	98.22	1047011399
2	神华公益基金会	82.42	824838954
3	上海市慈善基金会	129.40	734791067
4	中国癌症基金会	118.26	691819072
5	北京大学教育基金会	94.20	618194642
6	中国光华科技基金会	126.40	566659246
7	广东省扶贫基金会	74.56	455756432
8	上海宋庆龄基金会	129.40	445094825
9	河南省宋庆龄基金会	53.86	393949514
10	中国教育发展基金会	54.80	347675174
11	中国儿童少年基金会	73.08	338664225
12	中国残疾人福利基金会	129.40	334834446
13	中国妇女发展基金会	129.40	323609604
14	中国绿化基金会	89.86	314610928
15	南京金陵文化保护发展基金会	60.00	300000000
16	中国青少年发展基金会	124.50	258928235
17	南京大学教育发展基金会	119.43	240819495
18	中国扶贫基金会	129.40	239463622
19	上海民生艺术基金会	56.80	238800000
20	瀛公益基金会	90.60	212200266
21	浙江大学教育基金会	80.48	203453252
22	中国宋庆龄基金会	80.80	169828435
23	中国红十字基金会	129.40	166676312
24	中国志愿服务基金会	87.89	139915632
25	慈济慈善事业基金会	107.44	129427993
26	上海交通大学教育发展基金会	74.66	129346165
27	伊金霍洛旗人民教育基金会	36.00	128940000
28	威盛信望爱公益基金会	67.76	128682539
29	北京师范大学教育基金会	47.80	116566761
30	中国光彩事业基金会	43.12	114347678
31	榆林市胡星元慈善基金会	54.00	111880000
32	中远慈善基金会	123.53	111098886

续表

排名	基金会名称	FTI 得分	捐赠收入
33	江苏大学教育发展基金会	51.09	110164939
34	浙江省义乌市教育基金会	51.60	109403608
35	深圳壹基金公益基金会	129.40	108132561
36	腾讯公益慈善基金会	116.97	108026526
37	武汉大学教育发展基金会	91.60	107755285
38	上海复旦大学教育发展基金会	96.65	103260980
39	苏州大学教育发展基金会	79.60	102292241
40	福建新华都慈善基金会	65.36	100000000
41	中华思源工程扶贫基金会	129.40	98013668
42	北京市中国人民大学教育基金会	61.53	93157299
43	中国初级卫生保健基金会	119.48	92497294
44	吴江市慈善基金会	54.19	91689865
45	东南大学教育基金会	83.00	90607088
46	爱德基金会	129.40	89791159
47	大连慈善基金会	68.05	87754994
48	临海市人民教育基金会	50.40	87684995
49	南京林业大学教育发展基金会	66.00	86308950
50	中华少年儿童慈善救助基金会	128.20	85996566
51	中国社会福利基金会	116.75	85773455
52	中国人口福利基金会	129.40	83332495
53	温岭市人民教育基金会	63.49	82923300
54	南通大学教育发展基金会	47.54	79979818
55	中国华文教育基金会	74.95	78689398
56	南昌市教育基金会	57.60	78516314
57	苍南县人民教育基金会	57.28	75851639
58	北京航空航天大学教育基金会	48.00	75024520
59	苏州科技学院教育发展基金会	75.60	74874300
60	上海市老年基金会	82.34	74601337
61	中国友好和平发展基金会	89.82	74559449
62	诸暨市人民教育基金会	55.20	74345711
63	南京审计学院教育发展基金会	57.30	73839146
64	中国华侨公益基金会	108.45	73747489
65	安徽省人口基金会	63.68	73350000
66	南京航空航天大学教育发展基金会	59.20	71606582

续表

排名	基金会名称	FTI 得分	捐赠收入
67	南京财经大学教育发展基金会	61.03	69840624
68	爱佑慈善基金会	66.80	69740461
69	广东省中山大学教育发展基金会	73.20	69033893
70	南京工程学院教育发展基金会	56.80	68875728
71	重庆大学教育基金会	59.07	68099767
72	广东省华南理工大学教育发展基金会	86.13	67824383
73	吴阶平医学基金会	70.63	67347945
74	南京工业大学教育发展基金会	56.91	66047784
75	山东大学教育基金会	92.40	65471699
76	广州市花都区教育基金会	55.35	64600000
77	常州市见义勇为基金会	59.00	64057500
78	北京交通大学教育基金会	98.21	63980578
79	中山市教育基金会	55.24	63441377
80	南京中医药大学教育发展基金会	58.24	63362431
81	广州市番禺区教育基金会	53.34	63312598
82	中国科学技术大学教育基金会	30.40	62236066
83	南京邮电大学教育发展基金会	61.18	61809868
84	上虞市人民教育基金会	53.33	61599787
85	湖北省扶贫基金会	42.40	61539152
86	南京师范大学教育发展基金会	57.35	61514257
87	山东省教育基金会	57.33	61288857
88	中国绿色碳汇基金会	77.60	61093863
89	中国青年创业就业基金会	73.20	61070000
90	温州市瓯海区人民教育基金会	46.90	58996105
91	四川省青少年发展基金会	71.13	58653636
92	昆山市慈善基金会	44.83	58189617
93	台州市路桥区教育发展基金会	56.00	57691450
94	北京市红十字基金会	45.80	57604729
95	西安交通大学教育基金会	69.17	56544200
96	中国下一代教育基金会	76.45	56069970
97	扬州大学教育发展基金会	70.69	55469528
98	天台县教育基金会	50.40	55139175
99	南京理工大学教育发展基金会	126.39	53676139
100	中国检察官教育基金会	81.14	53335000

3. 公益支出 Top 100 榜单

单位：分，元

排名	基金会名称	FTI 得分	公益支出
1	中国教育发展基金会	54.80	950802939
2	清华大学教育基金会	98.22	577424244
3	中国光华科技基金会	126.40	545904366
4	上海市慈善基金会	129.40	502162456
5	中国癌症基金会	118.26	477956658
6	中国博士后科学基金会	72.53	460560000
7	中国残疾人福利基金会	129.40	315216805
8	中国红十字基金会	129.40	309091878
9	河南省宋庆龄基金会	53.86	299392639
10	广东省扶贫基金会	74.56	284219910
11	北京大学教育基金会	94.20	282008923
12	中国青少年发展基金会	124.50	265926663
13	中国扶贫基金会	129.40	262425686
14	中国儿童少年基金会	73.08	250582901
15	中国绿化基金会	89.86	245463147
16	中国妇女发展基金会	129.40	216021428
17	神华公益基金会	82.42	208414664
18	华阳慈善基金会	28.40	171311172
19	中国宋庆龄基金会	80.80	167766411
20	中国志愿服务基金会	87.89	136896644
21	中国光彩事业基金会	43.12	131863006
22	威盛信望爱公益基金会	67.76	129345973
23	苏州大学教育发展基金会	79.60	124161283
24	中国文学艺术基金会	80.10	119297816
25	瑞安市人民教育基金会	42.86	111120674
26	中国华文教育基金会	74.95	111042844
27	四川省青少年发展基金会	71.13	106178518
28	华润慈善基金会	48.80	105192303
29	老牛基金会	58.32	100207300
30	中国青年创业就业基金会	73.20	98994586
31	温岭市人民教育基金会	63.49	98680800
32	临海市人民教育基金会	50.40	97155800

续表

排名	基金会名称	FTI 得分	公益支出
33	慈济慈善事业基金会	107.44	96370173
34	浙江省义乌市教育基金会	51.60	92877823
35	中国初级卫生保健基金会	119.48	90586675
36	重庆大学教育基金会	59.07	89990798
37	上海文化发展基金会	66.79	84602822
38	北京师范大学教育基金会	47.80	81096386
39	爱德基金会	129.40	79612728
40	南通大学教育发展基金会	47.54	79257500
41	福建新华都慈善基金会	65.36	78833440
42	北京市中国人民大学教育基金会	61.53	75564900
43	大连慈善基金会	68.05	74351854
44	中国华侨公益基金会	108.45	72688123
45	上海交通大学教育发展基金会	74.66	71686815
46	浙江大学教育基金会	80.48	70296131
47	中国绿色碳汇基金会	77.60	69573334
48	深圳壹基金公益基金会	129.40	68470822
49	杭州市送温暖工程基金会	50.86	67279714
50	中国法律援助基金会	83.39	66980255
51	厦门市教育基金会	75.00	66357766
52	苍南县人民教育基金会	57.28	65934366
53	南京大学教育发展基金会	119.43	65205242
54	南京邮电大学教育发展基金会	61.18	64630000
55	腾讯公益慈善基金会	116.97	64464794
56	北京航空航天大学教育基金会	48.00	64036004
57	云南省青少年发展基金会	111.18	63664621
58	广东省中山大学教育发展基金会	73.20	63536011
59	上海市老年基金会	82.34	63073138
60	诸暨市人民教育基金会	55.20	63022309
61	吴江市慈善基金会	54.19	62825902
62	中国人口福利基金会	129.40	62768429
63	上虞市人民教育基金会	53.33	61789629
64	中华思源工程扶贫基金会	129.40	61252456
65	山东大学教育基金会	92.40	61139588
66	中华少年儿童慈善救助基金会	128.20	56303158

续表

排名	基金会名称	FTI 得分	公益支出
67	爱佑慈善基金会	66.80	55887820
68	台州市路桥区教育发展基金会	56.00	55386761
69	湖北省扶贫基金会	42.40	55321197
70	珠海市扶贫基金会	69.83	55310434
71	北京市红十字基金会	45.80	53177790
72	上海市教育发展基金会	70.47	52378116
73	天台县教育基金会	50.40	51633936
74	温州市瓯海区人民教育基金会	46.90	50186340
75	安徽省人口基金会	63.68	48836917
76	吴阶平医学基金会	70.63	48175320
77	苏州科技学院教育发展基金会	75.60	47292500
78	中国医药卫生事业发展基金会	58.40	47164857
79	江西省庐山东林净土文化基金会	56.08	47073570
80	象山县人民教育基金会	55.14	44997373
81	台州市黄岩区教育发展基金会	50.80	44860207
82	浙江省宁海县人民教育基金会	78.80	44545602
83	台州市椒江区人民教育基金会	53.60	44452214
84	上海同济大学教育发展基金会	57.94	44411966
85	江南大学教育发展基金会	69.26	44239313
86	天诺慈善基金会	58.00	43976650
87	浙江省新华爱心教育基金会	79.06	43781752
88	南昌市教育基金会	57.60	43655767
89	山东省教育基金会	57.33	43278699
90	北京青少年发展基金会	84.92	42974508
91	永嘉县人民教育基金会	34.40	42403894
92	苏州市慈善基金会	52.42	41544823
93	广东省华南理工大学教育发展基金会	86.13	41531309
94	广西李宁基金会	55.40	40857169
95	上海市民帮困互助基金会	79.40	39783588
96	四川电子科技大学教育发展基金会	88.00	39569191
97	中华全国体育基金会	93.43	39553443
98	广东省合生珠江教育发展基金会	55.20	39102550
99	中华环境保护基金会	75.60	39085985
100	中远慈善基金会	123.53	38687816

4. “中字头”基金会榜单

单位：分

排名	基金会名称	FTI 分值	排名	基金会名称	FTI 分值
1	中华思源工程扶贫基金会	129.40	44	中国禁毒基金会	70.00
2	中国人口福利基金会	129.40	45	中国艺术节基金会	68.77
3	中国红十字基金会	129.40	46	中华社会文化发展基金会	68.61
4	中国妇女发展基金会	129.40	47	中国健康促进基金会	68.44
5	中国扶贫基金会	129.40	48	中华国际医学交流基金会	68.22
6	中国残疾人福利基金会	129.40	49	中国人权发展基金会	68.09
7	中华少年儿童慈善救助基金会	128.20	50	中国航天基金会	64.71
8	中国光华科技基金会	126.40	51	中国关心下一代健康体育基金会	61.87
9	中国古生物化石保护基金会	125.20	52	中国国际文化交流基金会	61.44
10	中国青少年发展基金会	124.50	53	中国京剧艺术基金会	61.04
11	中国初级卫生保健基金会	119.48	54	中国公安民警英烈基金会	60.47
12	中国癌症基金会	118.26	55	中国职工发展基金会	60.40
13	中国煤矿尘肺病防治基金会	118.00	56	中国医药卫生事业发展基金会	58.40
14	中国社会福利基金会	116.75	57	中国煤矿文化宣传基金会	57.42
15	中国华侨公益基金会	108.45	58	中国益民文化建设基金会	55.80
16	中华见义勇为基金会	95.20	59	中国肝炎防治基金会	55.40
17	中华全国体育基金会	93.43	60	中国教育发展基金会	54.80
18	中华社会救助基金会	91.42	61	中国文物保护基金会	53.04
19	中国绿化基金会	89.86	62	中国牙病防治基金会	51.35
20	中国友好和平发展基金会	89.82	63	中国保护消费者基金会	50.74
21	中国发展研究基金会	88.20	64	中国交响乐发展基金会	50.20
22	中国志愿服务基金会	87.89	65	中国器官移植发展基金会	50.18
23	中国敦煌石窟保护研究基金会	87.84	66	中国民航科普基金会	49.33
24	中国法律援助基金会	83.39	67	中国金融教育发展基金会	48.80
25	中国企业管理科学基金会	83.05	68	中国孔子基金会	46.80
26	中国西部人才开发基金会	82.12	69	中国法学交流基金会	46.80
27	中国检察官教育基金会	81.14	70	中国听力医学发展基金会	45.86
28	中国宋庆龄基金会	80.80	71	中国预防性病艾滋病基金会	45.40
29	中国文学艺术基金会	80.10	72	中国华夏文化遗产基金会	45.32
30	中华健康快车基金会	79.51	73	中国光彩事业基金会	43.12
31	中国绿色碳汇基金会	77.60	74	中国国际问题研究基金会	42.25
32	中国下一代教育基金会	76.45	75	中国电影基金会	40.50
33	中国经济改革研究基金会	76.06	76	中华农业科教基金会	39.60
34	中国留学人才发展基金会	75.82	77	中国生物多样性保护与绿色发展基金会	38.00
35	中华环境保护基金会	75.60	78	中华国际科学交流基金会	33.80
36	中国华文教育基金会	74.95	79	中国少年儿童文化艺术基金会	32.00
37	中国老龄事业发展基金会	73.82	80	中国马克思主义研究基金会	32.00
38	中国青年创业就业基金会	73.20	81	中国治理荒漠化基金会	30.00
39	中国儿童少年基金会	73.08	82	中国教师发展基金会	28.40
40	中国少数民族文化艺术基金会	73.01	83	中国保护黄河基金会	28.40
41	中国医学基金会	72.93	84	中国国际战略研究基金会	26.40
42	中国博士后科学基金会	72.53	85	中国拥军优属基金会	21.20
43	中华文学基金会	70.74			

5. 各省份第一基金会榜单

单位：分

排名	基金会名称	所在地	FTI 分值
1	中国残疾人福利基金会	北　京	129.40
1	深圳壹基金公益基金会	广　东	129.40
1	黑龙江省青少年发展基金会	黑龙江	129.40
1	爱德基金会	江　苏	129.40
1	上海宋庆龄基金会	上　海	129.40
1	天津大学北洋教育发展基金会	天　津	129.40
1	浙江省爱心事业基金会	浙　江	129.40
8	成都市残疾人福利基金会	四　川	127.40
9	河南省中原文化建设发展基金会	河　南	123.40
10	中国煤矿尘肺病防治基金会	河　北	118.00
10	山东理工大学教育发展基金会	山　东	118.00
12	湖南省残疾人福利基金会	湖　南	116.79
13	山西省残疾人福利基金会	山　西	114.01
14	云南省青少年发展基金会	云　南	111.18
15	贵州文化薪火乡村发展基金会	贵　州	109.58
16	重庆市青少年发展基金会	重　庆	108.00
17	福建省青少年发展基金会	福　建	107.80
18	海南成美慈善基金会	海　南	106.06
19	安徽省池州仁众教育基金会	安　徽	105.54
20	新疆维吾尔自治区青少年发展基金会	新　疆	94.80
21	江西省革命老区爱心基金会	江　西	91.80
22	武汉大学教育发展基金会	湖　北	91.60
23	中国敦煌石窟保护研究基金会	甘　肃	87.84
24	广西青少年发展基金会	广　西	87.63
25	陕西省红十字基金会	陕　西	82.94
26	吉林师范大学助学基金会	吉　林	81.60
27	大连市青少年发展基金会	辽　宁	81.40
28	内蒙古民族教育发展基金会	内蒙古	78.67
29	青海省贫困学生助学基金会	青　海	64.78
30	宁夏科技创业基金会	宁　夏	57.87
31	援助西藏发展基金会	西　藏	46.80

6. 全榜单

单位：分

排名	基金会名称	FTI 分值
1	爱德基金会	129.40
1	北京市企业家环保基金会	129.40
1	北京市西部阳光农村发展基金会	129.40
1	北京新阳光慈善基金会	129.40
1	黑龙江省青少年发展基金会	129.40
1	江苏昌明教育基金会	129.40
1	江苏省儿童少年福利基金会	129.40
1	南都公益基金会	129.40
1	上海市慈善基金会	129.40
1	上海宋庆龄基金会	129.40
1	上海真爱梦想公益基金会	129.40
1	深圳壹基金公益基金会	129.40
1	天津大学北洋教育发展基金会	129.40
1	浙江省爱心事业基金会	129.40
1	浙江正泰公益基金会	129.40
1	中国残疾人福利基金会	129.40
1	中国扶贫基金会	129.40
1	中国妇女发展基金会	129.40
1	中国红十字基金会	129.40
1	中国人口福利基金会	129.40
1	中华思源工程扶贫基金会	129.40
22	中华少年儿童慈善救助基金会	128.20
23	北京桂馨慈善基金会	127.54
24	成都市残疾人福利基金会	127.40
25	北京万通公益基金会	127.30
26	北京光华慈善基金会	127.00
27	招商局慈善基金会	126.40
27	中国光华科技基金会	126.40
29	南京理工大学教育发展基金会	126.39
30	深圳市郑卫宁慈善基金会	125.33
31	中国古生物化石保护基金会	125.20
32	中国青少年发展基金会	124.50
33	华民慈善基金会	124.23
34	广东省千禾社区公益基金会	124.15
35	中远慈善基金会	123.53

续表

排名	基金会名称	FTI 分值
36	河南省中原文化建设发展基金会	123.40
37	友成企业家扶贫基金会	123.07
38	浙江绿色共享教育基金会	120.80
39	陈香梅公益基金会	120.66
40	中国初级卫生保健基金会	119.48
41	南京大学教育发展基金会	119.43
42	中国癌症基金会	118.26
43	山东理工大学教育发展基金会	118.00
43	中国煤矿尘肺病防治基金会	118.00
45	浙江省青少年发展基金会	117.51
46	天津市鹤童老年公益基金会	117.00
47	腾讯公益慈善基金会	116.97
48	北京乐平公益基金会	116.93
49	湖南省残疾人福利基金会	116.79
50	中国社会福利基金会	116.75
51	上海公益事业发展基金会(联劝)	116.55
52	北京市华夏人慈善基金会	114.48
53	山西省残疾人福利基金会	114.01
54	中央财经大学教育基金会	113.39
55	云南省青少年发展基金会	111.18
56	黄奕聪慈善基金会	110.08
57	贵州文化薪火乡村发展基金会	109.58
58	深圳市综研软科学发展基金会	108.80
59	中国华侨公益基金会	108.45
60	重庆市青少年发展基金会	108.00
61	福建省青少年发展基金会	107.80
62	吴作人国际美术基金会	107.60
63	慈济慈善事业基金会	107.44
64	湖南省青少年发展基金会	106.27
65	海南成美慈善基金会	106.06
66	安徽省池州仁众教育基金会	105.54
67	北京市仁爱慈善基金会	104.60
68	河南省儿童希望救助基金会	101.74
69	心平公益基金会	100.80
70	重庆儿童救助基金会	100.20
71	清华大学教育基金会	98.22

续表

排名	基金会名称	FTI 分值
72	北京交通大学教育基金会	98. 21
73	北京中国石油大学教育基金会	98. 01
74	广东省肇庆学院教育发展基金会	98. 00
75	上海复旦大学教育发展基金会	96. 65
76	成都市老龄事业发展基金会	96. 01
77	广东省青少年发展基金会	95. 91
78	浙江省阳光教育基金会	95. 21
79	中华见义勇为基金会	95. 20
80	山东省残疾人福利基金会	95. 07
81	新疆维吾尔自治区青少年发展基金会	94. 80
82	深圳市松禾成长关爱基金会	94. 47
83	新疆妇女儿童发展基金会	94. 45
84	四川省科技扶贫基金会	94. 39
85	北京大学教育基金会	94. 20
86	江苏省发展体育基金会	93. 62
87	中华全国体育基金会	93. 43
88	上海能近公益基金会	93. 20
89	上海增爱基金会	93. 16
90	山东大学教育基金会	92. 40
91	北京京华公益事业基金会	92. 20
92	新乡市教育基金会	92. 00
93	江西省革命老区爱心基金会	91. 80
94	武汉大学教育发展基金会	91. 60
95	中华社会救助基金会	91. 42
96	瀛公益基金会	90. 60
97	北京市刘鸿儒金融教育基金会	90. 40
98	北京修远经济与社会研究基金会	89. 92
99	中国绿化基金会	89. 86
100	中国友好和平发展基金会	89. 82
101	河北省残疾人福利基金会	89. 60
102	河南省残疾人福利基金会	89. 56
103	福建省残疾人福利基金会	88. 74
104	上海浦东新区社会发展基金会	88. 43
105	中国发展研究基金会	88. 20
106	四川电子科技大学教育发展基金会	88. 00
107	中国志愿服务基金会	87. 89

续表

排名	基金会名称	FTI 分值
108	中国敦煌石窟保护研究基金会	87.84
109	广西青少年发展基金会	87.63
110	广东省麦田教育基金会	87.24
111	北京环境保护基金会	86.97
112	上海民建扶帮公益基金会	86.96
113	武汉张培刚发展经济学研究基金会	86.80
114	四川省青年科技基金会	86.40
115	哈尔滨市残疾人福利基金会	86.33
116	广西师范大学教育发展基金会	86.26
117	广东省华南理工大学教育发展基金会	86.13
118	北京华育助学基金会	85.99
119	北京岐黄中医药科学发展基金会	85.80
120	上海中华职业教育温暖工程基金会	85.60
121	湖南省龙阳助学基金会	85.40
122	上海财经大学教育发展基金会	85.20
123	江西省青少年发展基金会	85.02
124	北京市温暖基金会	85.00
125	北京青少年发展基金会	84.92
126	成都市青少年发展基金会	84.64
127	北京邮电大学教育基金会	84.53
128	广东省华南农业大学教育发展基金会	84.42
129	华中师范大学教育发展基金会	84.00
129	凯风公益基金会	84.00
131	四川西南交通大学扬华教育基金会	83.71
132	上海师范大学教育发展基金会	83.70
133	中国法律援助基金会	83.39
134	中国企业管理科学基金会	83.05
135	东南大学教育基金会	83.00
136	陕西省红十字基金会	82.94
137	上海市青少年发展基金会	82.69
138	复旦管理学奖励基金会	82.60
139	广东省惠民慈善基金会	82.52
140	神华公益基金会	82.42
141	上海市老年基金会	82.34
142	上海韩哲一教育扶贫基金会	82.27
143	中国西部人才开发基金会	82.12

续表

排名	基金会名称	FTI 分值
144	广东省妇女儿童基金会	81.92
145	四川仁爱医疗基金会	81.86
146	金华职业技术学院教育发展基金会	81.83
147	浙江省马寅初人口福利基金会	81.72
148	华中农业大学教育发展基金会	81.60
148	吉林师范大学助学基金会	81.60
150	北京绿化基金会	81.45
151	大连市青少年发展基金会	81.40
152	贵州省扶贫基金会	81.27
153	湖北省信义兄弟农民工帮扶基金会	81.20
154	中国检察官教育基金会	81.14
155	深圳市天图教育基金会	81.00
156	上海民生公益基金会	80.90
157	中国宋庆龄基金会	80.80
158	香江社会救助基金会	80.77
159	广西红十字基金会	80.74
160	北京文化发展基金会	80.67
161	北京理工大学教育基金会	80.60
161	广东省盈峰慈善基金会	80.60
161	辽宁省大连海事大学博联助学基金会	80.60
164	浙江大学教育基金会	80.48
165	上海东方爱心基金会	80.20
165	重庆金平法学教育基金会	80.20
167	江阴市朱蒋巷帮扶基金会	80.12
168	中国文学艺术基金会	80.10
169	陕西纯山教育基金会	80.02
170	鞍山市教育基金会	80.00
171	深圳市警察基金会	79.95
172	苏州大学教育发展基金会	79.60
173	中华健康快车基金会	79.51
174	上海市民帮困互助基金会	79.40
175	湖北省刘道玉教育基金会	79.26
176	浙江省新华爱心教育基金会	79.06
177	詹天佑科学技术发展基金会	79.00
178	桃源居公益事业发展基金会	78.94
179	浙江省宁海县人民教育基金会	78.80

续表

排名	基金会名称	FTI 分值
180	孙冶方经济科学基金会	78.75
181	内蒙古民族教育发展基金会	78.67
182	江苏宏德文化出版基金会	78.58
183	陕西美术事业发展基金会	78.56
184	德阳市教育基金会	78.40
184	湖南省汉寿县笃一中学教育基金会	78.40
186	深圳市妈妈食堂关爱基金会	78.21
187	江西省光彩扶贫基金会	78.19
188	广东省鹏城拥军优抚基金会	77.94
189	云南士恒教育基金会	77.80
190	浙江省妇女儿童基金会	77.75
191	广西协力扶助基金会	77.66
192	福建省石竹慈善基金会	77.60
192	广州市残疾人福利基金会	77.60
192	中国绿色碳汇基金会	77.60
195	湖北博昊济学基金会	77.40
196	厦门市老年基金会	77.32
197	江苏省法律援助基金会	77.31
198	广州市时代地产公益基金会	77.26
199	上海恩德公益基金会	77.20
200	上海浦发公益基金会	77.09
201	河南省黄帝故里建设基金会	77.06
202	江西省残疾人福利基金会	76.80
202	四川省贫困地区人才培育研究基金会	76.80
204	台州市社会组织发展基金会	76.76
205	如皋市慈善基金会	76.68
206	山东省青年创业就业基金会	76.60
207	山东省青少年发展基金会	76.55
208	中国下一代教育基金会	76.45
209	湖南省教育基金会	76.41
210	广州市教育基金会	76.40
211	湖北省妇女儿童发展基金会	76.35
212	重庆市教育发展基金会	76.27
213	福建省胡金定教育基金会	76.20
213	湖北省青少年发展基金会	76.20
213	武汉大学韩德培法学基金会	76.20

续表

排名	基金会名称	FTI 分值
216	广州市青少年发展基金会	76.15
217	中国经济改革研究基金会	76.06
218	伊金霍洛旗扶贫基金会	76.02
219	上海汽车工业教育基金会	75.97
220	中国农业大学教育基金会	75.93
221	中国留学人才发展基金会	75.82
222	北京世纪慈善基金会	75.80
222	广东省潮剧发展与改革基金会	75.80
224	北京苹果慈善基金会	75.75
225	广东省嘉宝莉助学基金会	75.73
226	乐山市教育基金会	75.69
227	苏州科技学院教育发展基金会	75.60
227	中华环境保护基金会	75.60
227	重庆市法律援助基金会	75.60
230	安徽省青少年发展基金会	75.56
231	深圳市社会公益基金会	75.55
232	云南省见义勇为基金会	75.32
233	广东省深圳市郭春园中医发展基金会	75.20
234	杭州市下城区老年基金会	75.07
235	中南财经政法大学教育发展基金会	75.02
236	广东省环球公益基金会	75.01
237	厦门市教育基金会	75.00
237	上海兴华教育扶贫基金会	75.00
239	中国华文教育基金会	74.95
240	广东省源本善慈善基金会	74.80
240	吉林省青年创业就业基金会	74.80
242	都江堰友爱教育基金会	74.70
243	上海交通大学教育发展基金会	74.66
244	河南省炎黄姓氏历史文化基金会	74.60
245	上海市华侨事业发展基金会	74.57
246	广东省扶贫基金会	74.56
247	江苏新潮仁爱基金会	74.47
248	成都大熊猫繁育研究基金会	74.26
249	广东省侨心慈善基金会	74.19
249	上海市安济医疗救助基金会	74.19
251	安徽大学教育基金会	74.16

续表

排名	基金会名称	FTI 分值
252	上海外国语大学教育发展基金会	74.09
253	武汉闻一多基金会	74.07
254	北京协和医学院教育基金会	74.06
255	上海唐君远教育基金会	74.02
256	厦门大学教育发展基金会	74.00
257	广东省教育基金会	73.97
258	广西帮帮忙教育扶贫基金会	73.94
259	山东省武训教育基金会	73.92
259	上海汇添富公益基金会	73.92
259	四川省汶川地震灾区重建基金会	73.92
262	吉林大学教育基金会	73.90
263	温州市叶康松慈善基金会	73.87
264	中国老龄事业发展基金会	73.82
265	四川省威远县教育基金会	73.68
266	浙江省舟山市东海教育基金会	73.60
267	浙江省残疾人福利基金会	73.40
268	重庆浙商爱心基金会	73.33
269	辽宁省残疾人福利基金会	73.23
270	广东省中山大学教育发展基金会	73.20
270	河南省拥军优属基金会	73.20
270	连云港市海州区慈善基金会	73.20
270	南京农业大学教育发展基金会	73.20
270	中国青年创业就业基金会	73.20
275	上海汽车工业科技发展基金会	73.17
276	江苏卓越国际交流教育基金会	73.11
277	中国儿童少年基金会	73.08
278	中国少数民族文化艺术基金会	73.01
279	重庆宣传文化发展基金会	73.00
280	中国医学基金会	72.93
281	武汉理工大学教育发展基金会	72.90
282	内蒙古草原文化保护发展基金会	72.88
283	河南省黄河文化基金会	72.80
284	江苏师范大学教育发展基金会	72.75
285	广州市羊城志愿服务基金会	72.73
286	北京市法律援助基金会	72.71
287	上海市建国社会公益基金会	72.69

续表

排名	基金会名称	FTI 分值
288	上海吴孟超医学科技基金会	72.67
289	上海阮仪三城市遗产保护基金会	72.66
290	成都公和社区发展基金会	72.60
291	广东省陆叶慈善基金会	72.57
292	江苏长江平民教育基金会	72.56
293	陕西省残疾人福利基金会	72.53
293	中国博士后科学基金会	72.53
295	华中科技大学教育发展基金会	72.50
295	深圳市归侨侨眷福利基金会	72.50
297	广东省环境保护基金会	72.43
298	北京国际音乐节艺术基金会	72.40
298	东南大学成贤学院教育发展基金会	72.40
298	上海市体育发展基金会	72.40
301	上海市儿童健康基金会	72.37
302	沈阳市职工爱心慈善基金会	72.27
303	上海百马慈善基金会	72.22
304	上海水资源保护基金会	72.12
305	上海郑桓公文化研究基金会	72.08
305	深圳市青少年发展基金会	72.08
307	四川省残疾人福利基金会	72.00
307	四川西南石油大学教育发展基金会	72.00
307	延边大学教育基金会	72.00
310	安徽省古籍整理出版基金会	71.98
311	江苏太平洋技工教育基金会	71.96
311	南通市见义勇为基金会	71.96
311	万科公益基金会	71.96
314	宁乡县教育基金会	71.95
315	上海市儿童基金会	71.92
316	河北省教育基金会	71.90
317	福建省老龄事业发展基金会	71.81
318	福建省邓子基教育基金会	71.80
318	吉林省青少年发展基金会	71.80
318	上海木兰教育基金会	71.80
318	云南三益文化国防基金会	71.80
322	四川共缘教育基金会	71.76
323	贵州省青少年发展基金会	71.75

续表

排名	基金会名称	FTI 分值
324	广东省华光慈善基金会	71.74
325	广东省人口基金会	71.60
325	湖南省佛慈基金会	71.60
327	江苏经贸职业技术学院教育发展基金会	71.47
328	上海市大学生科技创业基金会	71.40
328	上海市中小学幼儿教师奖励基金会	71.40
330	上海同济高廷耀环保科技发展基金会	71.36
331	北京市王忠诚医学基金会	71.33
332	陕西省宋庆龄基金会	71.28
333	上海颜德馨中医药基金会	71.24
334	广西国海扶贫助学基金会	71.20
335	广西民族教育发展基金会	71.18
336	武汉市残疾人福利基金会	71.17
337	北京市董辅礽经济科学发展基金会	71.14
338	四川省青少年发展基金会	71.13
339	广西和正慈善基金会	71.11
340	山东省老龄事业发展基金会	71.10
341	福建省龙岩市李新炎慈善基金会	70.97
341	江苏秉龙慈善基金会	70.97
343	上海市卫生系统青年人才奖励基金会	70.93
344	湖北工程学院教育发展基金会	70.88
345	首都见义勇为基金会	70.84
346	上海夏征农民族文化教育发展基金会	70.83
347	传媒大学教育基金会	70.82
348	宁波协合预防肿瘤基金会	70.76
348	深圳市教育发展基金会	70.76
350	中华文学基金会	70.74
351	湖南省浏阳市第一中学教育基金会	70.71
352	扬州大学教育发展基金会	70.69
353	周培源基金会	70.67
354	吴阶平医学基金会	70.63
355	广东省甲中慈善基金会	70.61
355	山东省中国海洋大学教育基金会	70.61
357	安徽省中小学幼儿教师奖励基金会	70.60
357	上海科技发展基金会	70.60
359	无锡市见义勇为基金会	70.53

续表

排名	基金会名称	FTI 分值
360	上海市教育发展基金会	70.47
361	武汉理工大学华夏学院教育基金会	70.44
362	四川大学教育基金会	70.40
362	长春市残疾人福利基金会	70.40
364	北京惠兰医学基金会	70.22
365	四川省教育基金会	70.20
366	江苏捷安特自行车文体基金会	70.18
366	邳州市慈善基金会	70.18
368	上海华杰仁爱基金会	70.10
369	广东省华美教育慈善基金会	70.00
369	桂林市仁济慈善基金会	70.00
369	中国禁毒基金会	70.00
372	四川成都蓝光助学基金会	69.94
373	长春市教育基金会	69.93
374	四川省志愿服务基金会	69.92
375	珠海市扶贫基金会	69.83
376	安徽省儿童少年基金会	69.78
377	浙江省青年创业就业基金会	69.76
378	福建省郭文梯教育基金会	69.60
378	荣成市大鱼岛福利基金会	69.60
380	黄冈市青少年发展基金会	69.44
381	辽宁省青少年发展基金会	69.41
382	云南大益爱心基金会	69.40
383	沈阳市残疾人福利基金会	69.37
384	海门徐有庠文教基金会	69.33
385	四川美丰教育基金会	69.29
386	江南大学教育发展基金会	69.26
387	福建江夏慈善基金会	69.20
387	吉林省中东爱心基金会	69.20
387	南京理工大学紫金学院教育发展基金会	69.20
387	陕西省联众慈善救助基金会	69.20
387	深圳市神州通慈善基金会	69.20
392	西安交通大学教育基金会	69.17
393	常州市武进区见义勇为基金会	69.09
394	陆河县振兴教育基金会	68.93
395	首都文明工程基金会	68.89

续表

排名	基金会名称	FTI 分值
396	江苏陶欣伯助学基金会	68.80
396	上海慈源爱心基金会	68.80
398	北京市美疆助学基金会	68.77
398	中国艺术节基金会	68.77
400	中国地质大学(武汉)教育发展基金会	68.70
401	中国传媒大学南广学院教育发展基金会	68.66
402	中华社会文化发展基金会	68.61
403	杭州市关爱孤儿基金会	68.55
404	宝鸡市残疾人福利基金会	68.52
405	中国健康促进基金会	68.44
406	北京春苗儿童救助基金会	68.40
406	罗定市泷州教育基金会	68.40
406	山东省儿童少年福利基金会	68.40
406	上海市自然与健康基金会	68.40
410	广西华侨爱心基金会	68.30
411	贵州省贵阳市"两湖一库"环境保护基金会	68.26
412	深圳市老龄事业发展基金会	68.22
412	中华国际医学交流基金会	68.22
414	广西见义勇为基金会	68.20
414	江苏邦德爱心基金会	68.20
416	湖南大学教育基金会	68.19
417	汕头市公益基金会	68.18
418	江苏省残疾人福利基金会	68.11
419	中国人权发展基金会	68.09
420	广西残疾人福利基金会	68.07
421	大连慈善基金会	68.05
422	北京慈弘慈善基金会	68.00
422	广东省振兴科技基金会	68.00
422	广州市平恩慈善基金会	68.00
422	吉林省延边朝鲜族自治州老龄事业发展基金会	68.00
426	嘉兴市见义勇为基金会	67.98
427	纺织之光科技教育基金会	67.97
428	四川省红十字基金会	67.95
429	常熟理工学院教育发展基金会	67.87
430	四川省文化艺术发展基金会	67.80
431	威盛信望爱公益基金会	67.76

续表

排名	基金会名称	FTI 分值
432	福建省兴业慈善基金会	67.60
432	湖北省外出务工农民救助基金会	67.60
432	江苏华佳关爱基金会	67.60
432	四川省巴蜀文艺发展基金会	67.60
432	泰安市社会治安见义勇为奖励基金会	67.60
437	海南省李惠智教育基金会	67.53
438	河南省宋河老子国学教育基金会	67.20
438	南通泰慕士爱心基金会	67.20
438	三门县人民教育基金会	67.20
441	重庆市残疾人福利基金会	67.14
442	湖南省炎帝陵基金会	67.07
442	四川省隆昌教育基金会	67.07
444	贵州省青年志愿服务基金会	67.04
444	上海特殊关爱基金会	67.04
446	上海市人口福利基金会	67.02
447	广东省青年创业就业基金会	67.01
448	广东省顺丰慈善基金会	66.96
449	爱佑慈善基金会	66.80
449	湖南城市学院教育发展基金会	66.80
449	苏州农业职业技术学院教育发展基金会	66.80
449	浙江光盐爱心基金会	66.80
453	上海文化发展基金会	66.79
454	滨州市乐安慈孝公益基金会	66.78
455	林则徐基金会	66.75
456	陕西省楠竹教育基金会	66.72
457	巴彦淖尔市人民教育基金会	66.70
457	福州大学教育发展基金会	66.70
459	内蒙古云曙碧公益事业基金会	66.64
460	广东省大成慈善基金会	66.62
461	山西省葵花助学基金会	66.60
462	厦门市红十字基金会	66.59
463	北京医学奖励基金会	66.50
464	湖南省湘西自治州教育基金会	66.40
464	陕西省联谊贫困救助基金会	66.40
464	漳州市见义勇为基金会	66.40
464	中国科技馆发展基金会	66.40

续表

排名	基金会名称	FTI 分值
468	浙江省扶贫基金会	66.39
469	辽宁爱之光防盲基金会	66.35
470	重庆孤残儿童援助基金会	66.20
471	杭州市人民教育基金会	66.19
472	广东省南澳岛扶贫助学基金会	66.14
473	云南省青年创业就业基金会	66.13
474	内蒙古自治区残疾人福利基金会	66.07
475	北京市黄胄美术基金会	66.00
475	海南三亚南山功德基金会	66.00
475	河南省博研劢学基金会	66.00
475	江西省绿化基金会	66.00
475	南京林业大学教育发展基金会	66.00
475	新疆维吾尔自治区迪丽娜尔文化艺术交流发展基金会	66.00
481	孙中山基金会	65.98
482	上海曙光中医药研究发展基金会	65.88
483	长沙市教育基金会	65.84
484	北京康盟慈善基金会	65.80
484	江苏七彩凤凰母语发展基金会	65.80
486	深圳市梵融教育基金会	65.71
487	上海市华东师范大学教育发展基金会	65.70
488	雅安市教育基金会	65.67
489	湖北省国中医药公益基金会	65.60
490	珠海市禁毒基金会	65.58
491	广东省富迪慈善基金会	65.39
492	云南省绿色环境发展基金会	65.37
493	福建新华都慈善基金会	65.36
494	广东省利海绿色基金会	65.28
495	新疆红石慈善基金会	65.24
496	广东省科学探险基金会	65.20
496	南航“十分”关爱基金会	65.20
498	顶新公益基金会	65.14
499	山西省孝义市扶贫基金会	65.00
500	武汉大学马克昌法学基金会	64.98
501	贵州省励业帮扶基金会	64.96
502	北京教育科学研究优秀成果奖励基金会	64.82
503	盐城师范学院教育发展基金会	64.80

续表

排名	基金会名称	FTI 分值
504	青海省贫困学生助学基金会	64.78
505	济南市见义勇为基金会	64.76
506	安徽省中宜教育基金会	64.72
507	中国航天基金会	64.71
508	陕西国运教育慈善基金会	64.70
509	上海发展研究基金会	64.57
510	贵州省见义勇为基金会	64.47
511	沈阳市教育基金会	64.42
512	江苏软件产业人才发展基金会	64.40
513	辽宁省公益基金会	64.38
514	台州职业技术学院涌泉奖助基金会	64.33
515	湖北省青年创业就业基金会	64.30
516	内蒙古鄂尔多斯商会助学基金会	64.20
517	浙江省娃哈哈慈善基金会	64.16
518	广东省潮汕星河奖基金会	64.09
519	河南省青少年发展基金会	63.88
520	长沙市青少年发展基金会	63.82
521	湖南省娄底市慈善基金会	63.79
522	国家电网公益基金会	63.76
523	广西老年基金会	63.74
524	安徽省人口基金会	63.68
524	桑植县教育基金会	63.68
526	中南民族大学教育发展基金会	63.65
527	云南省医疗扶贫基金会	63.62
528	福建喜盈门慈善基金会	63.60
528	陕西省国际文化交流基金会	63.60
528	陕西中洲知青帮助基金会	63.60
531	温岭市人民教育基金会	63.49
532	福建宏利基金会	63.44
533	北京老舍文艺基金会	63.20
533	宜兴振球慈善基金会	63.20
535	成都贺麟教育基金会	63.12
536	营口市鲅鱼圈区慈善基金会	63.10
537	贵州省残疾人福利基金会	62.98
538	广东省吴小兰慈善基金会	62.97
539	广东省百川慈善基金会	62.92

续表

排名	基金会名称	FTI 分值
540	安徽韩再芬黄梅艺术基金会	62.91
541	苏州园区技术学院爱心助学基金会	62.80
542	青岛市青少年发展基金会	62.64
543	广州市科技进步基金会	62.55
544	云南民族文化发展基金会	62.49
545	成都市成华区爱心教育基金会	62.40
545	广州市白云区科技进步基金会	62.40
545	吉林省教育基金会	62.40
545	金陵大报恩寺塔文化发展基金会	62.40
545	天津市福老基金会	62.40
550	浙江省理想慈善基金会	62.38
551	长安大学教育基金会	62.32
552	广西妇女儿童发展基金会	62.22
553	河南省兴达爱心基金会	62.13
554	福建省中小学幼儿教师奖励基金会	62.00
555	中国关心下一代健康体育基金会	61.87
556	贵州省人口福利基金会	61.70
556	苏州心怡帮困助学基金会	61.70
558	广东省暨南大学教育发展基金会	61.68
559	江苏远东慈善基金会	61.67
560	南安市仑苍镇教育发展基金会	61.60
560	厦门眼科中心光明基金会	61.60
562	北京市中国人民大学教育基金会	61.53
562	上海东华大学教育发展基金会	61.53
564	中国国际文化交流基金会	61.44
565	北京凯恩克劳斯经济研究基金会	61.40
566	上海科普教育发展基金会	61.31
567	广东省钻石世家慈善基金会	61.20
567	河北省青少年发展基金会	61.20
569	北京市国际高尔夫发展基金会	61.18
569	南京邮电大学教育发展基金会	61.18
571	贵州省六盘水市老年基金会	61.17
572	湖南青年创业就业基金会	61.10
572	内蒙古自治区青少年发展基金会	61.10
574	浙江省青少年英才奖励基金会	61.09
575	中国京剧艺术基金会	61.04

续表

排名	基金会名称	FTI 分值
576	南京财经大学教育发展基金会	61.03
577	重庆市扶贫基金会	60.96
578	湖北省兴发之星教师奖励基金会	60.80
578	浙江毓芳慈善基金会	60.80
580	上海市青年创业就业基金会	60.79
581	上海文学发展基金会	60.75
582	湖南省见义勇为基金会	60.74
583	广东省柯麟医学教育基金会	60.70
584	襄樊学院教育发展基金会	60.58
585	中国公安民警英烈基金会	60.47
586	南京特殊教育职业技术学院教育发展基金会	60.40
586	上海沪利历史建筑和都市改造基金会	60.40
586	寿宁县教育发展基金会	60.40
586	中国职工发展基金会	60.40
590	北京市搜候中国城市文化基金会	60.32
591	杭州市上城区教育发展基金会	60.26
592	宁波市残疾人福利基金会	60.22
593	云南西双版纳州热带雨林保护基金会	60.20
594	四川省扶贫基金会	60.18
595	湖北省湿地保护基金会	60.16
596	华侨茶业发展研究基金会	60.15
597	广东省鹏峰慈善基金会	60.13
598	上海市九段沙湿地自然保护基金会	60.12
599	辽宁光达优抚爱心基金会	60.05
600	海门欣乐教育基金会	60.01
601	河南省司马光教育基金会	60.00
601	湖北省吴兆麟基金会	60.00
601	南京金陵文化保护发展基金会	60.00
601	绍兴县小百花越剧基金会	60.00
605	湖南省基督教信德基金会	59.95
606	青岛市残疾人福利基金会	59.84
607	杭州市图书馆事业基金会	59.78
607	无锡灵山慈善基金会	59.78
609	广东省绿景慈善基金会	59.68
609	厦门市妇女儿童发展基金会	59.68
611	南安市英都教育基金会	59.66

续表

排名	基金会名称	FTI 分值
612	福建农林大学教育发展基金会	59.60
612	昆明市春蕾少年儿童基金会	59.60
612	泉州市教育基金会	59.60
612	武汉市见义勇为基金会	59.60
616	上海市青浦区教育基金会	59.49
617	杭州市陈伯滔体育发展基金会	59.44
618	合肥工业大学教育基金会	59.41
619	上海新建桥老龄事业发展基金会	59.38
620	双流县教育基金会	59.32
621	上海理工大学教育发展基金会	59.31
622	上海市残疾人福利基金会	59.21
623	福建益闽干部教育基金会	59.20
623	广东省优秀科技专著出版基金会	59.20
623	河南省见义勇为基金会	59.20
623	河南省新机救助基金会	59.20
623	马海德基金会	59.20
623	南安市芙蓉基金会	59.20
623	南京航空航天大学教育发展基金会	59.20
623	南京医科大学教育发展基金会	59.20
623	内蒙古蒙古学百科全书基金会	59.20
623	厦门双十中学教育基金会	59.20
623	山东科技大学教育发展基金会	59.20
623	山东省送温暖工程基金会	59.20
623	陕西大唐西市历史文化遗址保护基金会	59.20
623	上海市甬协公益基金会	59.20
623	深圳市绿色基金会	59.20
623	武汉白鳍豚保护基金会	59.20
623	云南省禁毒与防治艾滋病基金会	59.20
623	云南省视界留学基金会	59.20
623	长春市青少年发展基金会	59.20
642	广东省新兴县北英慈善基金会	59.19
642	上海市科普基金会	59.19
644	沭阳县见义勇为基金会	59.18
645	河南省常香玉基金会	59.10
646	湖北省树海公益慈善基金会	59.07
646	湖南省张炳生慈善基金会	59.07

续表

排名	基金会名称	FTI 分值
646	重庆大学教育基金会	59.07
649	长沙市望城区教育基金会	59.06
650	南通职业大学教育发展基金会	59.04
651	常州市见义勇为基金会	59.00
652	北京四中校友促进教育基金会	58.95
653	山东省见义勇为基金会	58.90
654	山东省公安民警优抚基金会	58.88
655	广西荣和爱心基金会	58.80
655	河南省宝桥助学基金会	58.80
655	红河州见义勇为基金会	58.80
655	湖北省长江证券公益慈善基金会	58.80
655	刘天华阿炳中国民族音乐基金会	58.80
655	南京体育学院体育发展基金会	58.80
655	南阳油田中小学教师奖励基金会	58.80
655	重庆市老年事业发展基金会	58.80
655	重庆市卢作孚教育基金会	58.80
655	重庆市南川区教育基金会	58.80
665	云南省生物多样性保护基金会	58.79
666	江苏教育传媒基金会	58.67
666	临高县教育基金会	58.67
666	上海市卢湾区教育基金会	58.67
669	江苏海协教育基金会	58.62
670	浙江省龙游中学奖教奖学基金会	58.56
671	吉林省残疾人福利基金会	58.44
672	北京成龙慈善基金会	58.40
672	东莞市医疗救济基金会	58.40
672	广西启明扶助基金会	58.40
672	广州市番禺区科学技术进步基金会	58.40
672	河南省华康爱心教育基金会	58.40
672	湖南工学院教育基金会	58.40
672	湖南省龙山县教育基金会	58.40
672	惠州市协和医疗救助基金会	58.40
672	江苏金牛助学帮困基金会	58.40
672	江苏警官学院教育发展基金会	58.40
672	江苏省星美生育关怀基金会	58.40
672	江苏协力爱暮基金会	58.40

续表

排名	基金会名称	FTI 分值
672	江苏信息职业技术学院教育发展基金会	58.40
672	江苏兴达爱心基金会	58.40
672	江阴市陆桥社区关爱帮扶基金会	58.40
672	连云港市连云慈善基金会	58.40
672	连云港市兴港助保基金会	58.40
672	罗定市泗纶庭英教育基金会	58.40
672	南充市高坪区阳光助学基金会	58.40
672	南京海外工商管理专修学院教育基金会	58.40
672	南京师范大学泰州学院教育发展基金会	58.40
672	南京市浦口区扶贫基金会	58.40
672	南京晓庄学院教育发展基金会	58.40
672	南通市崇川区见义勇为基金会	58.40
672	内蒙古包头市爱心慈善基金会	58.40
672	内蒙古来喜公益基金会	58.40
672	宁波市老年福利基金会	58.40
672	宁波市鄞州区人民教育基金会	58.40
672	平潭县林光炜教育基金会	58.40
672	青岛滨海学院教育发展基金会	58.40
672	厦门残疾人福利基金会	58.40
672	上海刘浩清公益基金会	58.40
672	上海音乐学院艺术教育发展基金会	58.40
672	上海长江出版交流基金会	58.40
672	四会市教育基金会	58.40
672	徐州工程学院教育发展基金会	58.40
672	盐城纺织职业技术学院教育发展基金会	58.40
672	仰恩基金会	58.40
672	永州市冷水滩区教师奖励基金会	58.40
672	云南滇池保护治理基金会	58.40
672	张家港市七里庙村利民基金会	58.40
672	中国医药卫生事业发展基金会	58.40
672	资阳市雁江区教育基金会	58.40
672	淄博市见义勇为基金会	58.40
716	广州市体育基金会	58.39
716	杭州市余杭区见义勇为奖励基金会	58.39
716	江苏省南京工程高等职业学校教育发展基金会	58.39
716	内蒙古自治区人民教育基金会	58.39

续表

排名	基金会名称	FTI 分值
720	靖江市慈善基金会	58. 37
721	老牛基金会	58. 32
722	金陵科技学院教育发展基金会	58. 28
723	福建省扶贫基金会	58. 24
723	南京中医药大学教育发展基金会	58. 24
725	南京艺术学院教育发展基金会	58. 20
726	江门市五邑侨乡文化基金会	58. 09
727	张家港市闸上慈善基金会	58. 08
728	大连市洁华艺术人才基金会	58. 05
728	吉林省妇女儿童福利基金会	58. 05
730	东台市慈善基金会	58. 00
730	广州市老龄事业发展基金会	58. 00
730	湖北省体育基金会	58. 00
730	湖南飞翔公益基金会	58. 00
730	江苏博爱助残基金会	58. 00
730	连云港市海州区见义勇为基金会	58. 00
730	南京市中小学幼儿教师奖励基金会	58. 00
730	厦门市集美社公业基金会	58. 00
730	天诺慈善基金会	58. 00
739	上海市爱心帮教基金会	57. 97
740	湖北省教育基金会	57. 95
741	上海同济大学教育发展基金会	57. 94
742	上海市宝山区教育发展基金会	57. 89
743	江苏真昌和关爱儿童基金会	57. 87
743	南通市爱心帮困基金会	57. 87
743	内蒙古隆扬特殊教育基金会	57. 87
743	宁夏科技创业基金会	57. 87
743	韶关市教育基金会	57. 87
748	湖南商学院教育基金会	57. 86
748	上海市奉贤建设工程科学技术发展基金会	57. 86
750	四川省国电大渡河爱心帮扶基金会	57. 81
751	天津外国语大学教育发展基金会	57. 80
752	福州见义勇为基金会	57. 78
753	江苏省关心下一代基金会	57. 76
753	益阳市教育基金会	57. 76
755	无锡市滨湖区慈善基金会	57. 75

续表

排名	基金会名称	FTI 分值
756	延吉市人民教育基金会	57.74
757	东北师范大学教育基金会	57.73
757	南京市残疾人福利基金会	57.73
759	福建省妇女儿童发展基金会	57.68
759	辽宁省沈阳师范大学教育基金会	57.68
761	湖南省汝城县教育基金会	57.66
762	南通高等师范学校教育发展基金会	57.61
763	安吉县企业家助学基金会	57.60
763	北京文化艺术基金会	57.60
763	本溪市教育基金会	57.60
763	成都市见义勇为基金会	57.60
763	福建省龙岩扶贫基金会	57.60
763	富顺县育才教育基金会	57.60
763	海安县见义勇为基金会	57.60
763	海门文明村爱心基金会	57.60
763	河北省静远教育基金会	57.60
763	湖南省长郡未来基金会	57.60
763	惠来县教育基金会	57.60
763	江苏技术师范学院教育发展基金会	57.60
763	江苏建筑职业技术学院教育发展基金会	57.60
763	江苏振达帮困助学基金会	57.60
763	句容市见义勇为基金会	57.60
763	昆山陈李香梅慈善基金会	57.60
763	辽宁省大连海事大学教育发展基金会	57.60
763	闽江学院教育发展基金会	57.60
763	南昌市教育基金会	57.60
763	南京理工大学泰州科技学院教育发展基金会	57.60
763	南京人口管理干部学院教育发展基金会	57.60
763	南通市慈善基金会	57.60
763	内蒙古林来嵘慈善事业发展基金会	57.60
763	内蒙古小肥羊公益事业基金会	57.60
763	宁波大学教育发展基金会	57.60
763	启东市见义勇为基金会	57.60
763	青岛市见义勇为基金会	57.60
763	泉州市宝树堂教育基金会	57.60
763	厦门集友陈嘉庚教育基金会	57.60

续表

排名	基金会名称	FTI 分值
763	山东经济学院教育基金会	57.60
763	山东商业职业技术学院助学基金会	57.60
763	上海金山卫镇为民大病重病帮扶基金会	57.60
763	上海联和新泰战略研究与发展基金会	57.60
763	上海市发展交响乐事业基金会	57.60
763	上海市闵行区中小幼教师奖励基金会	57.60
763	上海市闸北区教育基金会	57.60
763	深圳市新闻人才基金会	57.60
763	深圳市职工解困济难基金会	57.60
763	四川飞行教育基金会	57.60
763	四川省社会科学学术基金会	57.60
763	四川省盐亭县教育基金会	57.60
763	苏州汇凯爱心基金会	57.60
763	无锡城市职业技术学院教育发展基金会	57.60
763	无锡公安大病特困救助基金会	57.60
763	芜湖市爱心助学基金会	57.60
763	芜湖市牵手扶困助学基金会	57.60
763	新疆青年就业创业基金会	57.60
763	余彭年慈善基金会	57.60
763	张家港市韩山福民基金会	57.60
763	漳州市李瑞河茶文化教育基金会	57.60
813	大连市残疾人福利基金会	57.58
813	内蒙古自治区扶贫基金会	57.58
815	福建福海文教基金会	57.52
816	上海世华民族艺术瑰宝回归基金会	57.50
817	陕西省民生社会福利基金会	57.49
818	杭州市关心下一代基金会	57.46
819	梅州市希望教育基金会	57.44
819	泰州市见义勇为基金会	57.44
821	中国煤矿文化宣传基金会	57.42
822	惠州市惠城区爱心教育基金会	57.41
822	江苏新英慈爱基金会	57.41
824	大连市永嘉防震减灾慈善基金会	57.38
824	浙江省李书福资助教育基金会	57.38
826	南京师范大学教育发展基金会	57.35
827	淳安县丁香教育基金会	57.33

续表

排名	基金会名称	FTI 分值
827	江苏沙钢公益基金会	57.33
827	江西青年创业就业基金会	57.33
827	宁波太平洋慈善基金会	57.33
827	山东省教育基金会	57.33
827	汕头市见义勇为基金会	57.33
827	深圳市博时慈善基金会	57.33
834	上海市徐汇区教育基金会	57.32
835	南京审计学院教育发展基金会	57.30
836	苍南县人民教育基金会	57.28
836	南充市教育基金会	57.28
836	平顶山市人民教育基金会	57.28
839	汨罗市教师奖励基金会	57.26
840	广东省华南师大附中教育基金会	57.24
841	上海市职工帮困基金会	57.23
842	南宁市教育基金会	57.21
843	广宁县教育基金会	57.20
843	杭州市萧山区残疾人福利基金会	57.20
843	湖南省南华大学教育基金会	57.20
843	吉林大学第一医院医学发展和医学援助基金会	57.20
843	临安市见义勇为奖励基金会	57.20
848	湖南省郴州市临武县教育基金会	57.19
849	广东省珠江航运事业发展基金会	57.14
850	青岛市老龄事业发展基金会	57.12
850	深圳市春天文学基金会	57.12
852	陕西省宝鸡市老龄事业发展基金会	57.09
853	大连市见义勇为基金会	57.07
853	江苏仁医基金会	57.07
853	江苏省扶贫基金会	57.07
853	揭阳市志英助学基金会	57.07
853	扬州市翔宇妇女儿童基金会	57.07
858	辽宁省大连海洋大学教育发展基金会	57.06
859	南京新城市慈善基金会	57.02
859	重庆市麦子扶贫基金会	57.02
861	杭州市残疾人福利基金会	57.01
862	广州市合力科普基金会	57.00
863	上海市应昌期围棋教育基金会	56.98

续表

排名	基金会名称	FTI 分值
864	绵阳市教育基金会	56.96
865	山东省石油大学教育发展基金会	56.93
866	南京工业大学教育发展基金会	56.91
866	四川省新农村建设开发基金会	56.91
868	吉林省见义勇为基金会	56.89
869	湖南省湘阴县教师奖励基金会	56.87
870	剑阁县教育基金会	56.86
871	广东省金匙救助基金会	56.84
871	张家港市李巷益民基金会	56.84
873	建德市见义勇为基金会	56.82
874	安徽省金汇发展教育基金会	56.80
874	安阳市教育基金会	56.80
874	安岳县教育基金会	56.80
874	北京财贸学院校友促进教育基金会	56.80
874	北京文物保护基金会	56.80
874	比亚迪慈善基金会	56.80
874	潮安县文里爱心基金会	56.80
874	成都市育汉教育基金会	56.80
874	鄂尔多斯东联教育基金会	56.80
874	鄂尔多斯市残疾人福利基金会	56.80
874	鄂托克前旗教师奖励基金会	56.80
874	海门市教育发展基金会	56.80
874	湖南省桂阳县教育基金会	56.80
874	湖南宋祖英助学基金会	56.80
874	江苏费孝通教育基金会	56.80
874	江苏华夏慈善基金会	56.80
874	江苏金陵旅游教育发展基金会	56.80
874	江苏省泰州中学教育发展基金会	56.80
874	江西蓝天学院基金会	56.80
874	丽水市莲都区人民教育基金会	56.80
874	茂名市见义勇为基金会	56.80
874	梅州市见义勇为基金会	56.80
874	南京工程学院教育发展基金会	56.80
874	内蒙古青年创业就业基金会	56.80
874	宁波市镇海区老年福利基金会	56.80
874	宁波市职工救急济难基金会	56.80

续表

排名	基金会名称	FTI 分值
874	启东市孙锦昌助学奖学教育基金会	56.80
874	青岛绿华资源利用基金会	56.80
874	陕西宏府慈善基金会	56.80
874	陕西省府谷县教育基金会	56.80
874	上海民生艺术基金会	56.80
874	邵东县教育基金会	56.80
874	绍兴市见义勇为基金会	56.80
874	绍兴市越城区人民教育基金会	56.80
874	四川德瑞教育发展基金会	56.80
874	太仓市见义勇为基金会	56.80
874	无锡职业技术学院教育发展基金会	56.80
874	宿迁学院教育发展基金会	56.80
874	长沙市关心下一代基金会	56.80
874	长沙市志愿服务基金会	56.80
874	浙江省余姚中学奖教奖学基金会	56.80
874	重庆市精神健康救助基金会	56.80
916	四会市见义勇为基金会	56.79
917	湖北西部生态健康基金会	56.77
918	凉山州教育基金会	56.75
919	上海市普陀区教育奖励基金会	56.74
920	安徽天徽慈善基金会	56.73
921	广州市交通建设管理基金会	56.70
922	福建省逸仙教育基金会	56.67
922	正德职业技术学院教育基金会	56.67
924	陕西省西安残疾人福利基金会	56.64
924	肇庆市教育基金会	56.64
926	上海市嘉定区教育奖励基金会	56.61
926	通化矿业集团扶贫济困基金会	56.61
928	锦州市公安民警救助基金会	56.58
929	鄂尔多斯市人民教育基金会	56.57
930	广东省卓越慈善基金会	56.53
930	汕头市潮阳区教育基金会	56.53
932	安徽省老年基金会	56.49
933	兴安盟扶贫基金会	56.48
934	长春市见义勇为基金会	56.47
935	揭阳市见义勇为基金会	56.46

续表

排名	基金会名称	FTI 分值
935	苏州市金阊区慈善基金会	56.46
937	辽宁省辽宁工程技术大学教育基金会	56.44
938	江苏省文化艺术发展基金会	56.43
939	河南中原大佛基金会	56.40
939	连云港市见义勇为基金会	56.40
939	龙川县教育发展基金会	56.40
939	汕头市困难职工福利基金会	56.40
943	深圳市见义勇为基金会	56.35
944	广州市职工济难基金会	56.32
944	江苏长新爱心救助基金会	56.32
944	浙江树人大学暨王宽诚教育基金会	56.32
947	南京市爱心援助特困职工基金会	56.31
948	广东省紫琳慈善基金会	56.30
949	张家港市农联爱心基金会	56.27
950	云南省妇女儿童发展基金会	56.26
951	浙江永强慈善基金会	56.25
952	吉林省神华社会救助基金会	56.22
952	陕西省农业发展基金会	56.22
954	广州市番禺区何贤社会福利基金会	56.21
954	河南省老区建设基金会	56.21
956	泰安市教育基金会	56.19
957	南京信息大学教育发展基金会	56.14
958	东莞市金胜教育发展基金会	56.09
959	江西省庐山东林净土文化基金会	56.08
960	灌南县见义勇为基金会	56.07
961	河南理工大学教育发展基金会	56.03
962	安徽省红十字基金会	56.00
962	北京国际艺苑美术基金会	56.00
962	常州大学教育发展基金会	56.00
962	崇州市绍生助学基金会	56.00
962	达拉特旗人民教育基金会	56.00
962	东莞市教育基金会	56.00
962	福建医科大学教育发展基金会	56.00
962	广东省桂贤慈善基金会	56.00
962	广东省建滔慈善基金会	56.00
962	广东省体育基金会	56.00

续表

排名	基金会名称	FTI 分值
962	广州市促进文化艺术发展繁荣基金会	56.00
962	广州市红棉文艺发展基金会	56.00
962	杭州市萧山区老年基金会	56.00
962	河南省爱心助残基金会	56.00
962	河南省张海书法发展基金会	56.00
962	湖北省新纪元公益基金会	56.00
962	湖南省广益实验中学教育基金会	56.00
962	湖南省何继善基金会	56.00
962	湖南省铭成公益基金会	56.00
962	湖南省长沙理工大学教育基金会	56.00
962	淮安大众助保基金会	56.00
962	江苏华仁扶贫发展基金会	56.00
962	江苏天地教育基金会	56.00
962	江西省"五个一工程"基金会	56.00
962	金肯职业技术学院教育发展基金会	56.00
962	南京市六合区见义勇为基金会	56.00
962	南京市玄武区见义勇为基金会	56.00
962	南京中国药科大学教育发展基金会	56.00
962	瑞安市公安民警救助奖励基金会	56.00
962	上海汉庭社会公益基金会	56.00
962	上海天下文化发展基金会	56.00
962	绍兴市人民教育基金会	56.00
962	四川省内江市东兴区教育基金会	56.00
962	苏州市职业大学教育发展基金会	56.00
962	台州市路桥区教育发展基金会	56.00
962	盐城市见义勇为基金会	56.00
962	肇庆市端州区教育基金会	56.00
962	肇庆市职工解困基金会	56.00
962	浙江省网易慈善基金会	56.00
1001	江山市人民教育基金会	55.98
1002	阿坝藏族羌族自治州教育基金会	55.97
1002	四川省广安市教育基金会	55.97
1004	乐至县教育基金会	55.94
1005	湖北省炎帝神农故里建设基金会	55.91
1006	河南省平煤医疗风险救助基金会	55.87
1007	怀化市教育基金会	55.86

续表

排名	基金会名称	FTI 分值
1008	内蒙古汇能慈善基金会	55. 84
1008	四川省资中教育基金会	55. 84
1010	北京妇女儿童发展基金会	55. 83
1011	陈嘉庚科学奖基金会	55. 80
1011	中国益民文化建设基金会	55. 80
1013	浙江省人民对外友好交流基金会	55. 78
1014	浙江福泰隆慈善基金会	55. 73
1015	广东省金秋慈善基金会	55. 71
1016	舟山市普陀区人民教育基金会	55. 68
1017	河南省文化产业发展基金会	55. 60
1017	济南市残疾人福利基金会	55. 60
1017	深圳市禁毒基金会	55. 60
1017	苏州高新区慈善基金会	55. 60
1021	常州罗溪南港港机慈善基金会	55. 58
1022	四川省内江市教育基金会	55. 57
1023	吉林省绿化基金会	55. 56
1024	衡阳市教育基金会	55. 55
1025	包头市扶贫基金会	55. 52
1025	南通市通州区慈善基金会	55. 52
1025	宁波市镇海区人民教育基金会	55. 52
1028	福建省自学考试奖励基金会	55. 49
1028	胡文虎基金会(福建)	55. 49
1028	湖南天龙慈善基金会	55. 49
1028	南通纺织职业技术学院教育发展基金会	55. 49
1032	安徽省残疾人福利基金会	55. 46
1032	广东省农工商职业技术学院教育发展基金会	55. 46
1034	潍坊市人口关爱基金会	55. 45
1035	广西李宁基金会	55. 40
1035	贵州省青年创业就业基金会	55. 40
1035	韬奋基金会	55. 40
1035	中国肝炎防治基金会	55. 40
1039	辽阳辽化教育奖励基金会	55. 39
1040	湖南光召科学技术基金会	55. 36
1041	广州市花都区教育基金会	55. 35
1041	浙江省农业技术推广基金会	55. 35
1043	徐州市慈善基金会	55. 34

续表

排名	基金会名称	FTI 分值
1044	上海电力学院教育发展基金会	55.32
1045	上海中欧国际工商学院教育发展基金会	55.26
1046	陕西妇女儿童发展基金会	55.25
1047	中山市教育基金会	55.24
1048	北京节能与电力技术开发基金会	55.20
1048	北京市曾宪义法学教育与法律文化基金会	55.20
1048	广东省合生珠江教育发展基金会	55.20
1048	广东省吴远溪慈善基金会	55.20
1048	广西医学教育与科学研究发展基金会	55.20
1048	河南省爱心助老基金会	55.20
1048	河南省公安民警英烈基金会	55.20
1048	湖南育才关心青少年基金会	55.20
1048	吉林省公安民警优抚基金会	55.20
1048	吉林省社会发展基金会	55.20
1048	江苏中外大学女校长教育发展基金会	55.20
1048	龙游县人民教育基金会	55.20
1048	南京交通职业技术学院教育发展基金会	55.20
1048	内蒙古清格尔泰蒙古语言文化基金会	55.20
1048	山东省鲁能彩虹援助基金会	55.20
1048	上海市促进科技成果转化基金会	55.20
1048	深圳市环卫职工基金会	55.20
1048	新昌县人民教育基金会	55.20
1048	肇庆市见义勇为基金会	55.20
1048	浙江孤山慈善基金会	55.20
1048	浙江广天日月鲍林春建设科技基金会	55.20
1048	浙江宜尔阳光教育基金会	55.20
1048	诸暨市人民教育基金会	55.20
1048	庄希泉基金会	55.20
1072	象山县人民教育基金会	55.14
1073	中山市职工解困基金会	55.06
1074	从化市教育基金会	55.04
1074	长沙市明德至善教育基金会	55.04
1076	河南省光彩事业基金会	55.03
1077	佛山市炽昌慈善基金会	55.01
1078	潘天寿基金会(浙江)	55.00
1078	深圳市新浩爱心基金会	55.00

续表

排名	基金会名称	FTI 分值
1078	云南教育基金会	55.00
1081	沈阳市公安民警英烈救助基金会	54.93
1081	云和县人民教育基金会	54.93
1083	宁波市江北区人民教育基金会	54.87
1084	北京市希思科临床肿瘤学研究基金会	54.86
1085	江苏熔盛爱心基金会	54.85
1086	永州市残疾人福利基金会	54.81
1087	奉化市人民教育基金会	54.80
1087	福建省见义勇为基金会	54.80
1087	兰溪市教育基金会	54.80
1087	南京外国语学校教育基金会	54.80
1087	上海市杨浦区教育奖励基金会	54.80
1087	无锡市文化遗产保护基金会	54.80
1087	中国教育发展基金会	54.80
1094	辽宁省周延慈善基金会	54.76
1095	常宁市教育基金会	54.72
1095	广州市华侨文化发展基金会	54.72
1095	浙江省宗文慈善基金会	54.72
1098	江苏国泰国际集团企业发展研究基金会	54.67
1099	北京宏昆慈善基金会	54.60
1100	吉林市见义勇为基金会	54.55
1100	桐庐县老龄事业发展基金会	54.55
1102	广东省见义勇为基金会	54.51
1103	西北工业大学教育基金会	54.47
1104	浙江省人民教育基金会	54.42
1105	北京市教育基金会	54.40
1105	常熟市残疾人福利基金会	54.40
1105	福建富闽基金会	54.40
1105	河南省中原文物保护基金会	54.40
1105	南京铁道职业技术学院教育发展基金会	54.40
1105	宁波市江东区人民教育基金会	54.40
1105	三江学院教育发展基金会	54.40
1105	山西省煤炭职业技术教育发展基金会	54.40
1105	上海新泰高新技术研究与发展基金会	54.40
1105	韶关市帮扶困难职工基金会	54.40
1105	新疆维吾尔自治区蓝盾基金会	54.40

续表

排名	基金会名称	FTI 分值
1105	浙江省红黄蓝儿童慈善基金会	54.40
1117	绍兴县人民教育基金会	54.34
1118	北京中国抗日战争史研究暨和平教育基金会	54.31
1119	湖北省见义勇为基金会	54.30
1120	云南聂耳音乐基金会	54.26
1121	成都市武侯区教育基金会	54.24
1122	福建尚德教育基金会	54.20
1123	吴江市慈善基金会	54.19
1124	河南省青年创业就业基金会	54.14
1125	北京市中华世纪坛艺术基金会	54.11
1125	陕西省老龄事业发展基金会	54.11
1127	内江市市中区教育基金会	54.09
1128	佛山市顺德区职工解困基金会	54.08
1128	厦门建安慈善基金会	54.08
1128	永康市人民教育基金会	54.08
1131	上海市静安区教育基金会	54.06
1132	武汉市青少年发展基金会	54.02
1133	广东省东风日产阳光关爱基金会	54.00
1133	泸县玉蟾教育基金会	54.00
1133	武义县教育基金会	54.00
1133	榆林市胡星元慈善基金会	54.00
1137	苏州市儿童少年基金会	53.97
1137	浙江一开慈善基金会	53.97
1139	南京森林公安教育发展基金会	53.94
1139	浙江省见义勇为基金会	53.94
1141	兴安盟人民教育基金会	53.89
1141	云霄县下坂扶贫助学基金会	53.89
1143	北京市传统文化保护发展基金会	53.88
1144	北京市梅兰芳艺术基金会	53.86
1144	河南省宋庆龄基金会	53.86
1146	北京市于若木慈善基金会	53.85
1147	上海东方文化艺术基金会	53.81
1148	长沙市公安民警互助基金会	53.79
1149	内蒙古富亚高校扶困助学教育发展基金会	53.76
1150	北京戏曲艺术教育基金会	53.73
1150	江苏省老龄事业发展基金会	53.73

续表

排名	基金会名称	FTI 分值
1152	北京市华侨事业基金会	53.68
1153	湖南省茶祖神农基金会	53.63
1154	晋江市侨声中学教育发展基金会	53.60
1154	宁海王春文慈善基金会	53.60
1154	台州市椒江区人民教育基金会	53.60
1154	新疆维吾尔自治区残疾人福利基金会	53.60
1154	浙江横店文荣慈善基金会	53.60
1154	浙江省职工送温暖基金会	53.60
1154	舟山市伟兴教育基金会	53.60
1154	诸暨市九鼎教育基金会	53.60
1162	山东省胜利油田地学开拓基金会	53.59
1163	湖南省郴州市北湖区教育基金会	53.56
1163	湖南省宜章县教育基金会	53.56
1163	饶平县教育基金会	53.56
1166	上海市虹口区教育基金会	53.48
1167	深圳市拥军优属基金会	53.47
1168	深圳市人口基金会	53.44
1169	黄帝陵基金会	53.42
1170	广州市人口福利基金会	53.41
1171	山西省文化发展基金会	53.40
1172	淮安市见义勇为基金会	53.37
1173	广州市振兴粤剧基金会	53.35
1174	广州市番禺区教育基金会	53.34
1175	上虞市人民教育基金会	53.33
1176	北京市海淀教育基金会	53.31
1177	上海发展昆剧基金会	53.28
1178	湖州市见义勇为基金会	53.13
1179	浙江省康恩贝慈善救助基金会	53.12
1180	衢州市孔子教育基金会	53.04
1180	中国文物保护基金会	53.04
1182	威海市见义勇为基金会	53.03
1183	北京市残疾人福利基金会	53.00
1183	成都市教育基金会	53.00
1185	南通市法律援助基金会	52.98
1186	上海市长宁区教育基金会	52.85
1187	浙江小百花越剧基金会	52.83

续表

排名	基金会名称	FTI 分值
1188	安徽太和保兴助学基金会	52.80
1189	绍兴县中厦慈善基金会	52.78
1190	苏州市残疾人福利基金会	52.74
1190	苏州市沧浪区慈善基金会	52.74
1192	浙江省绍兴县盛兴慈善基金会	52.72
1193	江苏海澜教育发展基金会	52.68
1193	太仓市慈善基金会	52.68
1195	陕西省唐大明宫遗址文物保护基金会	52.64
1195	中国移动慈善基金会	52.64
1197	遂昌县人民教育基金会	52.51
1198	嘉兴市教育基金会	52.48
1198	衢州市衢江区人民教育基金会	52.48
1200	苏州市慈善基金会	52.42
1201	江苏宏大青少年人才发展基金会	52.40
1201	江苏省华夏三农事业发展基金会	52.40
1201	苏州市吴中区慈善基金会	52.40
1204	常州轻工职业技术学院教育发展基金会	52.32
1204	泰顺县育才教育基金会	52.32
1206	赣州市青少年发展基金会	52.24
1207	陕西省西部发展基金会	52.20
1208	四川省简阳市教育基金会	52.19
1209	内蒙古电力公司扶贫济困基金会	52.13
1210	湖南省浏阳市淮川街道教育基金会	52.10
1211	余姚市人民教育基金会	52.04
1212	安溪县刘鸿基教育基金会	52.00
1212	北京外国语大学教育基金会	52.00
1212	福建省消防事业发展基金会	52.00
1212	龙岩市新罗区林国仁教育基金会	52.00
1212	宁波博约博物馆文化发展基金会	52.00
1212	青田县人民教育基金会	52.00
1212	泉州金安恒兴教育基金会	52.00
1212	仙居县人民教育基金会	52.00
1212	浙江省博爱教育基金会	52.00
1221	福安市实验小学荣教基金会	51.98
1221	湖南省常德职业技术学院教育基金会	51.98
1221	陕西省西安市老龄事业发展基金会	51.98

续表

排名	基金会名称	FTI 分值
1224	厦门中山医院基金会	51.93
1225	新余市教育基金会	51.82
1226	江西省萍乡城北地产教育基金会	51.80
1227	杭州市江干区人民教育基金会	51.76
1227	云南省法律援助基金会	51.76
1229	长沙市雨花区教育基金会	51.72
1230	广东省消防救助基金会	51.66
1231	北京工业大学教育基金会	51.64
1232	常德市教师奖励基金会	51.60
1232	李可染艺术基金会	51.60
1232	宁夏回族自治区残疾人福利基金会	51.60
1232	台州市黄岩区慈善基金会	51.60
1232	浙江省义乌市教育基金会	51.60
1237	湖南省临湘市教师奖励基金会	51.51
1238	福建闽西陈景河教育基金会	51.50
1238	中国矿业大学教育发展基金会	51.50
1240	辽宁省妇女儿童基金会	51.48
1241	北京中国政法大学教育基金会	51.40
1242	中国牙病防治基金会	51.35
1243	南通市老区扶贫基金会	51.33
1244	广东省老区科技教育文化卫生基金会	51.31
1245	安徽省刘少雄博爱基金会	51.20
1245	佛山市教育基金会	51.20
1245	福建省少数民族发展基金会	51.20
1245	福建省石狮市卢祖荫教育基金会	51.20
1245	广东省利贞慈善基金会	51.20
1245	广东省青少年科学基金会	51.20
1245	贵州省送温暖基金会	51.20
1245	杭州市农业技术推广基金会	51.20
1245	湖南省袁隆平农业科技奖励基金会	51.20
1245	晋江市湖中安安老人福利基金会	51.20
1245	靖江市见义勇为基金会	51.20
1245	南京市秦淮区见义勇为基金会	51.20
1245	浙江豪成慈善基金会	51.20
1245	镇江市京口区见义勇为基金会	51.20
1259	上海阎宝航社会公益基金会	51.12

续表

排名	基金会名称	FTI 分值
1260	江苏大学教育发展基金会	51.09
1261	杭州市送温暖工程基金会	50.86
1262	陕西省社会公益基金会	50.84
1263	北京科技大学教育发展基金会	50.80
1263	广东省骏安慈善基金会	50.80
1263	广东省困难职工帮扶基金会	50.80
1263	江苏大同博爱基金会	50.80
1263	台州市黄岩区教育发展基金会	50.80
1268	青岛市教育发展基金会	50.75
1269	上海市拥军优属基金会	50.74
1269	中国保护消费者基金会	50.74
1271	新疆汇嘉十分孝心基金会	50.71
1272	江苏中大公益基金会	50.69
1273	佛山市金盾救助基金会	50.67
1274	湖北省全洲慈善公益基金会	50.62
1275	深圳市社会福利基金会	50.50
1275	温州市永乐科技奖励医疗救助基金会	50.50
1277	晋江市青阳教育发展基金会	50.49
1278	浙江省老年事业发展基金会	50.42
1279	福建运盛青年基金会	50.40
1279	广东省公安民警医疗救助基金会	50.40
1279	临海市人民教育基金会	50.40
1279	南平市困难党员帮扶基金会	50.40
1279	南通市崇川区慈善基金会	50.40
1279	宁波工程学院教育发展基金会	50.40
1279	石狮市蔡辉煌教育基金会	50.40
1279	四川圣爱特殊儿童援助基金会	50.40
1279	松阳县人民教育基金会	50.40
1279	天台县教育基金会	50.40
1279	温州市鹿城区人民教育基金会	50.40
1279	玉环县人民教育基金会	50.40
1291	福建张天福茶叶发展基金会	50.36
1292	云南省普洱市教育基金会	50.30
1293	上海市浦东新区中小学幼儿教师奖励基金会	50.23
1294	广东省繁荣粤剧基金会	50.21
1295	杭州市萧山区见义勇为奖励基金会	50.20

续表

排名	基金会名称	FTI 分值
1295	中国交响乐发展基金会	50. 20
1297	中国器官移植发展基金会	50. 18
1298	江南大学太湖学院教育发展基金会	50. 02
1299	广东省广东警官学院教育发展基金会	50. 00
1299	中国田汉基金会	50. 00
1299	重庆市红十字基金会	50. 00
1302	湖南省郴州市嘉禾县教育基金会	49. 97
1303	苏州市法律援助基金会	49. 96
1304	宝钢教育基金会	49. 95
1304	湖南省浏阳市教育基金会	49. 95
1306	福建省公安民警英烈基金会	49. 76
1306	浙江省发展侨务事业基金会	49. 76
1308	北京市李桓英医学基金会	49. 70
1308	江苏省豪爵慈善基金会	49. 70
1310	海门市慈善基金会	49. 62
1311	福建自然门教育发展基金会	49. 60
1311	广东省南粤广播电视发展基金会	49. 60
1311	温州市龙湾区人民教育基金会	49. 60
1311	浙江矾都慈善基金会	49. 60
1311	浙江省常山县教育基金会	49. 60
1316	江阴市见义勇为基金会	49. 54
1317	中国民航科普基金会	49. 33
1318	都江堰市教育发展基金会	49. 32
1319	佛山市顺德区教育基金会	49. 29
1320	上海工商界爱国建设特种基金会	49. 14
1321	北京围棋基金会	49. 13
1322	平阳县人民教育基金会	49. 01
1323	广东省禁毒基金会	48. 83
1324	安徽省相淮公益基金会	48. 80
1324	北京精瑞住宅科技基金会	48. 80
1324	合肥市见义勇为奖励基金会	48. 80
1324	华润慈善基金会	48. 80
1324	李四光地质科学奖基金会	48. 80
1324	辽宁省大连理工大学教育发展基金会	48. 80
1324	陕西荣禾老年基金会	48. 80
1324	中国金融教育发展基金会	48. 80

续表

排名	基金会名称	FTI 分值
1332	湖南省娄底市教育基金会	48.79
1333	兴化市慈善基金会	48.76
1334	北京青少年科学基金会	48.61
1335	景德镇陶瓷学院教育基金会	48.60
1336	金坛市见义勇为基金会	48.45
1337	北京市农发扶贫基金会	48.40
1337	广东省中庆文体慈善基金会	48.40
1337	广州市见义勇为基金会	48.40
1337	湖南弘慧教育发展基金会	48.40
1337	深圳市腾邦慈善基金会	48.40
1342	广东省星海音乐学院教育发展基金会	48.39
1343	常州工程职业技术学院教育发展基金会	48.04
1344	德清县人民教育基金会	48.01
1345	北京航空航天大学教育基金会	48.00
1345	北京华北电力大学教育基金会	48.00
1345	北京林业大学教育基金会	48.00
1345	东阳市社会治安综合治理基金会	48.00
1345	湖北省宜昌一中教育发展基金会	48.00
1345	江阴市新沟村慈善基金会	48.00
1351	南京市建邺区见义勇为基金会	47.89
1352	北京师范大学教育基金会	47.80
1353	四川省妇女发展基金会	47.77
1354	江苏光彩事业基金会	47.61
1355	青岛市天泰公益基金会	47.59
1356	南通大学教育发展基金会	47.54
1357	启东市慈善基金会	47.47
1358	泰顺县雅阳教育发展基金会	47.28
1359	烟台市见义勇为基金会	47.24
1360	湖南省扶贫基金会	47.23
1361	北京远洋之帆公益基金会	47.20
1362	上海国际经济交流基金会	47.05
1363	北京水源保护基金会	47.00
1363	江西省江铃科技奖励基金会	47.00
1365	河南省康泰扶贫助困基金会	46.99
1366	温州市瓯海区人民教育基金会	46.90
1367	东莞市东莞理工学院教育发展基金会	46.88

续表

排名	基金会名称	FTI 分值
1368	北京市长江科技扶贫基金会	46.80
1368	吉林省老龄事业发展基金会	46.80
1368	援助西藏发展基金会	46.80
1368	中国法学交流基金会	46.80
1368	中国孔子基金会	46.80
1368	重庆市华岩文教基金会	46.80
1374	张家港市巨桥惠民基金会	46.66
1375	上海市防癌抗癌事业发展基金会	46.65
1376	大连市教育基金会	46.60
1376	中关村教育基金会	46.60
1378	广东省陈绍常慈善基金会	46.58
1379	海仓慈善基金会	46.48
1380	上海公安金盾基金会	46.41
1381	福建中医药大学教育发展基金会	46.40
1381	陕西省天骄煤矿子弟助学基金会	46.40
1383	厦门商业学校教育基金会	46.37
1384	昆山祥和帮困基金会	46.30
1385	广东省发展中医药事业基金会	46.00
1385	张学良教育基金会	46.00
1385	重庆市妇女儿童基金会	46.00
1388	苏州工业园区慈善基金会	45.93
1389	中国听力医学发展基金会	45.86
1390	淮安市慈善基金会	45.82
1390	浙江中信金通教育基金会	45.82
1392	北京市红十字基金会	45.80
1392	山西省创业就业基金会	45.80
1394	桐乡市人民教育基金会	45.76
1395	天津市宁鸿涛助学基金会	45.60
1396	湖南省公安民警基金会	45.51
1397	湖北武汉中学教育发展基金会	45.47
1398	湖南省老区发展基金会	45.41
1399	中国预防性病艾滋病基金会	45.40
1400	浙江海亮慈善基金会	45.34
1401	中国华夏文化遗产基金会	45.32
1402	厦门第一中学教育基金会	45.23
1403	广元市教育基金会	44.94

续表

排名	基金会名称	FTI 分值
1404	北京茅以升科技教育基金会	44.93
1405	南京市栖霞区见义勇为基金会	44.89
1406	王振滔慈善基金会	44.87
1407	昆山市慈善基金会	44.83
1408	上海巴斯德健康研究基金会	44.80
1409	张家港市慈善基金会	44.67
1410	北京故宫文物保护基金会	44.60
1411	北京光彩教育基金会	44.40
1411	四川自贡市教育基金会	44.40
1413	泰州市残疾人福利基金会	44.15
1414	杭州市老龄事业发展基金会	43.87
1415	浙江省舟山中浪慈善基金会	43.81
1416	北京詹天佑土木工程科学技术发展基金会	43.20
1416	天津市音苑教育发展基金会	43.20
1418	中国光彩事业基金会	43.12
1419	新疆生产建设兵团青少年发展基金会	43.00
1420	瑞安市人民教育基金会	42.86
1421	云南中美二战国际友谊基金会	42.80
1421	中科院研究生教育基金会	42.80
1423	广东省侨界仁爱基金会	42.60
1424	鄂尔多斯东胜教育发展基金会	42.53
1425	上海市黄浦区教育基金会	42.52
1426	张家港保税区慈善基金会	42.46
1427	湖南省妇女儿童发展基金会	42.41
1428	湖北省扶贫基金会	42.40
1429	中国国际问题研究基金会	42.25
1430	山西省汾酒集团公益基金会	42.20
1431	江苏南航金城教育发展基金会	42.09
1432	上海钟笑炉集邮基金会	42.00
1433	建湖县教育基金会	41.70
1434	北京九三王选关怀基金会	41.60
1435	北京市体育基金会	41.51
1436	南通市港闸区慈善基金会	41.27
1437	江苏省大丰市慈善基金会	41.21
1438	湖南省新闻出版发展基金会	41.20
1439	富阳市人民教育基金会	40.96

续表

排名	基金会名称	FTI 分值
1440	金华市人民教育基金会	40.91
1441	杭州市余杭区老年基金会	40.80
1442	湖南省郴州市教育基金会	40.66
1442	清远市见义勇为基金会	40.66
1444	福建卢嘉锡科学教育基金会	40.60
1445	云南省公安民警英烈基金会	40.53
1446	中国电影基金会	40.50
1447	宁夏妇女儿童发展基金会	40.49
1448	湖南省浏阳市田家炳实验中学教育基金会	40.48
1449	广州市公安民警基金会	40.47
1450	苏州市平江区慈善基金会	40.45
1451	北京力生心血管健康基金会	40.20
1451	北京市华夏中医药发展基金会	40.20
1451	北京兴大助学基金会	40.20
1454	重庆市急救医疗救助基金会	40.00
1455	福建省王清海职业教育发展基金会	39.90
1456	佛山市建设文化事业基金会	39.84
1457	河海大学教育发展基金会	39.80
1458	昆明市社会治安基金会	39.60
1458	南京市法律援助基金会	39.60
1458	中华农业科教基金会	39.60
1461	北京市戏曲艺术发展基金会	39.48
1462	北华大学教育基金会	39.40
1463	杭州市西湖区老龄事业发展基金会	39.20
1463	江苏牛尾英才助学基金会	39.20
1463	陕西省技能扶贫助学基金会	39.20
1463	陕西省易信慈善基金会	39.20
1463	宜兴市见义勇为基金会	39.20
1463	援疆干部济困助学基金会	39.20
1463	云南省俊发教育扶贫基金会	39.20
1463	张家港市永联为民基金会	39.20
1471	南京信息职业技术学院教育发展基金会	39.02
1472	南京工业职业技术学院教育发展基金会	38.99
1473	江苏科技大学教育发展基金会	38.84
1474	北京市华夏医疗保健基金会	38.80
1474	北京协和医学基金会	38.80

续表

排名	基金会名称	FTI 分值
1474	北京新发展慈善基金会	38.80
1474	湖北省文化艺术发展基金会	38.80
1474	象山县陈再脑血管病预防基金会	38.80
1479	汕头市澄海区教育基金会	38.56
1480	北京市发展侨务事业基金会	38.45
1481	内蒙古社会治安见义勇为基金会	38.42
1482	北京和平发展基金会	38.40
1482	北京友好传承文化基金会	38.40
1482	高淳县见义勇为基金会	38.40
1482	杭州市见义勇为基金会	38.40
1482	江苏教育学院教育发展基金会	38.40
1482	江苏联创爱心基金会	38.40
1482	江苏龙砂扶贫帮困基金会	38.40
1482	辽宁省见义勇为基金会	38.40
1482	内蒙古民族民间文化遗产保护基金会	38.40
1482	宁波市海曙区人民教育基金会	38.40
1482	青岛市残疾儿童医疗康复基金会	38.40
1482	石狮市蔡友玉教育基金会	38.40
1482	四川省儿童少年基金会	38.40
1482	四川英子爱心基金会	38.40
1482	苏州市见义勇为基金会	38.40
1482	浙江省华福慈善基金会	38.40
1482	浙江省中科生产力发展基金会	38.40
1482	舟山市定海区人民教育基金会	38.40
1500	北京景山教育基金会	38.07
1501	北京市惠民医药卫生事业发展基金会	38.00
1501	江西省德兴市教育基金会	38.00
1501	辽宁省体育基金会	38.00
1501	中国生物多样性保护与绿色发展基金会	38.00
1501	重庆市光明基金会	38.00
1506	淮安信息职业技术学院教育发展基金会	37.81
1507	安徽梦都慈善基金会	37.60
1507	北京奥运城市发展基金会	37.60
1507	北京市希望公益基金会	37.60
1507	常州市体育发展基金会	37.60
1507	常州市钟楼区见义勇为基金会	37.60

续表

排名	基金会名称	FTI 分值
1507	丹东市公安民警救助基金会	37.60
1507	杭州市拱墅区人民教育基金会	37.60
1507	江苏农林职业技术学院教育发展基金会	37.60
1507	江苏省见义勇为基金会	37.60
1507	金华市见义勇为基金会	37.60
1507	缙云县人民教育基金会	37.60
1507	溧阳市见义勇为基金会	37.60
1507	连云港经济技术开发区见义勇为基金会	37.60
1507	连云港市连云区见义勇为基金会	37.60
1507	南京鼓楼医院医学发展医疗救助基金会	37.60
1507	南京化工职业技术学院教育发展基金会	37.60
1507	南京市白下区见义勇为基金会	37.60
1507	南京市鼓楼区见义勇为基金会	37.60
1507	南京市江宁区见义勇为基金会	37.60
1507	南京市溧水县见义勇为基金会	37.60
1507	南京市浦口区见义勇为基金会	37.60
1507	南京市下关区见义勇为基金会	37.60
1507	内蒙古自治区文艺创作基金会	37.60
1507	宁波市人民教育基金会	37.60
1507	宁波市戏曲艺术发展基金会	37.60
1507	宁夏医学科研教育基金会	37.60
1507	沈阳市见义勇为基金会	37.60
1507	四川音乐学院艺术教育基金会	37.60
1507	文成县人民教育基金会	37.60
1507	新疆维吾尔自治区心田社会公益基金会	37.60
1507	一汽自主创新沈曾华奖励基金会	37.60
1507	中国人寿慈善基金会	37.60
1539	天津宝坻桑梓助学基金会	37.40
1540	北京中国矿业大学教育基金会	37.20
1540	福建福光基金会	37.20
1540	湖南湖大秋实教育基金会	37.20
1540	湖南科技大学教育基金会	37.20
1540	湖南省职工扶贫基金会	37.20
1540	建德市老龄事业发展基金会	37.20
1540	江苏省未成年人美德基金会	37.20
1540	天津市残疾人福利基金会	37.20

续表

排名	基金会名称	FTI 分值
1540	温州市优秀历史文化保护发展基金会	37.20
1540	吴江市见义勇为基金会	37.20
1540	珠海市凝警心医疗救助基金会	37.20
1551	宁波市北仑区人民教育基金会	37.15
1552	福建集美大学教育发展基金会	36.96
1553	北京人民艺术剧院发展基金会	36.95
1553	舟山市人民教育基金会	36.95
1555	常熟市见义勇为基金会	36.80
1555	常州市新北区见义勇为基金会	36.80
1555	从化市见义勇为基金会	36.80
1555	岱山县人民教育基金会	36.80
1555	东莞市见义勇为基金会	36.80
1555	东海县见义勇为基金会	36.80
1555	鄂尔多斯市成吉思汗基金会	36.80
1555	广东省林若熹艺术基金会	36.80
1555	广东省明楷慈善基金会	36.80
1555	广东省宋庆龄基金会	36.80
1555	广东省天意莨绸保护基金会	36.80
1555	江苏龙河扶贫帮困慈善基金会	36.80
1555	江苏省青少年发展基金会	36.80
1555	昆山市见义勇为基金会	36.80
1555	连云港市新浦区见义勇为基金会	36.80
1555	南京市雨花台区见义勇为基金会	36.80
1555	内蒙古锡林郭勒盟草原 110 奖励基金会	36.80
1555	泉州九中柳文拐助学奖学奖教基金会	36.80
1555	泗洪县见义勇为基金会	36.80
1555	徐州市见义勇为基金会	36.80
1575	重庆市青年创业就业基金会	36.60
1576	河南省金鑫爱心教育基金会	36.52
1577	辽宁省职工慈善基金会	36.40
1578	盐城工学院教育发展基金会	36.15
1579	常州市戚墅堰区见义勇为基金会	36.00
1579	常州市天宁区见义勇为基金会	36.00
1579	赤峰绿化基金会	36.00
1579	慈溪市人民教育基金会	36.00
1579	赣榆县见义勇为基金会	36.00

续表

排名	基金会名称	FTI 分值
1579	广东省文物保护基金会	36.00
1579	广东省易方达教育基金会	36.00
1579	杭州市萧山区人民教育基金会	36.00
1579	呼和浩特市赛罕区新希望教育发展基金会	36.00
1579	湖南省老龄事业发展基金会	36.00
1579	湖南省温暖工程基金会	36.00
1579	湖南省张家界永定区教育基金会	36.00
1579	江苏盐阜扶贫济困基金会	36.00
1579	江西省横峰县英才教育基金会	36.00
1579	通辽市扶贫基金会	36.00
1579	新疆维吾尔自治区社会治安综合治理见义勇为奖励基金会	36.00
1579	新疆维吾尔自治区乌鲁木齐老年基金会	36.00
1579	新疆夕阳爱心基金会	36.00
1579	伊金霍洛旗人民教育基金会	36.00
1579	永安市第一中学教育基金会	36.00
1579	浙江省国际茶人之家基金会	36.00
1579	浙江省经济和社会发展研究基金会	36.00
1601	山东省人口关爱基金会	35.98
1602	北京扶助贫困儿童就医健康基金会	35.87
1603	岳阳市云溪区慈善基金会	35.86
1604	湖南省吉首大学教育发展基金会	35.60
1604	云南省董勒成公益发展基金会	35.60
1606	内蒙古防沙治沙基金会	35.44
1607	福建泰安社会公益基金会	35.40
1608	鄂尔多斯市莲之心慈善基金会	35.20
1608	福建省黄仲咸教育基金会	35.20
1608	灌云县见义勇为基金会	35.20
1608	淮安市楚州区慈善基金会	35.20
1608	淮安市淮阴区见义勇为基金会	35.20
1608	黄冈市见义勇为基金会	35.20
1608	南安市李德茂教育基金会	35.20
1608	宁波双林预防肿瘤基金会	35.20
1608	天津市景华公益基金会	35.20
1608	宿迁市见义勇为基金会	35.20
1608	盱眙县教育发展基金会	35.20
1608	扬州市江都区见义勇为基金会	35.20

续表

排名	基金会名称	FTI 分值
1620	北京幽兰文化基金会	35.00
1621	北京光华设计发展基金会	34.80
1622	蚌埠市人民群众见义勇为奖励基金会	34.40
1622	高邮市见义勇为基金会	34.40
1622	江西国光教育基金会	34.40
1622	江西省公安民警英烈基金会	34.40
1622	厦门观音寺慈善基金会	34.40
1622	陕西省阳光慈善基金会	34.40
1622	新疆维吾尔自治区畜牧业发展基金会	34.40
1622	新疆维吾尔自治区克拉玛依“12·8”专项基金会	34.40
1622	新疆维吾尔自治区乌市职工送温暖工程基金会	34.40
1622	盐城市扶贫基金会	34.40
1622	盐城市李凤祥助学扶困基金会	34.40
1622	扬中市见义勇为基金会	34.40
1622	永嘉县人民教育基金会	34.40
1622	浙江省金融教育基金会	34.40
1622	镇江市见义勇为基金会	34.40
1637	北京复兴大国学文化基金会	34.00
1637	北京工商大学教育基金会	34.00
1639	中华国际科学交流基金会	33.80
1640	北京慧众慈善基金会	33.60
1640	福建省泉州贤銮福利基金会	33.60
1640	福建省亚通助学助残基金会	33.60
1640	哈尔滨工业大学教育发展基金会	33.60
1640	九江市教育基金会	33.60
1640	九江市兆龙教育基金会	33.60
1640	内蒙古鄂尔多斯市扶贫基金会	33.60
1640	陕西省爱心护理基金会	33.60
1640	苏州市相城区慈善基金会	33.60
1640	扬州市见义勇为基金会	33.60
1650	内蒙古蒙古族文化遗产保护与发展基金会	33.04
1651	海南省青少年希望基金会	32.90
1652	泛海公益基金会	32.80
1652	福建大丰文化基金会	32.80
1652	福建海西青年创业基金会	32.80
1652	江苏韩培信扶持响水孤儿贫困学生教育基金会	32.80

续表

排名	基金会名称	FTI 分值
1652	四川省宜宾市教育基金会	32.80
1657	浙江省圣爱慈善基金会	32.60
1658	常州公安大病特困救助基金会	32.34
1659	河南足球事业发展基金会	32.20
1660	北京金榜题名慈善基金会	32.16
1661	北京观复文化基金会	32.00
1661	福建陈燕平慈善基金会	32.00
1661	福建省潘振东教育基金会	32.00
1661	福建省侨联事业发展基金会	32.00
1661	湖南省中南林业科技大学教育基金会	32.00
1661	中国马克思主义研究基金会	32.00
1661	中国少年儿童文化艺术基金会	32.00
1668	北京太阳谷慈善基金会	31.80
1669	北京中央民族大学教育基金会	31.20
1669	福建华侨大学教育基金会	31.20
1669	福建省发展体育事业基金会	31.20
1669	福建省漳州市中扬梅香慈善基金会	31.20
1669	福州市人口福利基金会	31.20
1669	哈尔滨工程大学教育发展基金会	31.20
1669	天津中国民航大学教育发展基金会	31.20
1669	云南蒲公英民族扶贫助学基金会	31.20
1669	云南省老龄事业发展基金会	31.20
1678	广东省茂华慈善基金会	31.00
1678	天津市联合助学基金会	31.00
1680	苏州公安大病特困救助基金会	30.80
1681	广西壮族自治区扶贫基金会	30.60
1681	河南省慈鑫福利基金会	30.60
1681	黑龙江恢先地震工程学基金会	30.60
1681	吉林大学唐敖庆教育基金会	30.60
1681	曲阜师范大学孔子教育基金会	30.60
1686	北京对外经济贸易大学教育基金会	30.40
1686	广东省志愿者事业发展基金会	30.40
1686	哈尔滨市香坊区残疾人福利基金会	30.40
1686	人保慈善基金会	30.40
1686	新疆维吾尔自治区送温暖工程基金会	30.40
1686	中国科学技术大学教育基金会	30.40

续表

排名	基金会名称	FTI 分值
1692	西藏高山文化发展基金会	30.20
1692	张家界市武陵源区教育基金会	30.20
1694	广州市徐灼佳慈善基金会	30.16
1695	长春师范学院教育基金会	30.00
1695	中国治理荒漠化基金会	30.00
1697	黑龙江省妇女儿童基金会	29.80
1698	北京国珍爱心基金会	29.60
1698	北京市金杜公益基金会	29.60
1698	河北省红十字基金会	29.60
1698	南京市见义勇为基金会	29.60
1698	云南大理白族自治州扶贫基金会	29.60
1698	云南省扶贫基金会	29.60
1704	海南省医疗救助基金会	29.52
1705	河北省撒可富教育基金会	29.40
1705	昆明市见义勇为基金会	29.40
1707	北京龙门慈善基金会	29.20
1707	成都信息工程学院科技教育基金会	29.20
1707	湖南省文化艺术基金会	29.20
1710	北京市刘光鼎地球物理科学基金会	28.80
1710	北京市陆学艺社会学发展基金会	28.80
1710	北京卓越企业家成长研究基金会	28.80
1710	福州市教育基金会	28.80
1710	海南省宗教慈善基金会	28.80
1710	湖南省体育发展基金会	28.80
1710	湖南省湘潭大学教育基金会	28.80
1710	纪念苏天·横河仪器仪表人才发展基金会	28.80
1710	闽都中小银行教育发展基金会	28.80
1710	长江大学教育发展基金会	28.80
1720	河北省见义勇为基金会	28.60
1720	天津市青年创业就业基金会	28.60
1722	北京歌华文化创意产业发展基金会	28.40
1722	北京中艺艺术基金会	28.40
1722	广东省汕头大学教育基金会	28.40
1722	湖南省郴州市苏仙区教育基金会	28.40
1722	华阳慈善基金会	28.40
1722	南京金鹰国际慈济基金会	28.40

续表

排名	基金会名称	FTI 分值
1722	汕尾市扶贫基金会	28.40
1722	天津南开大学教育基金会	28.40
1722	新奥公益慈善基金会	28.40
1722	中国保护黄河基金会	28.40
1722	中国教师发展基金会	28.40
1733	安徽省黄梅戏艺术发展基金会	28.24
1734	贵州省春晖行动发展基金会	28.20
1735	北京当代艺术基金会	28.00
1735	北京高占祥文化艺术基金会	28.00
1735	北京国际城市论坛基金会	28.00
1735	北京河南进京务工创业人员志愿服务基金会	28.00
1735	北京民族文化遗产保护基金会	28.00
1735	北京青年创业就业基金会	28.00
1735	北京市公安民警抚助基金会	28.00
1735	北京吴祖泽科技发展基金会	28.00
1735	北京原点文化经济创新基金会	28.00
1735	哈尔滨理工大学教育发展基金会	28.00
1735	河北省秋华教育基金会	28.00
1735	山西省潞安扶贫助学基金会	28.00
1735	陕西众泰慈善基金会	28.00
1735	重庆市白血病儿童救助基金会	28.00
1735	重庆市丰都教育奖励扶助基金会	28.00
1735	重庆市星星灾害救助基金会	28.00
1751	宁夏青少年发展基金会	27.60
1751	潍坊市铭仁文化发展基金会	27.60
1753	阴法唐西藏教育基金会	27.40
1753	株洲市教育基金会	27.40
1755	北京 SMC 教育基金会	27.20
1755	北京富利儿童救助基金会	27.20
1755	北京华亚艺术基金会	27.20
1755	北京民生文化艺术基金会	27.20
1755	北京中国人民大学附属中学教育基金会	27.20
1755	广东省老年基金会	27.20
1755	黑龙江省东北石油大学教育发展基金会	27.20
1755	晋江市英林中学教育基金会	27.20
1755	晋江市紫峰中学教育基金会	27.20

续表

排名	基金会名称	FTI 分值
1755	西安电子科技大学教育基金会	27.20
1755	永州市慈善基金会	27.20
1766	北京市阳光保险爱心基金会	27.00
1766	广东省春桃慈善基金会	27.00
1768	北京市吴秉铨病理学发展基金会	26.80
1769	北京郭应禄泌尿外科发展基金会	26.40
1769	北京弘毅慈善基金会	26.40
1769	北京志愿服务基金会	26.40
1769	东北师大附中教育发展基金会	26.40
1769	福建省上杭县杭川慈善基金会	26.40
1769	甘肃省青少年发展基金会	26.40
1769	宁夏国龙慈善基金会	26.40
1769	宁夏盐池教育发展基金会	26.40
1769	中国国际战略研究基金会	26.40
1769	重庆缙云山养生慈爱基金会	26.40
1779	广东省圣保堂肿瘤慈善基金会	26.20
1779	天津市海河文化发展基金会	26.20
1781	山西省科教文互助基金会	26.00
1782	贵州省老龄事业发展基金会	25.60
1782	河北省京海明珠慈善基金会	25.60
1782	山西省姚奠中国学教育基金会	25.60
1782	山西省振兴京剧基金会	25.60
1782	天津市民营科技企业发展基金会	25.60
1782	云南鸿献助学扶贫基金会	25.60
1788	海南改革发展研究基金会	25.40
1789	黑龙江省体育发展基金会	25.20
1790	北京绿谷教育基金会	24.80
1790	湖南省九嶷山舜帝陵基金会	24.80
1790	江西省宋庆龄基金会	24.80
1790	山西省青少年发展基金会	24.80
1790	陕西法门寺慈善基金会	24.80
1790	天津市王克昌奖学基金会	24.80
1790	烟台市桦林公益基金会	24.80
1790	浙江千手慈善基金会	24.80
1790	重庆市彭水王应田教育基金会	24.80
1799	北京市紧急救援基金会	24.60

续表

排名	基金会名称	FTI 分值
1799	广州市禁毒基金会	24.60
1799	新疆维吾尔自治区自然生态保护基金会	24.60
1802	河南省超越救助基金会	24.40
1802	内蒙古民族青年文化艺术基金会	24.40
1802	陕西省黄土地陕北民歌发展基金会	24.40
1802	云南省儿童少年基金会	24.40
1806	青海省青少年发展基金会	24.20
1806	四川省关心下一代基金会	24.20
1808	安徽省青年创业就业基金会	24.00
1808	海南省琼剧基金会	24.00
1808	山西省关心下一代事业发展基金会	24.00
1808	浙江农林大学教育基金会	24.00
1812	盐城胡友林慈善基金会	23.80
1813	安徽省见义勇为基金会	23.20
1813	北京利星行慈善基金会	23.20
1813	北京晓星芭蕾艺术发展基金会	23.20
1813	聊城市陈光教育基金会	23.20
1813	山西省高中生助学基金会	23.20
1813	山西省合创爱心助困基金会	23.20
1813	山西省晋驹科教基金会	23.20
1813	山西省晋中市扶贫基金会	23.20
1813	山西省岚县民觉教育基金会	23.20
1813	山西省平顺县申纪兰扶贫助教基金会	23.20
1813	西藏民族文化保护与发展基金会	23.20
1824	青海省格萨尔公益基金会	22.80
1824	山西省大同市扶贫基金会	22.80
1826	北京华严慈善基金会	22.40
1826	北京阳光知识产权与法律发展基金会	22.40
1826	北京长江药学发展基金会	22.40
1826	甘肃省玛曲县“教热”教育扶贫基金会	22.40
1826	山西省人民教育基金会	22.40
1826	山西省西山慈善基金会	22.40
1832	海南南海发展和平基金会	22.00
1832	河南省天慈公益基金会	22.00
1832	湘乡市教育发展基金会	22.00
1835	甘肃省治理荒漠化基金会	21.60

续表

排名	基金会名称	FTI 分值
1835	山西省公安民警抚恤救助基金会	21.60
1835	山西省华宇慈善基金会	21.60
1835	重庆市医疗救助基金会	21.60
1839	宁夏陈逢干大学生助学基金会	21.40
1840	长春工程学院教育基金会	21.20
1840	中国拥军优属基金会	21.20
1842	内蒙古自治区儿童基金会	21.00
1843	吉林省交通助老基金会	20.80
1843	青海省残疾人福利基金会	20.80
1843	青海省福瑞慈善基金会	20.80
1843	乌鲁木齐市社会治安见义勇为奖励基金会	20.80
1847	湘潭市教育发展基金会	20.74
1848	天津桃李源文化基金会	20.60
1849	甘肃省扶贫基金会	20.40
1849	河北省邢钢慈善基金会	20.40
1849	黑龙江省残疾人福利基金会	20.40
1852	保定军校基金会	20.00
1853	四川省青年创业就业基金会	19.60
1853	延安教科文发展基金会	19.60
1855	辽宁省教育基金会	19.20
1856	山东省红十字博爱基金会	18.80
1857	甘肃恒滨未来四方书画教育发展基金会	18.40
1857	高邮市慈善基金会	18.40
1857	河南省惠济公益基金会	18.40
1857	湖南省安仁县教育基金会	18.40
1857	江苏博爱助困基金会	18.40
1857	陕西省联合助残基金会	18.40
1857	通辽市科尔沁民歌基金会	18.40
1864	西藏自治区生态建设与环境保护基金会	18.00
1865	广东省民福慈善基金会	17.60
1865	广东省青蒿医药科技基金会	17.60
1865	岳阳市教师奖励基金会	17.60
1868	黑龙江省青年创业就业基金会	17.40
1869	山西省佛教文化基金会	17.20
1869	天津市佛教慈善功德基金会	17.20
1871	巴彦淖尔市临河区人民教育基金会	16.80

续表

排名	基金会名称	FTI 分值
1871	滨州市黄河文化基金会	16. 80
1871	大庆市老年福利基金会	16. 80
1871	天津市妇女儿童发展基金会	16. 80
1871	天津市青少年发展基金会	16. 80
1876	安徽省善济公益基金会	16. 70
1877	海南南海研究基金会	16. 40
1878	吉林省荒漠化治理基金会	16. 36
1879	滨州市见义勇为基金会	16. 00
1879	甘肃省教师奖励基金会	16. 00
1879	广东省广东外语外贸大学教育发展基金会	16. 00
1879	哈尔滨文物保护基金会	16. 00
1879	河北省东海爱心助学基金会	16. 00
1879	黑龙江飞鹤乳业有限公司助学基金会	16. 00
1879	黑龙江垦区一戎水稻科技奖励基金会	16. 00
1879	黑龙江省东北林业大学教育发展基金会	16. 00
1879	淮安市廉租房爱心基金会	16. 00
1879	吉林省人才开发基金会	16. 00
1879	江西农业大学教育基金会	16. 00
1879	辽宁省辽宁工业大学教育基金会	16. 00
1879	内蒙古弘业光彩事业扶困助学基金会	16. 00
1879	内蒙古民萌北方生态研究基金会	16. 00
1879	陕西省府谷县城乡居民大病医疗救助基金会	16. 00
1879	武平县蓝启林慈善教育基金会	16. 00
1879	襄城县成就未来助学基金会	16. 00
1896	山西省扶贫基金会	15. 60
1896	锡林郭勒盟青少年交流发展基金会	15. 60
1898	安徽省安庆一中教育发展基金会	15. 20
1898	包头市社会治安见义勇为基金会	15. 20
1898	慈利县教育基金会	15. 20
1898	抚顺市公安民警救助基金会	15. 20
1898	广东省达清慈善基金会	15. 20
1898	广东省豪爵慈善基金会	15. 20
1898	广东省隆江慈善基金会	15. 20
1898	河北省海外同胞教育基金会	15. 20
1898	河北省青年就业创业基金会	15. 20
1898	河北省少年儿童基金会	15. 20

续表

排名	基金会名称	FTI 分值
1898	河南省羚锐老区扶贫帮困基金会	15.20
1898	华坤教育基金会	15.20
1898	陕西省教育基金会	15.20
1898	天津市冯骥才民间文化基金会	15.20
1898	天津市华夏器官移植救助基金会	15.20
1898	岳阳市特困家庭大病医疗慈善救助基金会	15.20
1898	云南省残疾人福利基金会	15.20
1898	长沙市见义勇为基金会	15.20
1898	浙江慈溪兴业夕阳红基金会	15.20
1898	浙江东湖教育基金会	15.20
1918	海南省见义勇为基金会	15.00
1919	哈尔滨市南岗区仁皇健康工程基金会	14.80
1919	内蒙古河套文化发展基金会	14.80
1919	四川省光华教育发展基金会	14.80
1919	泗阳县见义勇为基金会	14.80
1919	宿迁市扶贫基金会	14.80
1919	镇江市丹徒区见义勇为基金会	14.80
1925	河北省公安民警英烈基金会	14.44
1926	包头宝隆爱心公益基金会	14.40
1926	本溪市公安民警救助基金会	14.40
1926	滨州市孙子文化基金会	14.40
1926	鄂托克旗教育基金会	14.40
1926	广东省国家安全基金会	14.40
1926	广州市新塘群众文化基金会	14.40
1926	哈尔滨师范大学教育发展基金会	14.40
1926	哈尔滨市百威英博城市发展基金会	14.40
1926	哈尔滨市道里区慈善基金会	14.40
1926	哈尔滨市老年基金会	14.40
1926	海安县慈善基金会	14.40
1926	海南大学教育基金会	14.40
1926	海南省慈航公益基金会	14.40
1926	河北省残疾人创业基金会	14.40
1926	河北省卓达养老基金会	14.40
1926	河南省陈氏太极拳发展基金会	14.40
1926	河南省中小学幼儿教师奖励基金会	14.40
1926	河仁慈善基金会	14.40

续表

排名	基金会名称	FTI 分值
1926	黑龙江大学教育发展基金会	14.40
1926	黑龙江省华侨经济文化基金会	14.40
1926	黑龙江省烈士纪念事业基金会	14.40
1926	黑龙江省省直机关职工爱心救助基金会	14.40
1926	黑龙江省中华文化发展基金会	14.40
1926	衡东县教育基金会	14.40
1926	衡阳县教育基金会	14.40
1926	呼市青少年科技教育奖励基金会	14.40
1926	湖北省荆圃英才奖励基金会	14.40
1926	湖南交通文化遗产保护基金会	14.40
1926	湖南省桂东县教育基金会	14.40
1926	湖南省耒阳市教育基金会	14.40
1926	湖南省浏阳市特殊教育学校基金会	14.40
1926	湖南省长沙市芙蓉区人民教育基金会	14.40
1926	湖南省株洲长鸿实验学校教育发展基金会	14.40
1926	晋江市英林村平安英林·清洁家园基金会	14.40
1926	科左后旗扶贫助学基金会	14.40
1926	连云港市慈善基金会	14.40
1926	连云港市新浦区慈善基金会	14.40
1926	辽宁省青年创业基金会	14.40
1926	鲁山县人民教育基金会	14.40
1926	内蒙古巴林左旗东阿阿胶扶贫基金会	14.40
1926	内蒙古霍林郭勒市吾义救助基金会	14.40
1926	内蒙古治理荒漠化基金会	14.40
1926	宁波市见义勇为奖励基金会	14.40
1926	宁夏扶贫基金会	14.40
1926	青岛求实职业技术学院教育基金会	14.40
1926	青海省教育发展基金会	14.40
1926	青海苏曼竹巴慈善基金会	14.40
1926	山东墨子基金会	14.40
1926	山东外事翻译职业学院教育基金会	14.40
1926	陕西名嘉文化艺术发展基金会	14.40
1926	陕西省国民慈善基金会	14.40
1926	汕尾市教育基金会	14.40
1926	深圳市中博教育发展基金会	14.40
1926	四川省见义勇为基金会	14.40

续表

排名	基金会名称	FTI 分值
1926	威海市恒盛文化艺术发展基金会	14.40
1926	乌兰夫基金会	14.40
1926	一达助学(伊春)基金会	14.40
1926	岳阳市岳阳楼区教师奖励基金会	14.40
1926	浙江省萤火虫慈善基金会	14.40
1985	湘潭县教育发展基金会	14.00
1985	湛江市见义勇为基金会	14.00
1985	浙江省亚德客慈善基金会	14.00
1985	准格尔旗教育发展基金会	14.00
1989	安徽省蚌埠市宏业儿童救助基金会	13.60
1989	安徽省振兴京剧艺术基金会	13.60
1989	包头教育基金会	13.60
1989	常熟市慈善基金会	13.60
1989	丹阳市见义勇为基金会	13.60
1989	广西社会和谐稳定发展基金会	13.60
1989	广州市番禺区见义勇为基金会	13.60
1989	哈尔滨市见义勇为奖励基金会	13.60
1989	哈尔滨市香坊区教育发展基金会	13.60
1989	哈尔滨医科大学发展基金会	13.60
1989	河北省禾台文化教育基金会	13.60
1989	河北省邢台残疾人福利基金会	13.60
1989	河南农业大学教育发展基金会	13.60
1989	河南省白象慈善基金会	13.60
1989	河南省炎黄二帝公益基金会	13.60
1989	鹤岗市检察人员救助基金会	13.60
1989	黑龙江省公安民警英烈基金会	13.60
1989	湖南省洪战辉红心基金会	13.60
1989	湖南省华容县教师奖励基金会	13.60
1989	湖南省平江县教师奖励基金会	13.60
1989	湖南省双峰县教育基金会	13.60
1989	湖南省岳阳县教师奖励基金会	13.60
1989	湖南省张家界市教育基金会	13.60
1989	湖南省资兴市教育基金会	13.60
1989	湖南正阳大学生创业基金会	13.60
1989	花垣县教育基金会	13.60
1989	鸡西市残疾人福利基金会	13.60

续表

排名	基金会名称	FTI 分值
1989	吉林建筑工程学院建筑装饰学院教育基金会	13.60
1989	绩溪县教育基金会	13.60
1989	江门市新会区教育基金会	13.60
1989	江苏洋河酒厂关爱基金会	13.60
1989	内蒙古草原英雄小姐妹爱国教育基金会	13.60
1989	内蒙古自治区马业发展基金会	13.60
1989	宁波华茂教育基金会	13.60
1989	宁夏回族自治区见义勇为基金会	13.60
1989	宁夏煤炭职工扶贫济困基金会	13.60
1989	宁夏银川市残疾人福利基金会	13.60
1989	齐齐哈尔市维护社会治安见义勇为奖励基金会	13.60
1989	青海省雪域仁济慈善基金会	13.60
1989	山东环境保护基金会	13.60
1989	山东省鲁卫预防性病艾滋病基金会	13.60
1989	山东省企联企业管理科学基金会	13.60
1989	莘县卓越教育基金会	13.60
1989	石狮市蔡经阳慈善基金会	13.60
1989	四川省发展职工体育基金会	13.60
1989	铜山区慈善基金会	13.60
1989	温州市人民教育基金会	13.60
1989	温州中学教育发展基金会	13.60
1989	芜湖麻省产业技术发展基金会	13.60
1989	新疆巴音郭楞蒙古自治州送温暖基金会	13.60
1989	永州市教育基金会	13.60
1989	禹州市钧瓷发展基金会	13.60
1989	长沙县教育基金会	13.60
1989	浙江省溢邦慈善基金会	13.60
1989	诸暨市农民小康工程基金会	13.60
1989	淄博市淄川区杨寨爱心救助基金会	13.60
2045	上海有爱公益基金会	13.52
2046	黑龙江省教师奖励基金会	13.20
2046	内蒙古自治区公安民警优抚基金会	13.20
2048	北京人文社会科学发展基金会	12.80
2048	佛山市禅城区见义勇为基金会	12.80
2048	福建省厦门湾红树林湿地自然保护基金会	12.80
2048	广东省促进高新技术产业发展奖励基金会	12.80

续表

排名	基金会名称	FTI 分值
2048	广东省新文化建设基金会	12.80
2048	广州市南山自然科学交流基金会	12.80
2048	哈尔滨市道里区残疾人福利基金会	12.80
2048	海南省教育基金会	12.80
2048	河南省莲花慈善基金会	12.80
2048	黑河市见义勇为奖励基金会	12.80
2048	黑龙江省见义勇为奖励基金会	12.80
2048	衡南县教育基金会	12.80
2048	湖南省永兴县教育基金会	12.80
2048	吉林省敦化市文化发展基金会	12.80
2048	丽水市人民教育基金会	12.80
2048	南京市中小学生科技活动基金会	12.80
2048	潘序伦会计事业基金会	12.80
2048	陕西省公安民警英烈基金会	12.80
2048	陕西鱼化龙创业基金会	12.80
2048	四川行健慈善基金会	12.80
2048	铁岭市公安民警救助基金会	12.80
2048	西藏青少年发展基金会	12.80
2048	新化县教育基金会	12.80
2048	镇江市新区见义勇为基金会	12.80
2072	安徽省建中教育发展基金会	12.00
2072	福建省诺奇大学生创业基金会	12.00
2072	巩义市人民教育基金会	12.00
2072	黑龙江省社会科学发展基金会	12.00
2072	江西鑫河关爱慈善基金会	12.00
2072	辽宁省抚顺市爱心教育基金会	12.00
2072	辽宁省兴隆大家庭大病救助基金会	12.00
2072	内蒙古库布其慈善基金会	12.00
2072	宁波市扶贫基金会	12.00
2072	欧美同学基金会	12.00
2072	陕西爱君慈善基金会	12.00
2072	深圳市弘法寺慈善功德基金会	12.00
2072	天津理工大学教育发展基金会	12.00
2072	维宗博爱基金会	12.00
2072	新疆维吾尔自治区老龄事业发展基金会	12.00
2072	仪征市见义勇为基金会	12.00

续表

排名	基金会名称	FTI 分值
2072	银川市人民群众见义勇为基金会	12.00
2072	张家港市见义勇为基金会	12.00
2090	宝应县见义勇为基金会	11.20
2090	朝阳市公安民警救助基金会	11.20
2090	海南爱心基金会	11.20
2090	宁夏文学艺术基金会	11.20
2090	宁夏西部公益基金会	11.20
2090	宁夏中小学幼儿教师奖励基金会	11.20
2090	青海省见义勇为基金会	11.20
2090	射阳县慈善基金会	11.20
2098	北京于魁智京剧艺术发展基金会	10.40
2098	福建莆田市真情社会福利基金会	10.40
2098	甘肃省残疾人福利基金会	10.40
2098	赣州市青少年科技创新基金会	10.40
2098	海南金光助学与环保基金会	10.40
2098	天津市宏志教育基金会	10.40
2098	无锡市太湖禁毒基金会	10.40
2098	镇江市润州区见义勇为基金会	10.40
2106	河南省老年福利基金会	10.00
2106	天津市教育发展基金会	10.00
2108	大理白族自治州见义勇为基金会	9.60
2108	甘肃省世恩慈善基金会	9.60
2108	广西桂嘉汇青少年儿童救助基金会	9.60
2108	河北慈氏基金会	9.60
2108	江苏省青年创业就业基金会	9.60
2108	天津市滨海社会救助基金会	9.60
2108	云南海佳助老基金会	9.60
2108	紫金山天文台小行星基金会	9.60
2116	北京市国家公务员培训基金会	8.80
2116	甘南藏族教育基金会	8.80
2116	甘肃省见义勇为基金会	8.80
2116	河北省孟村回族自治县民族教育金星基金会	8.80
2116	湖南省文艺创作扶助基金会	8.80
2116	江苏新亚电子环保基金会	8.80
2116	江苏郑和航海文化基金会	8.80
2116	青岛市爱国健身公益基金会	8.80

续表

排名	基金会名称	FTI 分值
2116	天津市人口福利基金会	8.80
2116	云南国际文化交流基金会	8.80
2126	天津市张君秋艺术基金会	8.40
2127	北京中医药发展基金会	8.00
2127	潮安县教育基金会	8.00
2127	哈尔滨市公安民警救助基金会	8.00
2127	江苏省教育基金会	8.00
2127	青海冬虫夏草鱼与人类健康研究发展基金会	8.00
2127	上海新世纪社会发展基金会	8.00
2127	天津广播电视大学教育发展基金会	8.00
2127	天津市冬朋助学基金会	8.00
2127	天津市王莘歌曲创作奖励基金会	8.00
2127	天津市振兴京剧基金会	8.00
2137	天津市支持教育事业公益基金会	7.60
2138	安徽省赵朴初公益基金会	7.20
2138	澄迈县教育科技发展基金会	7.20
2138	甘肃省老年基金会	7.20
2138	广东省儿童艺术教育基金会	7.20
2138	海口市见义勇为奖励基金会	7.20
2138	海南省青少年社科教育基金会	7.20
2138	江苏省华茂老年福利基金会	7.20
2138	临沂市见义勇为基金会	7.20
2138	天津市第二中学教育发展基金会	7.20
2138	天津市南开中学教育基金会	7.20
2138	天津市自然科学团体活动基金会	7.20
2149	北京市怀柔教育基金会	6.40
2149	甘肃省藏传佛教文化基金会	6.40
2149	甘肃省绿化基金会	6.40
2149	海南经济发展与环境保护基金会	6.40
2149	连云港职业技术学院教育发展基金会	6.40
2149	牡丹江市老年福利基金会	6.40
2149	宁夏黄河银行助学基金会	6.40
2149	宁夏青年创业就业基金会	6.40
2149	牛满江基金会	6.40
2149	山西省柳宗元文化发展基金会	6.40
2149	山西省祁隽藻文化基金会	6.40

续表

排名	基金会名称	FTI 分值
2160	安徽省徐悲鸿教育基金会	5.60
2160	甘肃省改革发展研究基金会	5.60
2160	晋江市陈埭民族中学教育基金会	5.60
2160	内蒙古蒙元文化基金会	5.60
2160	宁夏银川大学教育发展基金会	5.60
2160	苏州工艺美术职业技术学院教育发展基金会	5.60
2160	天津市华夏未来文化艺术基金会	5.60
2160	天津市老年基金会	5.60
2160	西藏自治区社会治安见义勇为奖励基金会	5.60
2160	云南社会科学发展基金会	5.60
2170	包头市奶产业风险基金会	4.80
2170	甘肃妇女儿童发展基金会	4.80
2170	海南三亚炎黄文化碑林基金会	4.80
2170	海南省情系农垦教育基金会	4.80
2170	晋江市南侨中学教育基金会	4.80
2170	京台文化交流基金会	4.80
2170	冷水江市教育基金会	4.80
2170	宁夏科技发展基金会	4.80
2170	宁夏麦丽燕基金会	4.80
2170	西藏文化基金会	4.80
2180	抚顺市雷锋基金会	4.00
2180	甘肃社会科学学术活动基金会	4.00
2180	海南省青年创业就业基金会	4.00
2180	济源梧桐教育助学基金会	4.00
2180	辽宁省光彩事业基金会	4.00
2180	辽宁省光大文化艺术基金会	4.00
2180	宁夏公安民警英烈基金会	4.00
2180	宁夏中宁县教育慈善发展基金会	4.00
2180	天津市网球发展基金会	4.00
2180	西藏珠穆朗玛文学艺术基金会	4.00
2180	新疆维吾尔自治区教育基金会	4.00
2180	信阳市农民工援助基金会	4.00
2180	雪域阳光助学基金会	4.00
2193	白银市社会救助基金会	3.20
2193	北京满学研究基金会	3.20
2193	儋州市浩然教育基金会	3.20

续表

排名	基金会名称	FTI 分值
2193	福建省爱心公益基金会	3.20
2193	甘肃省天水市伏羲赡老助学基金会	3.20
2193	海南省弘信助学助业基金会	3.20
2193	山东省爱国拥军基金会	3.20
2193	苏州工业园区见义勇为基金会	3.20
2193	天津市旅港同乡教育基金会	3.20
2193	天津市青少年科学基金会	3.20
2193	文昌县帮扶农民基金会	3.20
2193	新疆生产建设兵团农二师华山中学教育基金会	3.20
2205	澄迈县禁毒基金会	2.40
2205	抚顺市教育基金会	2.40
2205	甘肃盛彤笙畜牧兽医科学基金会	2.40
2205	湖南省 21 世纪人才培养基金会	2.40
2205	青海省持修慈善基金会	2.40
2205	青海省噶千慈爱基金会	2.40
2211	鞍钢残疾人福利基金会	1.60
2211	甘肃省出版基金会	1.60
2211	酒泉市中小学幼儿教育奖励基金会	1.60
2211	兰州市维护社会见义勇为奖励基金会	1.60
2211	兰州市中小学幼儿教师奖励基金会	1.60

附录四 基金会网站信息化水平*

1. 信息化水平综述

有网站的基金会数量为970个，占全部基金会数量的43.8%（见表1）。

有网站的基金会中，公募基金会占47%，非公募基金会占53%（见图1）。

表1 公募与非公募基金会信息化水平得分对比

单位：家，分

类 型	数量	FTI均值	标准差	中值
公 募	456	18.40	4.21	19.00
非公募	514	17.06	4.12	17.00
合 计	970	17.69	4.21	18.00

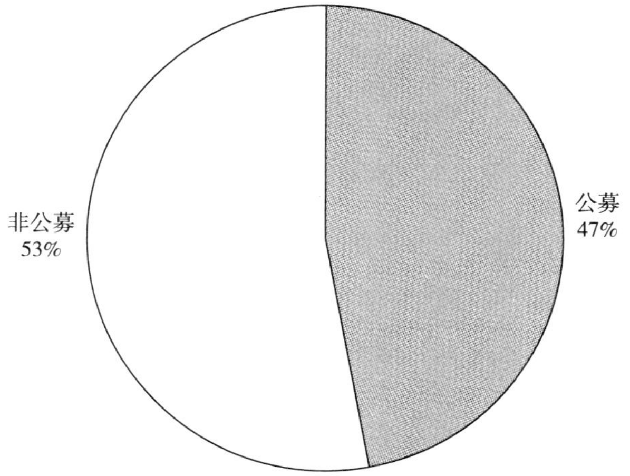

图1 公募与非公募基金会数量对比

* 有网站的基金会数量为970个，本附录对其进行分析。本附录中对基金会进行分级的依据是基金会官网的基金会评级。

在有网站的基金会中，民政部注册的基金会最多，其次依次为北京、广东、上海、江苏，而甘肃、宁夏的基金会最少（见图2）。

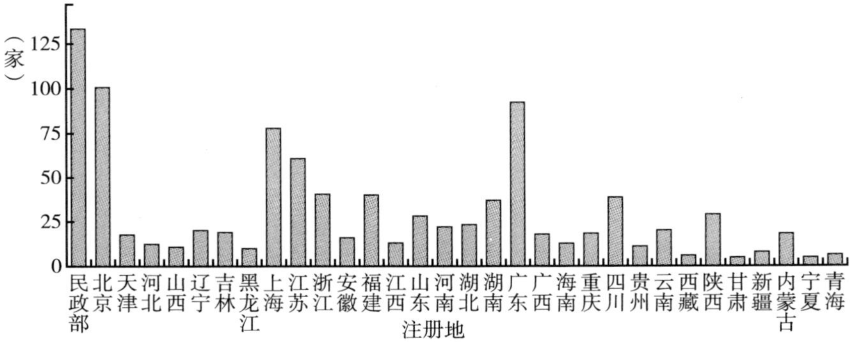

图2　有网站的基金会各省份数量对比

2. 网站评级情况

（1）评级标准及评及划分区（见表2、表3）。

表2　评级标准

基金会官网评级标准					
序号	评级条件类型		评级条件序号	评级分数	评分说明
标准一	信息发布渠道	中文网站	条件一	3分	有自己独立的官方网站
				2分	挂靠在其他网站下，但是有自己独立的版面（2个以上栏目）；如果有官方博客，也归为此项
				1分	挂靠在其他网站下，用固定的一个栏目发布信息
		英文网站	条件二	3分	英文网站最近3个月内有更新
				2分	英文网站最近一年内有更新
				1分	有英文网站，停留在网站建立之始
标准二	信息披露完整度	准确度	条件三	3分	网站导航栏的各栏目信息更新频繁；信息中提及的内容和数据准确
				2分	网站导航栏下的各栏目信息长期没有更新；新闻中提及的内容和数据基本准确，有时会有逻辑上的错误，但事后都能及时修正
				1分	网站导航栏下的部分栏目信息为空；部分基金会发布信息时，经常有明显的逻辑错误

续表

序号	评级条件类型		评级条件序号	评级分数	评分说明
标准二	信息披露完整度	完善度	条件四	3 分	叙述事件详尽，基本上每一篇都配有图表对其进行展示，内容丰富
				2 分	事件叙述清楚，适时配有图表进行说明
				1 分	基本上每条新闻只是简单地一笔带过，事件交待得不清楚（如一句话新闻），极少用图表进行说明
标准三	信息更新活跃情况	基金会动态	条件五	3 分	关于此基金会的动态每周都有更新
				2 分	关于此基金会的动态每月、每季、半年内都有更新
				1 分	关于此基金会的动态半年及半年以上才有更新
		项目、专题活动	条件六	3 分	如果近期（一年及一年内）有新活动或项目开展、启动，就会更新（如果新闻对其有报道，就算更新）
				2 分	长期（一年以上）处于静止状态，但是偶尔会有更新
				1 分	信息只停留在网站建立之始
标准四	网站稳定性		条件七	3 分	基本上每次都能正常登录并进行浏览，采集新闻
				2 分	由于网站维护或升级，导致有部分基金会每月 1～2 周无法打开；某些基金会网站某些栏目无法打开
				1 分	部分基金会最开始能正常打开，但后来只是偶尔能打开
标准五	网站构架		条件八	3 分	包括以下所有栏目：关于我们、机构动态、项目信息、捐赠信息、信息披露
				2 分	包括以下 3～4 个栏目：关于我们、机构动态、项目信息、捐赠信息、信息披露
				1 分	包括以下 1～2 个栏目：关于我们、机构动态、项目信息、捐赠信息、信息披露
标准六	网站美观度		条件九	3 分	设计精致，网页排版规范
				2 分	设计一般，但网页排版规范
				1 分	设计一般，网页排版也一般

注：部分基金会的官方网站缺失以上某些条件，如有缺失，缺失项评为 0 分。

表 3　评级划分区

评级划分区	A 区（“评级分数”栏标为绿灯）	等级一	A +	得分 22 ~ 24 分
		等级二	A	得分 20 ~ 21 分
		等级三	A –	得分 19 ~ 20 分
	B 区（“评级分数”栏标为黄灯）	等级四	B +	得分 17 ~ 18 分
		等级五	B	得分 15 ~ 16 分
		等级六	B –	得分 13 ~ 14 分
	C 区（“评级分数”栏标为红灯）	等级七	C +	得分 11 ~ 12 分
		等级八	C	得分 9 ~ 10 分
		等级九	C –	得分 6 ~ 8 分

注：①由于“标准六”（即条件九）含主观因素明细，因此在评级时不把此项纳入评级条件之列。此项只做额外参考项，评级时不会加此项分数。

②总分数 = 以上九项条件得分总和。

③评级分数 = “条件一”分数 + “条件二”分数 + “条件三”分数 + “条件四”分数 + “条件五”分数 + “条件六”分数 + “条件七”分数 + “条件八”分数。

对网站评级情况进行分析，结果如表 4、表 5 所示。

表 4　各地网站评级情况

单位：家

注册地	A +	A	A –	B +	B	B –	C +	C	C –
民政部	37	28	32	8	16	7	4	1	1
上　海	4	7	20	10	24	5	1	2	3
北　京	3	17	31	8	20	10	3	5	4
天　津	3	3	2	0	7	2	0	1	0
河　南	3	2	6	3	0	3	2	2	1
贵　州	2	2	2	1	0	0	1	1	2
云　南	2	5	4	1	4	1	1	2	0
河　北	1	3	2	1	2	0	0	2	1
辽　宁	1	1	6	3	3	2	3	1	0
吉　林	1	2	1	2	5	2	1	4	1
江　苏	1	5	16	4	16	5	2	10	2
江　西	1	2	4	2	1	0	0	1	2
湖　南	1	4	5	2	11	4	1	7	2
广　东	1	13	19	9	23	8	5	11	3
重　庆	1	2	7	2	2	0	3	0	1
陕　西	1	5	7	6	7	1	0	2	0

续表

注册地	A+	A	A-	B+	B	B-	C+	C	C-
内蒙古	1	0	3	1	7	0	4	2	0
宁　夏	1	0	1	0	2	1	0	0	0
山　西	0	2	3	1	2	1	1	1	0
黑龙江	0	3	2	3	0	1	0	1	0
浙　江	0	1	9	8	7	2	2	3	9
安　徽	0	1	5	2	6	0	1	0	1
福　建	0	1	2	0	6	7	6	15	3
山　东	0	2	5	4	7	5	0	4	1
湖　北	0	3	6	0	6	3	4	0	1
广　西	0	1	8	0	3	3	1	1	1
海　南	0	1	2	1	5	0	0	3	1
四　川	0	5	12	8	3	5	2	2	2
西　藏	0	1	2	0	1	2	0	0	0
甘　肃	0	1	0	0	2	2	0	0	0
新　疆	0	1	5	0	1	1	0	0	0
青　海	0	0	0	0	1	0	0	4	1
合　计	65	124	229	90	200	83	48	88	43

民政部注册的基金会的网站评级都较高，其次是上海、北京、天津、河南，而网站评级最低的注册地依次是青海、新疆、甘肃等。

表 5　公募与非公募基金会网站评分

类　型	A+	A	A-	B+	B	B-	C+	C	C-
公　募	49	71	111	40	81	35	26	24	19
非公募	16	53	118	50	119	48	22	64	24
合　计	65	124	229	90	200	83	48	88	43

由图 3 可知，在更高的评级水平（A 级）上，公募基金会的评级情况较非公募基金会要好一些；而在适中的评级水平（B 级）上，非公募基金会的评级情况要好于公募基金会；在较低的评级水平（C 级）上，两者的情况差不多。

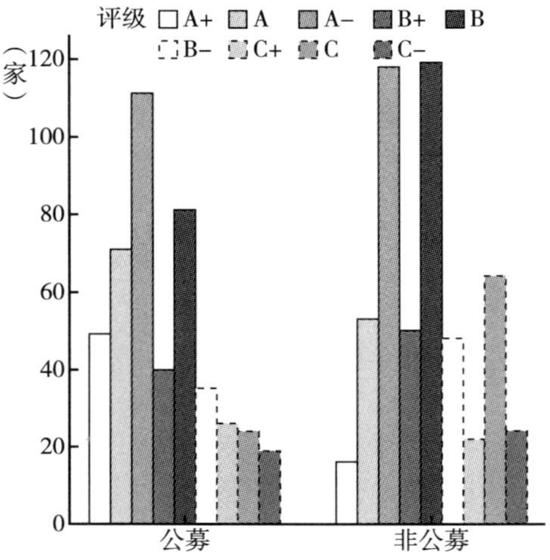

图 3　公募与非公募基金会网站评分

附录五 FTI新闻报道汇编

一 中国大陆公益基金会透明度不及格 监管缺失令人忧

（时间：2012年8月29日；来源：中国广播网；作者：车丽；选稿：王昕晨）

东方网8月29日消息：据中国之声“全国新闻联播”报道，中国大陆公益基金会透明指数今天（29日）发布。数据显示：行业平均得分为不及格。目前，基金会仍然面临监管缺失，部分基金会没有信息公开也能生存。

清华大学廉政与治理研究中心主任程文浩介绍，本次共测评了全国1833家基金会的透明度水平，满分为129.4分，但行业平均得分仅仅为52.36分，不仅不及格，连一半都不到。这就意味着我国基金会行业整体透明度堪忧。

程文浩指出，我们发现有些基金会基本没有任何信息公开，但可以照样通过年检。有些基金会非常不透明，尤其是它的收入支出、项目信息对社会公开基本为零，但仍然获得很多捐赠。同时，某些基金会的收入支出严重失衡。

此外，某些省份基金会透明指数均值偏低。海南省、山西省、天津市、西藏自治区和甘肃省目前分别位列最后五名。截止到2012年8月，全国的基金会总数已达到2752家，平均年增长率达20%。基金会中心网理事长徐永光认为，“中基透明指数”的发布给了公众一把打开基金会透明大门的钥匙，将促进基金会实现透明化。

二 中基透明指数（FTI）发布 慈善行业公开透明乃大势所趋

（时间：2012年8月29日；来源：新华网）

新华网北京8月29日电（聂雅莉）：为进一步提升基金会信息披露的专业性和标准化，由基金会中心网开发、清华大学廉政与治理研究中心提供咨询，反映我国基金会的透明水平的“中基透明指数”（FTI）发布，并上线试用。

这是29日在京举办的“开创基金会专业透明之路——中基透明指数

（FTI）发布暨基金会中心网二周年大会”发布的消息。

2010年7月8日，由35家基金会共同发起设立的基金会中心网上线，开启了基金会通过披露信息走向公开透明、促进基金会行业自律的进程。经过两年的努力，基金会信息的采集及披露覆盖超过90%，有效推动了基金会乃至慈善领域的信息公开透明。

会上，清华大学廉政与治理研究中心主任程文浩作为中基透明指数的研发专家介绍说，中基透明指数是一套综合指标、权重、信息披露渠道、完整度等参数，以排行榜单为呈现形式的基金会透明标准评价系统。排行榜按照基金会最新透明分数每周更新1次，排名越靠前代表基金会透明度越高。指标体系总共包含60个指标，并根据德尔菲法对不同指标赋不同权重，满分为129.4分。

按目前所掌握信息计算出的结果显示，我国基金会行业平均得分为52.41分，而所有参评的1833家基金会的得分分布呈抛物线状，即高分和低分的都较少，大多数基金会得分处于中间段，这基本上可以反映当前我国基金会行业整体的透明水平。

据介绍，中基透明指数的用意在于使基金会了解自身透明程度在全国范围的位置，并根据标准增加自身透明度，公众也可以透明指数为捐赠参考，促进慈善行业透明度的增加和公信力的增强。

当天，来自基金会、国际组织、民间公益组织以及专家学者、捐赠人、企业、媒体等代表齐聚一堂，共同聚焦基金会的公开透明在中国公益慈善事业改革过程中所具有的意义和影响，探讨中基透明指数如何推进基金会行业的专业与透明，重建公益领域的社会公信力，以及基金会信息披露面临的挑战和行动措施。

与会人士认为，当前慈善事业已经进入新的发展时期。一方面，慈善法律制度逐步完善，政府对民间慈善发展的支持度提升；另一方面，慈善行业公开透明、平等竞争、优胜劣汰的趋势越来越明显。公开透明是慈善行业的神圣义务，也是大势所趋。

三　公益基金会透明度首评不及格

平均得分为52.41分：基金会中心网发布“中基透明指数”，为1800余家基金会透明度打分，将每周更新。

（时间：2012 年 8 月 30 日；来源：《新京报》）

《新京报》讯（记者王卡拉）：60 个指标，满分为 129. 4 分，基金会如果没有披露规定指标的信息，该项指标得分就为 0 分。

在公益行业经历诸多透明危机事件后，昨日，中国基金会行业信息服务平台基金会中心网“中基透明指数（FTI）”正式上线，为基金会透明度打分，并将每周更新透明指数排名，此举被业内人士称为基金会的行业自律，共有 1832 家基金会参与，但昨日公布的数据显示，全行业的平均得分仅为 52. 41 分，没有达到总分的一半。

（一）1. 6%的基金会得分过百

昨日发布的“中基透明指数”显示，全行业的平均得分只有 52. 41 分，没有达到总分的一半。

该系统开发专家、清华大学廉政与治理研究中心主任程文浩认为，这基本上可以反映当前基金会行业整体的透明水平。在 1832 家基金会中，得分在 100 分以上的有 30 家左右，仅占参与评分基金会的约 1. 6%；大部分基金会得分为 30 ~ 90 分，其中有四成的基金会得分为 50 ~ 60 分。

记者在全国基金会透明指数的榜单上发现，非公募基金会“上海真爱梦想公益基金会”以 129. 40 分的满分高居榜首，前 28 名的得分均在 100 分以上。而排名最后几个地方基金会得分仅为 1. 6 分。

该系统还对公募基金会和非公募基金会进行了区分，公募基金会排名第一位的是黑龙江省青少年发展基金会，得分为 129. 33 分。

（二）透明度未与年检挂钩

程文浩指出，净资产最多的基金会，未必就是透明度最高的基金会，有些基金会基本上没有任何信息公开，但照样通过年检，照样可以生存。有些基金会非常不透明，尤其是它的收入、支出、项目信息，但仍然能获得大部分的捐赠。某些行业基金会和某些省份的基金会透明指数均值非常之低，如各地的一些人民教育基金会、见义勇为基金会。

相比较而言，民政部所注册管理的基金会总体的透明程度比较高，平均得分是 74. 41 分，各省份的平均得分程度差别非常之大，高者达 60 分左右，低者仅 10 分左右。

（三）旨在促进行业自律

根据基金会中心网数据，截至目前，全国已有 2753 家基金会，而且每年增长率达 20%。

据程文浩介绍，这个指数综合了透明度指标、指标的权重、信息的完整程度以及信息的发布渠道，是一个动态的体系和过程，每周要进行一次信息更新，排名和得分都在周期性变化。

基金会中心网及研发团队希望通过这项工作推动整个行业透明水平的提高，从而不断提高整个行业的社会公信力。同时通过提高基金会行业的公信力来发挥对整个社会的示范作用，从而推动政府的透明，推动其他社会组织的透明，也希望通过这项工作，来提升中国公益事业的国际形象，消除过去的一些负面事件所带来的不利影响。

天津大学北洋教育发展基金会在2012 年第28 周系统试运行时排名第1462 位，此后该基金会研究了整个评分体系，发现差距后，公布了大量重要信息，在一个月左右跃升到全国排行榜第 10 名。该案例被基金会中心网认为是通过发现自身差距来主动提高自身透明度的经典案例。

（四）声音

1. 中国扶贫基金会（榜单排名第 11 位）

“发现自身仍存不足”

基金会秘书长刘文奎：中国扶贫基金会利用公共资源来产出公共产品，必然要接受社会监督，所以基金会也非常重视透明问题。在项目设计中，筹款的整个过程会告诉大家，筹款项目结束后，也会有报告披露。

但有了公益透明排行以后，扶贫基金会发现，自己做得仍不是很理想。原来扶贫基金会认为，最重要的事情就是提高效率，筹更多的钱投入公益事业，或是把有限的钱用得更有效率，后来发现这些还不够。所以，扶贫基金会也做了一些事情，比如开捐赠者大会，把捐赠人请过来，让他们了解基金会的决策是怎么形成的，资金是怎么使用的。

9 月 1 日，扶贫基金会官网改版后正式上线，此前官网一直不理想。改版后的官网，将不再是简单地把信息放上去，而是跟财务管理信息系统和客户管理信息系统连接在一起。9 月 1 日以后，官网上看到的数据很多都是自动生成的，而非人工操作。

2. 友成企业家扶贫基金会（榜单排名第12位）

“榜单发布周期可延长”

基金会常务副理事长汤敏：在这个系统里，基金会将自动生成排名，这个有好处，也有缺点。比如，经济领域里的股票市场，如果每天排名会造成投机性的出现。

另外，各个基金会公布采集的数据也有一个过程，也有个时间点，这些排名不断变化，也搞得大家“为了排名而排名”，可能牵扯太多精力。

是不是可以每个季度或每半年排一次？到了这个时点后，大家把信息都拿来。如果信息太多，可能反而起不到激励和鞭策的作用。另外，因为这些资料都是由各个基金会自己上报的，因此未来还应做一些抽查，否则有些基金会可能会报一些假数据。所以，数据的准确性还需保证。

点评：排名短时间大起大落是坏事

从基金会中心网发布透明指数这件事情本身看，对中国的公益事业的发展意义非常重大，今天看到这样一个成果，我知道很不容易，很艰难。

客观地讲，别人知不知道这个信息和透明指数的发布方，知不知道这个信息，这是两回事。发布方要有代表性，有客观性，如果要作为一个行业权威来讲这件事，那么发布的门槛、标准和发布的责任还需搞清楚。

像天津大学北洋教育发展基金会在短时间内排名有巨大起落，我认为是一件坏事。做指标，做评估，最重要的是客观性和稳定性。如果说一个重要的东西，前后的测量几天之间会差别这么大，本身就说明系统存在严重的问题，这是需要反思的。

也就是说，发布方对搜集的信息如何把握，评估的结果在什么情况下可以发布，什么情况下不能发布，发布的门槛是什么，这要设一个非常严格的标准。现在这样的一种发布方式，值得商榷。

另外，程文浩提到的一些现象，如有的基金会不透明但做得也不错。这是因为一个基金会的业绩是多方面的，透明只是其中一项。谁排名在前面也不要得意忘形，反过来讲，排名不高的确实有责任和义务把排名提上去。

（中国人民大学NPO研究所所长康晓光）

（五）背景

1. 中基透明指数（FTI）

该评价系统由基金会中心网及清华大学廉政与治理研究中心联合开发。指标体系透明指数指标共计60个，满分为129.4分，并根据德尔菲法对不同指标赋不同权重。

2. 主要指标

（1）基本信息（58.2分）：基础信息（12个指标）、联系信息（5个指标）、理事会信息（5个指标）、信息化信息（3个指标）、章程及制度（5个指标）、年度工作报告（1个指标）。

（2）财务信息（28.8分）：财务报告（3个指标）、主要财务信息（14个指标）。

（3）项目信息（38分）：主要项目信息（7个指标），信息化信息（3个指标）。

（4）捐赠信息（4.4分）：信息化信息（1个指标）、主要捐赠人信息（1个指标）。

四 开创基金会专业透明之路——中基透明指数（FTI）发布 中华儿慈会的透明指数在全国公募基金中居第16位

（时间：2012年8月29日；来源：中国少年儿童慈善救助基金会）

基金会中心网于2012年8月29日在京举办“开创基金会专业透明之路——中基透明指数（FTI）发布暨基金会中心网二周年大会”。中华儿慈会在首周公开排名中以113.13分的成绩在全国1833家公募及私募基金会中位列第21名，在公募基金会中排名第16位。

2010年7月8日，由中华儿慈会与全国35家基金会共同发起设立的基金会中心网上线，开启了基金会通过披露信息走向公开透明、促进基金会行业自律的进程。经过两年的努力，基金会信息的采集及披露覆盖超过90%，有效地推动了基金会乃至慈善领域的信息公开透明。

2011年，中国公益慈善事业遭遇了严重的信任危机。面对这种困境，提高中国公益慈善事业的整体透明度，推动公益行业自身的透明度建设，已成当务之急。2012 年 7 月 29 日，民政部正式印发了《关于规范基金会行为的若干规定（试行）》，这不仅有利于中国公益慈善事业的可持续发展，而且对于促进中国的社会和谐与稳定同样具有战略意义。为了更进一步提升基金会信息披露的专业性和标准化，由基金会中心网开发、清华大学廉政与治理研究中心提供咨询的中基透明指数在本次大会上面世。此排名参考了包括基金会基础信息、财务信息、项目信息和捐赠信息等 4 大项共 60 个指标，根据严格测算，中基透明指数总分为 129. 4 分。

中基透明指数具有鲜明的时代特征，在信息时代科学客观地诠释“透明度”的含义，具有公开性、科学性、倡导性、民间性、发展性、国际性，将引领中国基金会行业进入信息时代，一方面树立行业可量化的透明度标准，另一方面分享实践经验和互联网工具，全面实现基金会透明度的提升和基金会管理能力的跨越式发展。

本次大会聚焦透明公益和基金会公信力的议题，政府、基金会、国际机构、民间公益组织、专家学者、捐赠人、企业、媒体等各界代表共聚一堂，以大会、论坛、圆桌对话等多种方式，探讨在推动中国公益慈善事业改革的过程中，基金会的公开透明所具有的意义和影响；探讨中基透明指数如何推进基金会行业的专业与透明，重建公益领域的社会公信力。同时，大会拟分享透明公益的有效实践，讨论基金会信息披露面临的挑战和行动措施。中华儿慈会将继续加大透明力度，努力将基金会办成公信力高、透明度高，捐助人放心、受助人信赖的基金会。

五　中基透明指数（FTI）排名发布，上海宋庆龄基金会得分荣登三甲

（来源：上海宋庆龄基金会网）

2012 年 8 月 29 日，在北京召开的“开创基金会专业透明之路——中基透明指数（FTI）发布暨基金会中心网二周年大会”上，由基金会中心网发起，清华大学廉政与治理研究中心开发的“中基透明指数”正式对外发布并提供在线试用。该项指数设计满分为 129. 40 分，目前国内所有基金会的最新平均得分为 52. 12 分。

截至2012年8月29日，在这项分别检验全国各基金会基本信息、财务信息、项目信息、捐赠信息四个主要方面信息公开透明度的指数排名榜单上，上海宋庆龄基金会以综合得分129.16分位列国内所有基金会的第三名，在所有公募基金会中名列第二。

六　基金会参加中基透明指数（FTI）发布暨基金会中心网二周年大会

（发布日期：2012年8月30日；信息来源：万通公益基金会）

8月29日，万通公益基金会作为基金会中心网副理事长单位，参加了在北京金台饭店举办的“中基透明指数（FTI）发布暨基金会中心网二周年大会”。基金会理事长徐晓东、理事王渝生、秘书长李劲、副秘书长张爱英出席了会议。

中基透明指数是一套综合指标、权重、信息披露渠道、完整度等参数，以排行榜单为呈现形式的基金会透明标准评价系统。排行榜按照基金会最新透明分数每周更新一次，排名越靠前，代表基金会透明度越高。本周，根据基金会中心网的数据，万通公益基金会在全国基金会排行榜上排第17位，在非公募基金会排行榜排第9位。事实上，践行公益透明、信息披露制度化是万通基金会一贯的做法。自2012年1月《万通公益基金会信息披露制度》通过以来，基金会官方网站进行了改版，项目实施、财务管理、捐赠收入和机构最新动态都能让公众方便、快捷地浏览，促进了信息公开透明。

基金会秘书长李劲还发起并主持了“公募基金会与非公募基金会对话圆桌会议”，来自中国扶贫基金会、中国青少年发展基金会、南都公益基金会、万科公益基金会、阿拉善SEE生态协会等在内的众多知名公募及非公募基金会参加了此次讨论。会议就公募基金会和非公募基金会的存异、趋同及共同的未来等话题进行了一次有益对话，深刻展示了目前中国公益行业的现状及各自面对的困境。

中基透明指数的发布标志着当前中国公益行业已经进入新的发展时期。一方面，慈善法律制度逐步完善，政府对民间慈善发展的支持度提升；另一方面，慈善行业公开透明、平等竞争、优胜劣汰的趋势越来越明显。公开透明是慈善行业的神圣义务，也是大势所趋。

七 如何认识基金会的透明度——在中基透明指数（FTI）发布暨基金会中心网二周年大会的总结发言

（作者：卢德之；发布时间：2012 年 8 月 30 日；来源：华民慈善基金会网）

基金会界的朋友们：

今天参加这个会议，我感到非常激动、非常震撼。基金会中心网成立两周年了。这两年来，其成果越来越多，影响力越来越大。今天又以专业透明之路为题召开本次研讨会，发布了“中基透明指数”。作为一个非资深的慈善人，我感到由衷的高兴，也对基金会中心网成立两周年以及“中基透明指数”发布表示最热烈的祝贺！

今天上午的会开得特别好，从主旨发言，到发布指数，到专家点评，再到嘉宾论坛，从形式到内容都非常紧凑，覆盖面也非常广，内容非常多，由我来总结确实有点难。其实，王振耀院长已经一部分地都做了很深入的总结，窦瑞刚同志最后的点评也很精彩。

我想再简单地梳理一下。徐永光提出把透明度这把“钥匙”交给公众，这表明了社会公众是推动慈善事业的主体，而透明指数是实现透明度的钥匙。我把它称为“钥匙论”。程文浩教授和他的课题组以及基金会中心网的同志们，经过一段时间的艰苦努力，把这把钥匙终于打造出来，“中基透明指数”从意义到内容，到功能，再到对未来的展望，展示了一个很完整的体系，用这个指数对几千家基金会已经做了一个评价，这个评价不一定完全符合每个人的愿望，但是我觉得是非常可贵的，也基本上是客观的。康晓光教授认为这个指数是开创性的研究成果，从理论和实践上都有重要的意义，他还特别介绍了商玉生老师、徐永光老师在建设基金会过程中付出的努力和辛劳，基金会事业确实需要一代又一代的人去努力，去为之奋斗。康教授还从技术方面论证了指标体系的科学性，也提出了一些值得我们反思的问题，强调了基金会的责任意识。汤敏先生比照经济学理和经济发展，提出了很多权威性建议。顾晓今理事长提出透明是检验基金会社会责任的“试金石”，并对信息披露者的操守提出了要求。段德峰先生以透明的繁荣为题，把透明度推到了全球化的高度，中国公益市场下一步如何发展，如何充分竞争，等等，这都是有必要探讨的。我们尊贵的费约翰先生把透明度进一步放到国际视野下面来进行探讨，令人感怀。我认为，慈善是属于全人类的，是一种普适价值，离开了普适价值的慈善，就不是现代慈善。陈培娟小姐的表达更让我们感到今天发布这个指数，是基金会行业一顿营养丰富的大餐。当然，这顿大餐是由捐赠人、受益人和慈善人共同享有的。参加今天论坛的杨鹏秘书长、刘文奎秘书长、裴彬女士、刘佑平主任、程刚总裁、杨平理事长，分别介绍了各自单位或基金会在信息透明度方面的工作情况，谈了许多深刻的真知灼见，特别是刘文奎秘书长谈到的扶贫基金会信息化的经验值得我们学习和借鉴。窦瑞刚的点评更是闪烁着智慧的光芒，让我们感觉到吃了大餐以后，会有更好的表演可看，但按照窦瑞刚微博上讲的，不是一个简单的“脱衣秀”。

总之，今天的会议是极具有代表性、广泛性、权威性的，今天发布的指标体系，应该说是一个高质量的指标体系，是具有重大意义的、开创性的研究成果，这个成果的产生值得我们基金会行业骄傲。

下面，我结合大家的讨论，谈一点个人的认识。

第一，为什么要透明，或者透明的重要性是什么。

这个话题，讲了好多年，但我还是要讲。透明度是现代社会文明的重要标志，越透明的社会文明程度越高。现代慈善是现代社会文明的重要组成部分，它不仅是打开社会现代化大门的“金钥匙”，也是社会现代化的重要内容。基金会是现代慈善的主要组成形式之一，不论对现代慈善还是对基金会，透明度都是自身发展的题中应有之义。很难想象不透明的社会是一个文明的社会，也很难想象一个不透明的社会，会有透明的慈善事业和社会事业，更难想象不透明的慈善事业能引领社会的进步与发展。

慈善事业是全社会共同的事业，涉及政府、企业、慈善从业者、捐助人、受益人、研究机构、新闻媒体等社会的方方面面。制度经济学告诉我们，信息不对称容易产生道德风险，导致劣币驱逐良币的不良后果。强调和提高透明度，克服信息不对称，既是提高慈善公信力的要求，也是增强社会成员之间在慈善事业发展方面相互信赖与合作的重要前提。

从现实中看，慈善还反映了一个社会的思想道德水准，是人们普遍关注和重视的社会事业。如果做好事都不能透明，那么我们的政治、经济、社会的透明化进程，也就无从谈起了。在做好事的时候，不论是慈善还是公益，其实我们不怕透明，但有时候我们不愿意透明，不愿意透明不代表怕透明。如果说怕，是怕透明了以后会受伤。但是，不透明可能更受伤。

第二，用指数管理透明度的优势。

数字管理是经济学的概念，用数据指标实施管理是现代社会的重要特征，我们现在的慈善事业已经有相当大的发展，基金会的数量已经达 2700 多家，并且以每年 20% 的速度增长，已经具备了进行数字化管理的基础，推出“中基透明指数”正逢其时。通过发布和实施“中基透明指数”，可以促进透明度管理的科学化、标准化和规范化。指数本身具有简单、易懂、客观、易比较、可以操作的特点，能够让更多的人参与到慈善事业和基金会的监督管理中来，群策群力，便于形成合力，共同来推动慈善事业的发展。

慈善事业是一项社会道德事业，在我看来它具有不可逆性。改革开放初期生产力大发展、济大发展导致了环境的破坏。后来有一个解释，叫做先发展后治理，实际上是先破坏后治理。我觉得道德事业不能这样，一旦破坏了再来治理，是不可能的，因为这是不可逆的。所以，在基金会大发展的初期，我们一定要有一个指标体系来规范它，科学地去引导它，这非常重要。

第三，在慈善透明方面值得我们探讨的几个问题。

一是提高透明度是基金会发展必须坚持的方向。刚才有的老师讲，最好三年以后不讲透明了，但我更赞成要永远讲下去，坚持以透明度推动基金会发展是不能动摇的原则，而且要通过政府监督引导，行业自律，公众咨询、媒体监督，透明度指数考核等多种方式，千方百计地落实透明度，基金会的一言一行，一举一动都应该透明，接受社会各方面的监督。没有这样的认识和准备，基金会事业是发展不好的，甚至我认为如果没有这样的思想准备，就不要去做基金会。我曾经讲过一个观点：慈善是可以创造未来的。所谓创造就是引领，以透明度来引领基金会的发展，以基金会来引领社会的进步，从这个角度讲，慈善机构应“将透明进行到底”。

二是我们不应该简单地提与国际接轨。透明的原则理念和技术手段是可以接轨的，但是具体的内容、标准应该有差异。因为在西方社会，慈善的透明与政治、经济等方方面面的内容是相配套的，有非常明确的标准和规范。而中国现在在很多制度规范都不健全或者说都不透明的情况下，要实现透明度管理是有很大难度的。

在这里，我提出“快一步原则”。社会还处在一个非常不透明的状态，基金会和慈善事业的透明，作为大爱的表达方式，作为引领，应该向前快一步。但快一步不等于可以无条件地低着头往前冲。快一步可能是先驱，但是走得太远了，可能就变成先烈了。所以，我们一定要根据中国经济社会发展的要求，来确定我们透明度发展的步伐，这一点非常重要。我们一定要把握分寸。

三是要区别对待，特别是区别非公募基金会和公募基金会。公募基金会的资金是大众的钱，当然必须透明；非公募基金会或家族基金会的资金是我自家的钱，更讲究合规，我的信誉度和公信力是通过相当长一个时间确立的，比如，可能再通过三年、五年确立华民慈善基金会是一个可以信赖的基金会，这时候就有人会把钱拿进来。但是，我现在不需要募集资金，而且募资的门槛很高，要 5000 万元以上，5000 万元以下我不要。我就是希望认认真真地把这个事情做好，我不需要社会给我什么评价或表扬，我就是要做好这件事来实现我的一种理念。但是，我做到合规合法，能够接受相关部门的督促和监督，那有什么错呢。所以说，我认为要区别对待。一个指数要把所有基金会都容纳进来估计有难度，至少要有一些加权。

四是透明度实现是一个目标、一个手段，也是一个过程，它也需要一个试用的过程。指标或者标准，也需要不断地进行修正和完善，因为我们这个事业发展很快，三年以前我们谁能想到基金会能有这么大的规模，这么快的速度。现在确定一个指数以后，我们肯定要根据实践的发展不断地修正和完善，而且我特别赞成刚才一位老师的观点，我们希望有多元化的平台出现，不是一个或两个，应该有区域性的、家族性的、公募性的等各种各样的平台的出现。

总之，发布透明指数的目的是以科学化的手段来管理推动公益慈善事业的发展，不能反过来束缚了它的发展。虽然不能先污染后治理，但是也不能出现一治就死、不治就乱的局面。应该是越治越好，越治越发展，应该治出规则、治出活力、治出激情。

过去，我们实现了让一部分人先富起来的战略，现在看起来是非常有效的，是正确的。我们未来的目标不仅是要让全体人民都富起来，更要都善起来，这既是一种道德要求，也是一种制度安排。怎么善起来呢？既要有道德的引导，也要靠科学的推动，还要靠官民共治。无论是哪一种指标，无论是谁发布的，只要是能够推动中国公益慈善事业发展的手段都是好手段，这样的指标都是好指标。我深信，在社会各方面共同努力下，基金会和中国现代慈善事业的春天一定会到来，我想这硕果累累的秋天到了，春天就该不远了。

谢谢大家！

（根据理事长卢德之博士在会议现场录音整理）

八　公益基金会信息公开评价标准中基透明指数发布

（作者：方莹馨、沈小根；时间：2012年8月30日；来源：《人民日报》）

本报北京8月29日电：今天，中基透明指数即中国公益基金会透明指数在京发布，这是一套有关基金会透明标准的评价系统，其评价指标包括基金会的基本信息、财务信息、项目信息、捐赠信息等方面包含的共60个，并以基金会信息披露的渠道和完整度等作为参数，以排行榜单为呈现形式。排行榜将按照基金会最新透明分数每周更新一次，排名越靠前，代表基金会透明度越高。

据介绍，这个指数具有公开性、科学性、民间性、国际性，将推动中国公益基金会行业提升信息化水平。透明指数一方面树立行业可量化的透明度标准，另一方面分享实践经验和互联网工具，实现基金会透明度的提升和基金会管理能力的跨越式发展。这个指数将帮助基金会根据标准增强自身透明度，并了解自己的信息公开程度在行业内的位置。对于公众而言，可以以透明指数作为捐赠参考，从而促进慈善行业增强透明度和公信力。

九　截至2010年全国1763家基金会总资产达572亿元

（来源：《中国青年报》；时间：2012年8月30日）

本报北京8月29日电（记者庄庆鸿）：据基金会中心网近日统计发布，在2010年底统计到全国1763家基金会，到2010年末总资产达572亿元。这一数字超过2010年青海和甘肃两省全年财政一般预算收入的总和。

据统计，这些基金会的2010年度捐赠总收入为245亿元，约相当于当年宁夏回族自治区财政一般预算总收入。2010年度这些基金会的公益总支出为176亿元，其他总支出是11亿元。“其他总支出”包括了3项内容：工作人员的工资福利支出、行政办公支出及其他支出。

据基金会中心网副总裁陶泽介绍，这些数字是由他们逐一采集1763家基金会的财务信息，统一录入系统，由系统计算生成。其中包括公募基金会860家，非公募基金会903家。

基金会中心网是一个非营利的中国基金会行业信息服务平台。截止到8月29日，该平台已收集了全国共2753家基金会的相关基础信息及财务公开数据。

十　我国公益基金会平均透明度“不及格”

（记者：庄庆鸿；来源：《中国青年报》；时间：2012年8月30日）

我国公益基金会全行业的平均得分是52.41分，没有达到总分129.4分的一半。

这一结论源自8月29日正式发布的“中国基金会透明指数”排行榜（简称FTI）。它由清华大学、基金会中心网、中国NPO自律行动委员会、中国非公募基金会论坛和众多基金会组织参与研发。“它标志着我国公益基金会在制定社会管理标准方面迈出了重大一步。”知名公益学者、北京师范大学公益研究院院长王振耀说。

（一）红十字基金会列全国第六位

根据这份榜单，在发布了2010年年度报表的全国1833家基金会中，大部分基金会的得分是30~90分，其中四成得分为50~60分。得分在100分以上的基金会有30家左右。

《中国青年报》记者梳理了这张1883家基金会的榜单。

最“出人意料”的，可以说是备受争议的中国红十字基金会。在基金会透明指数前15强中，“红会”本周位列第六位。在这张每周更新的榜单中，上周它位居第五位。

“客观事实和人们的主观感知是有落差的。其实，人们针对红会的不少质疑受到炒作和成见的影响。人们现在对红会的负面形象‘宁可信其有，不可信其无’，但 FTI 是按客观的 60 项指标一一评分计算的。实际上，红会的信息公开透明化在国内的基金会中的确是属于相对规范的。”清华大学廉政与治理研究中心教授程文浩说。

“有了这个量化工具，我们就能把握整个基金会行业的真实图景，而不只是凭感觉、凭一时印象得出结论。”王振耀说。

最“势盖全国”的，是两周先后透明度排名全国第一位的基金会。

它们都不是来自民政部主管的全国大型基金会，而是上海民间的真爱梦想公益基金会和黑龙江省青少年发展基金会。它们分别为 129.40 分、129.33 分。

最“西风压倒东风”的是广西壮族自治区、贵州省、重庆市的基金会。

它们在 FTI 的各省份透明度排名中格外惹眼，仅次于民政部主管基金会，分居第 2 ~4 位。还有四川、陕西、云南等中西部省份基金会的 FTI 得分均高于全国平均分。

而北京、上海、天津这三个公益组织活跃的大都市，得分却低于全国平均分，与安徽、新疆、宁夏等省份的分值相当。

“我们认为这是经济较发达地区需要反省的。经济发达地区的基金会及其主管政府部门缺乏对透明公开的要求，重视公信力的意识有待提高。”程文浩说。

（二）人民教育基金会和见义勇为基金会严重不透明

在榜单上，最“集体失语”的，并不是来自草根的民间小型基金会，而是两类公募基金会。

一是各地的人民教育基金会，二是各地的见义勇为基金会。这两类基金会从全国总会到各省市县分支，没有一家进入 FTI 排名前 100 名。

“这些公募基金会在地方有动员募捐的能力，透明程度却还堪忧。”程文浩说。

各地人民教育基金会的主管机构是各级政府的教育部门。获得透明度最高分的是浙江省宁海县人民教育基金会，分数为 77.4 分，而最低的河南省巩义市人民教育基金会，仅得 12 分。

而各地见义勇为基金会是由各级公安部门主管的。在 FTI 总榜单上并列倒数第一位的有兰州市维护社会见义勇为奖励基金会、新疆建设兵团见义勇为基金会，这两家没有官方网站的基金会仅得 1.6 分。

“通过 10 个月的 FTI 数据运行，我们也发现了一些值得深思的现象。”程文浩说。

“有些基金会基本上没有任何的信息公开，但是可以照样通过年检，照样可以生存。有些基金会非常不透明，尤其是它的收入、支出、项目信息，但仍然能够获得大面额的捐赠。”他说。

同时，FTI 还显示出一些公募、非公募基金会收入和支出的比例严重失衡。“我们国家对于基金会的收入支出比例有非常严格的规定，但是根据 FTI 计算的结果，有很多基金会并没有达到这个比例，它们却仍然可以从容过关。”

（三）基金会年审成摆设

2011 年至今，一连串公益组织公信力崩塌事件的发生，是对行业公开透明的严峻拷问。

“公开透明已经成为公众对公益慈善行业质疑的焦点，也是公益慈善行业必须迈过去的一道坎儿。”基金会中心网理事长、南都公益基金会理事长徐永光说：“互联网、新媒体给公众参与慈善活动提供了极大的便利条件。对于慈善组织来说，公众是真正的‘上帝’。作为慈善资源和志愿服务的提供者、监督者，公众的作用、权利、价值不能继续被漠视了。”

“中国基金会透明指数”对老百姓有什么用处呢？

> 第一，社会公众可以以这个指数为捐赠的参考。第二，基金会自身也可以比照我们公开的评分详细指标，发现自己分数差在哪里，从而不断提高自己的透明程度。

王振耀也指出，基金会公布信息，公众还不信任，是因为公布没在“刀刃”上。“很多基金会认为，一公布把钱用到哪儿，就万事大吉了，没有想到每一个捐款者最关心的是：钱到底花得效果怎么样？花给谁了？”

徐永光介绍，该指数每周更新一次，“所有基金会无论成立早晚、规模大小，都适用同样的指数，公平公正，没有门槛”。

据介绍，FTI 共有 60 个指标，由基金会基本信息、财务信息、项目信息、捐赠信息等构成，分值不同。今年 7 月，清华大学针对资深的基金会人士和专家学者发放了 570 份问卷，在此基础上调整指标的权重。

“目前，国内的年审理论上还是比较严格的。但是，慈善界的丑闻几乎没有一个是被年审审出来的，基本上都是不小心或者内部‘狗咬狗’咬出来的。因此，怎么样用最能够抓住确切信息、最少的指标，一针见血地揭示问题所在，这是最重要的。”中国人民大学 NPO 研究所所长康晓光教授说。

“FTI 统计数据时并没有预设任何答案，直到出来数据才让人真正意识到问题。这些现象值得社会大众、监管部门高度重视，并能引发我们深层的思考。”程文浩说。

十一 记者调查：信息不透明 “玻璃钱袋”现怪象

央视网：截至今年 8 月，我国基金会总数已达 2752 家，每年以 20% 的速度在快速增长。然而在快速增长的背后，基金会行业也集中暴露出来一些问题。专家指出，在此次透明度排名中出现的这些怪现象，应该引起政府相关部门的足够注意。

（一）某些基金会没有任何信息公开照样能够生存

按照《基金会信息公布办法》规定，信息公布义务人公布的信息资料应当真实、准确、完整，不得有虚假记载、误导性陈述或者重大遗漏；信息公布义务人应当保证捐赠人和社会公众能够快捷、方便地查阅或者复制公布的信息资料。

基金会中心网副总裁陶泽：“我们可以随机可以抽选，比如在本周透明度排第 1793 名的天津广播电视大学教育发展基金会，当我们点开之后就可以看到这家基金会相关信息，当我们点财务信息的时候显示是无信息，就意味着我们没有拿到它的任何财务的相关信息。”

记者：“但是它的年检还是合格的？”

“对，这都是通过年检的。”陶译说。

（二）某些基金会很不透明却仍获大额捐赠

陶泽："例如我们查找中国光彩事业基金会，捐赠额度还是挺大的。"

记者："福建宝龙集团、大连万达集团、中国泛海控股集团，这都是赫赫有名的（捐赠人）。"

陶泽："对，都是为中国光彩事业发展基金会来提供捐赠的，但它的名次相对比较靠后。它用于公益事业的支出是4（亿多元），但是看它的项目信息里面，这些加起来的话也只说清楚了大约2300万元的去向。"

然而这样披露财务信息的基金会并不在少数。

以下是记者对张家港市慈善基金会工作人员采访的记录。

记者："您好，是张家港市慈善基金会吗？您好，我是中央电视台的记者，我想了解一下情况。你自己披露的年（捐赠）收入有7000多万元，但实际上你们用于公益支出是5000多万元，我们想了解这5000多万元具体用于哪些项目？如何支出的？"

工作人员："我们有个助学有600多万元，就是贫困群众救助有100多万元，救灾大概是87万元，还有青海玉树捐款是386万元以上，医疗救助33万元以上，以及助残和一个'社会妈妈'爱心捐助是11万元，我们有一个'慈善峰会'的贫困救助4000多万元，还有就是类似的工作经费了。"

记者："这些信息就是一个具体的数字是吧？"

工作人员："对。"

只能看到笼统的捐赠金额，却看不到具体的捐赠流向，这几乎已经成为基金会财务信息不透明的"统一标志"。

（三）某些基金会收入支出比例严重失衡

国务院于2004年颁布的《基金会管理条例》规定：公募基金会每年用于从事章程规定的公益事业支出，不得低于上一年总收入的70%；非公募基金会每年用于从事章程规定的公益事业支出，不得低于上一年基金余额的8%。但在此次中基指数排名中，一些存在明显不符合条例规定的基金会，也都顺利地通过了年检。例如，杭州市余杭区老年基金会年度公益总支出和捐赠总收入的比例竟然只有1%，距离条例规定的70%相差甚远。

基金会中心网副总裁陶泽说："这家基金会上一年的实际收入是210万

元，而本年度用于公益事业的支出是20950元，它的行政办公支出是178000元。而这是不符合《基金会管理条例》相关规定的。其实，针对基金会行业，中国制定了全世界最严格的法律，但是多年来对于条例法规的执行却并不乐观，基金会中心网理事长徐永光告诉记者，此次透明度排行榜上线，目的就是制定一个可以量化的透明度标准，通过行业自律形成基金会优胜劣汰的竞争新格局。”

基金会中心网理事长徐永光说：“它就愿意‘黑箱’操作，它确实不愿意透明，这种机构肯定会有的。它的排名一定会靠后，它靠后了，公众不一定支持它，但是公众会关注它，公众会挖掘它，这个机构怎么排名排到一千两千之后了？（排名）对绝大多数的机构都会造成一种压力。因为公众把钱捐给它是对它的信任，披露信息那完全是它的责任，它的义务，这个成本是必须要付出的，它是有责任要投入一些资源、人工，去把透明度提高。这不是一个高要求，这是一个起码的要求。”

（编辑：谢佳欣）

十二　FTI，给你透明的基金会

（来源：《公益周刊》；稿源：《南方都市报》；时间：2012年9月3日；作者：杨晓红、刘素楠）

摘要：8月底，国内最具权威的基金会信息披露平台——基金会中心网，在其成立两周年之际，正式颁布了一个全新的基金会透明指数——FTI，它被业界誉为“打开基金会透明大门的钥匙”，可以方便公众“用脚投票”。

国内基金会目前已有2752家，且每年以20%的速度增长。基金会所掌握的资产规模已相当可观。

如何让基金会的运作变得透明直观？如何让普通人也可以明了并监督基金会运作？

8月29日，国内最具权威的基金会信息披露平台——基金会中心网正式发布了一项衡量基金会运作透明度的全新指数——中基透明指数（FTI）。中基透明指数，即中国大陆基金会透明指数，是由清华大学廉政与治理研究中心、中国NPO自律行动委员会、中国非公募基金会论坛、基金会中心网发起机构和众多基金会组织的参与支持下，最终完成的一项独特社会指标。

“为有效推动基金会行业的透明度，除了需要政府顶层设计、行业自觉行动外，还需要社会积极呼应，而社会呼应的一个重要条件就是：公众能够方便获取全面、对称、可比较、易判断的基金会机构信息。”在 FTI 发布会上，基金会中心网理事长、南都公益基金会理事长徐永光称：“中基透明指数正是为了满足此目的而设计的。”

（一）历时一年多，独创 FTI

清华大学廉政与治理研究中心的程文浩教授和他的研究团队，在一年多时间内，独创了 FTI 这一独特的基金会透明指数。

2011 去年 6 月，清华大学廉政与治理研究中心对此项目立项，经过半年努力后，研究团队提出了初步的指数指标体系，并且研发出了相应的技术平台。

2012 年 7 月，为使结果更有针对性，清华大学研究团队再次发放了 570 份专家问卷，对资深基金会人士和业内专家进行重点访问调查。最终，在搜集了国内基金会大量意见和建议并对系统持续加以完善后，FTI 系统基本成型。

据了解，这套指数总共包含 60 个指标，分别涉及基金会自身基本信息、财务信息、项目信息、捐赠信息等四大类核心信息，指数总分为 129. 4 分，其中基金会基本信息的得分接近五成。“基金会基本信息一项，涉及 31 个得分指标，是因为我们尤其希望基金会能披露自己的章程和工作制度，因为工作制度将确保整个基金会今后的日常管理和运行规范性。”程文浩教授解释，具体每个指标的得分，研究人员首先根据它是否披露相关信息给出一个基本分，然后以这个指标的相对权重得出，同时还要判断信息来源：“比如这个信息是基金会自己的官网披露，它的值就是 1. 2 分，其他来源渠道值是 0. 8 分。”

8 月 8 日，FTI 开始上线试运行。20 多天后，全球唯一的 FTI 正式上线。

（二）初试牛刀：一半基金会透明不及格

“所有基金会，无论成立早晚、规模大小，都适用这个指数，没有门槛。”基金会行内专家称，正因为如此，中基透明指数从研发到上线，备受国内外同行关注。

2012 年 8 月，根据 FTI 累加计算，清华大学科研团队算出了全国 1833 家在2010年元旦之前成立的基金会透明度得分，以及它们的排名。结果显示：中国基金会行业平均得分为52.41分，不及格，没有达到总分的一半。这1833家基金会透明指数显示：得分在100分以上的基金会有30家左右，不到2%；大部分的基金会得分为80～90分，四成基金会得分为50～60分，这就是现在整个行业的总体水平。

此外，科研团队运用FTI，计算出了全国基金会总排名，结果上海真爱梦想公益基金会得分达到了129.40分，全国排名第一位。在公募基金会中，排名第一位的则是黑龙江省青少年发展基金，得分为129.33分。

“2010年净资产最多的基金会，未必就是透明度最高的基金会。”研究人员注意到，由民政部所注册管理的基金会，总体透明程度比较高，平均得分为74.41分，各省份平均得分则差别非常大，如西南一些省份基金会透明度普遍得到了60分左右，同时还有一些平均分只有10分左右。此外，一些行业基金会，如人民教育基金会、各地的见义勇为基金会，这两类基金会透明指数都在100名左右。

在测试阶段，研究人员注意到：一些排名靠后的基金会改进后，排名得到迅速上升。比如天津大学北洋教育发展基金会在2012年第28周时排第1462位，后来他们认真研究了整个评分体系，发现差距之后，补充公布了大量重要信息，短短一个月左右，这家基金会排名跃升至全国第10位。

“中基透明指数是一个动态指数，是根据系统自动生成的。可以说，行情每天都有涨落。”徐永光称，尽管透明只是评判基金会运作的一个重要指标，但对推动整个行业透明高效运作，进而推动整个社会透明，都将功不可没，是基金会行业自律、自省、自我提升的一个重要手段。

据负责运行FTI的基金会中心网透露，目前该指数每周更新一次。而每一年度都将对整个指标体系进行一次审计核定，看是否需要增减或调整指标内容或权重。

1. 具体操作方式

（1）在公开途径披露2010年度工作报告全文，即可得50分。

（2）在自身官网发布2010年度工作报告全文，即可得80分。

（3）在自身官网发布2010年度工作报告全文，并且发布章程、秘书长简历和 4 项管理制度，即可得 100 分。如果基金会没有官网，可用公益 360 网披露信息，也等同于在官方渠道披露（需和基金会中心网联系开通账号）。

（4）在以上基础上披露完整、详细的项目信息，即可得到更高分。

2. *声音*

徐永光（南都公益基金会理事长、基金会中心网理事长）指出："中基透明指数的发布，最重要的价值是给公众一把打开基金会透明大门的钥匙，然后'用脚投票'。那些打算给基金会捐款的企业和个人，可以依据指数排名初步判断出某个基金会的透明度，再进一步了解项目情况、管理水平，最后决定是否捐款。"

程文浩（清华大学廉政与治理研究中心主任、教授）指出："通过 10 个月的工作，通过开发基金会透明指数，我们也发现了一些值得深思的现象。有些基金会基本上没有任何的信息公开，却可以通过年检。有些基金会非常不透明，尤其是它的收入、支出、项目信息，但仍能够获得大部分的捐赠。我们国家对于基金会的收入支出比例有非常严格的规定，但是根据我们计算的结果，很多基金会没有达到这个比例，但仍然可以从容过关。"

康晓光（中国人民大学 NPO 研究所所长、基金会中心网理事）指出："一般来说，研究指数要求具备三个特点：第一，好的指数首先要有完备性。第二，经济性。第三，内在要相容，没有矛盾。从实用的角度来说，最重要的是如何用最少的信息，把我们要知道的最重要的状况反映出来。再者，针对性非常强。怎么样抓住确切信息，用最少的指标，一针见血、单刀直入地把问题揭示出来，这是最重要的。从目前来看，民政部门有审计，但是丑闻几乎没有一个是被年审审出来的，基本上都是不小心或者内部'狗咬狗'咬出来的。这样的指标怎么样能够真正做到有效，能够揭示问题，这是我们需要反思的。"

顾晓今（中国青少年发展基金会常务副理事长）指出："中国青基会目前排名是第七位。我们发现，我们做的事情，只需要补充信息透明和披露，就能够很快达到基本信息和财务信息的披露标准，在这两方面我们是满分。但项目信息，特别是反映项目成果和成效方面的信息，我们还有很多的不足和差距。"

程刚（基金会中心网总裁）指出：“FTI 不是为了给大家做一个排名，它就是为了促进透明，促进基金会把信息公开，如果大家都这么做，就达到了实效。所以我上午说，人人可以第一，人人都应该第一，人人都能第一，只看你愿意不愿意去做。我们倡导透明的人一定要透明。第一，规则完全公开，第二，所有的计算值可以检验。我们公开规则的同时，也公开我们的不足。定期更新的特点是基于这样的考虑：透明是一个连续的过程，不是一锤定音的结果。”

3. 链接

如何提升自身的透明指数？

（1）思想上要充分重视。

（2）方法要得当：充分认识规则的缺点，同时利用这个规则。

（3）注重渠道：FTI 的亮点是突出了渠道选择与分值的差别，同样一种信息，由官网发布就重于其他渠道。

十三　公益透明期待合力“破茧”，业内合力不足，公众参与不够，政策监管待加强

（时间：2012 年 9 月 3 日；来源：《京华时报》；记者：黄英男）

8 月 29 日，基金会中心网成立两周年大会在北京隆重举行，隆重的原因不在于“庆生”，而是因为这一天将要发布中基透明指数（FTI）。该指数是动态展示中国基金会的“透明英雄榜”。当天，与会者们热烈地在网络上发布这个公益透明的“利好”消息，然而，尽管信息汹涌，但回复者仍以公益业内人士为主。在“郭美美事件”之后，尽管各方对中国公益组织的透明呼声都日渐强烈，然而，真正推动中国公益实现透明的力量在现阶段仍不算强大，中国公益透明，尚行走在艰难“破茧”的阶段。

1. 行业：透明呼声伴杂音

截至 8 月 29 日，中国基金会的数量已达 2753 家，其中北京地区有 343 家。然而，参加 29 日发布会的基金会仅有 69 家，此外，还包括 8 家民间公益组织以及 35 家国际机构。无论是公益组织从业者还是与会专家，出现在当天会场的，多半仍是老面孔。尽管近年对中国公益行业透明呼声日益强烈，越来

越多的公益组织也在向透明方向努力，但在整个中国公益业内，“透明”仍非所有组织的愿望。

FTI 系统开发专家、清华大学廉政与治理研究中心主任程文浩在系统研发的 10 个月中，发现了一些令人深思的现象：“有些基金会基本上没有任何信息公开，但是照样通过了年检，照样可以生存。有些基金会非常不透明，尤其是它的收入、支出、项目信息方面，但是仍然能够获得大部分的捐赠。同时，虽然国家对于基金会的收入支出比例有非常严格的规定，但我们计算发现，很多基金会在没有达到国家规定的收支比例情况下，仍然从容过关。”

在 2011 年非公募基金会论坛上，一位外地的基金会领导就曾对记者说：“透明只是这一群人的要求而已，我们没有筹款危机，发展得很好，干嘛非要投人投力投钱自己去折腾搞什么透明?”

不必透明仍然可以“健康生存”，正是这样的原因，让为数不少的中国公益组织并不热衷甚至排斥透明。

“向老百姓筹款是成本最高、难度最大的，因为募集的钱不多，你又要告诉人家钱是怎么用的，公募基金会大都有点政府资源，所以企业也愿意给这些基金会捐款，捐上 1000 万元，基金会只要给企业写个报告说钱是怎么用的就行了，多方便。”腾讯公益慈善基金会执行秘书长窦瑞刚如此分析。

筹款不难、政府背景让许多中国的公益组织对透明不够积极。“在行业基金会方面有两类值得关注：一是人民教育基金会，二是各地的见义勇为基金会。这两个行业基金会透明指数均值非常低，值得社会大众和监管部门高度重视。”程文浩说。

2. 公众：日常关注尚不足

“这两年每次发生负面事件，公众关注度都空前高涨，骂声一片，但真正平时我们想吸引公众来关注、推动公益组织透明，却觉得太难了。”基金会中心网工作人员袁媛说。

作为近年推动中国公益透明最强大的一股力量，公众的力量一直为各方所重视，但公众如何能在没有负面事件的情况下，也能积极地参与到透明进程中，是许多公益人努力而尚未实现的期望。

2012 年以来，基金会中心网搞了两次透明日活动，通过网络、熟人转告等各种线上线下方式来让普通老百姓走进公益组织，通过面对面的方式来了解公益组织的运作情况。每次透明日尽管做足了宣传工作，但最后的结果仍非常不让人乐观。第一次的中国扶贫基金会“透明日”一位普通公众的身影都没有，第二次的深圳市郑卫宁慈善基金会的“透明日”来了一些普通公众，也基本上是相关熟人带来的。

“公益事业的发展必须依赖普通民众的关注、参与，但目前除了丑闻时期，公众普遍对公益是不关注、不参与的，公益界的‘裸晒’更像没有看客、孤独的脱衣舞娘。”瑞森德企业社会责任机构总经理段德峰用如此表达对公众参与度不够的无奈。

国务院参事、友成企业家扶贫基金会常务副理事长汤敏谈说：“如果我们费了这么大努力（做这个透明指数），而社会却不太了解，或者不知道的话，那我们的作用可能就没有这么大。”

让捐款人看到钱的清楚流向，从而决定是否捐钱，这是希望工程创始人、基金会中心网理事长徐永光很多年的愿望：“‘透明指数’最重要的价值就是给公众一把打开基金会透明大门的钥匙，捐款人可以参考这个指数‘用脚投票’，通过了解哪个基金会的透明度比较高，再决定是否捐款。”

无论是给出“钥匙”，还是“用脚股票”，没有公众的关注与参与都是空谈。“怎么能让公众在平时像关注负面事件一样去关注日常透明，我真的觉得这是当前最难的。”袁媛说。

3. 政策：准入严格监管不够

无论是行业自身的需求，还是公众的日常参与，其有效性都不及一个科学规范的制度，而行业自律与公众监督本身也应该建立在一个科学规范的管理制度之下，而不能替代制度本身。

在当前政策环境下，中国公益组织面对进入门槛过高，而一旦进入后监管又不够到位的难题。

目前，中国名正言顺的公益组织分别以社会团体、基金会和民办非企业单位三类形式存在，分别受到《社会团体登记管理条例》《基金会管理条例》《民办非企业单位登记管理暂行条例》三个国务院法规管理，而这三个法规在公益组织的注册登记上都无一例外地实行“双重管理”制度，即公益组织需要先找到一个“业务主管单位”才能实现注册，让民间公益组织去找一个政府部门作为自己的“业务主管单位”，可想而知殊为不易。在此情况下，许多民间公益组织只能转而通过工商注册来活动，而工商注册却不营利这种名实不符的身份，又在非营利的现实中遇到了等同企业的缴税困境。与此同时，对于一些找到主管单位拿到民政注册身份的公益组织来说，想做到透明又不知从何下手。

以基金会为例，目前《基金会管理条例》规定：“基金会应当于每年3月31日前向登记管理机关报送上一年度工作报告，年度工作报告包括：财务会计报告、注册会计师审计报告，开展募捐、接受捐赠、提供资助等活动的情况以及人员和机构的变动情况等。”从字面上不难看出，一年一次的工作报告究竟应该对基金会各项工作信息精确上报到什么程度并未有明确说明，同时，对于公益组织如何向公众公示信息也未有切实的考虑，毕竟相对专业的财务会计报告、注册会计师审计报告很难让普通公众一目了然。

中国人民大学NPO研究所所长康晓光一针见血地指出：“从目前来看，我们的年审理论上还是比较严格的，但是，近年来爆出的丑闻几乎没有一个是被年审审出来的，基本上都是不小心被媒体抓到或者内部‘狗咬狗’咬出来的。”

4. 建议：公平参与严管

让公益组织能够健康蓬勃地发展，首先要有一个公平的、开放的空间和环境，相较于美国11万家基金会的数量，中国在拥有13亿人口的数量上只有2000多家基金会，而更多的民间公益组织尚停留在不能实现正规注册的处境之中，所以，从政策上为不同的公益组织提供公平的准入制度是关键的第一步。

在2012年3月的第十三次全国民政会议上，温家宝总理指出：“完善政策措施，积极支持发展社会互助团体和组织，鼓励企业、团体、家庭及个人开展社会互助和慈善活动。”从中央到地方，正在为公益门槛的降低而释放出积极的信号。

只有公平准入、抛弃特权，才能让中国公益组织集体发出透明呼声，从而增加自律、形成合力，促进行业的健康发展。

其次是吸引公众对公益事业的参与和监督。“公益组织应该努力去培养挑剔的捐款人，如果捐款人不够挑剔，我们永远不会成长，我们要做到像卖矿泉水一样卖我们的透明指数，卖我们的品牌，这是很重要的一个思考方向。”段德峰说。

另外，重要的一点则是政府对公益机构严格、科学的监管。

在这方面可以借鉴的他山之石是，美国的非营利组织要想获得免税资格，需要向国税局提交免税申请表，申请表的内容详尽到包括机构收入前五名人员的各项信息、理事会成员父母子女配偶等亲属是否与该机构有利害冲突的情况说明等，而这个申请表需要一个全职工作人员的20个工作日才能填完。

“透明只是基石，仅仅是公益繁荣的前提条件。透明不能解决所有问题。但是不透明，所有的问题都会找上门。”段德峰这样评价透明的意义。

当下，虽然社会对透明呼声甚高，但在追求透明的路上，许多公益人仍感到孤独。一项事业在打基石阶段，大抵都要经过艰苦而孤独的摸索，作为公益繁荣的前提条件，公益人期待这个时期不会太长，并希望在实现透明的路上内在的合力与外在的助力早日来临。

十四　透明度决定公益组织的未来

（作者：赵民望；来源：《中华工商时报》）

慈善法的立法进程远比公众期待的要慢，虽然草案已经成型且进入了相关立法程序，但是何时能够出来却不仅仅是时间的问题。更重要的还在于，目前这个法律出台的环境尚未完全成熟，急于求成的催生，只能导致慈善法的早产。

影响慈善立法进程的因素不在法律本身，而恰恰是这个法律产生的土壤。尤其是，在中国的慈善公益事业连一个指引、自律性质的“信息公开条例”都没有的前提下，慈善立法的火候显然不到。与此同时，当下公众对于慈善公益组织的信任度相当不够，慈善公益组织运作的透明度也远远不足。这些因素的存在，无疑都是慈善立法的障碍。没有捷径，慈善公益组织只有拿出具体的行动，认真回应日益苛刻的捐助者，感召公众的爱心，从而奔向共同的目标。事实上，对于慈善公益组织的透明度，公众相当不满，一些公益组织的项目之所以常被质疑，被迫陷入“口水战”，透明度不足就是重要的原因。显然，这也是慈善公益组织发展中最为艰难的瓶颈。日前正式发布的“中国基金会透明指数”排行榜显示，我国公益基金会全行业的平均得分是52.41分，没有达到总分129.4分的一半。根据这份榜单，在发布了2010年年度报表的全国1833家基金会中，大部分基金会的得分是30~90分，其中四成得分为50~60分。得分在100分以上的基金会只有30家左右。

应该看到，“中国基金会透明指数”排行榜并非出自主管机构的官方或半官方，它是由清华大学、基金会中心网、中国NPO自律行动委员会、中国非公募基金会论坛和众多基金会组织参与研发的。由此，这个指数发布的意义，更在于“它标志着我国公益基金会在制定社会管理标准方面迈出了重大一步”。

透明度评价是否权威？排名是否公允？这些都是用数据来说话的。FTI按客观的60项指标一一评分计算，得出了中国基金会透明的指数数据。尽管一度备受争议，而红会的信息公开透明化在国内的基金会中的确属于相对规范的，不过，在这张每周更新的榜单中，中国红十字基金会在基金会透明指数中本周位列第六。“透明度”两周先后排名全国第一位的基金会都不是来自民政部主管的全国大型基金会，而是上海民间的真爱梦想公益基金会和黑龙江省青少年发展基金会。它们分别达到了129.4分、129.33分，接近满分。在公众的印象中，北京、上海、天津这3个大都市公益组织很活跃，然而，其“透明度”得分却低于全国平均分。基金会严重不透明的范例并不是来自草根的民间小型基金会，而是各地的人民教育基金会、见义勇为基金会。这两类基金会从全国总会到各省市县分支，没有一家进入FTI排名前100名。两类基金会的主管机构分别是各级政府的教育部门、公安部门，因而这些公募基金会在地方有动员募捐的能力。可是，其透明程度居然如此不堪。

通过上述FTI排名的解读，能够看到这是一个动态的平台，这个平台用基金会中心网掌握的基金会信息公开的数据来反映基金会行业透明的实际情况，以FTI来推动和促进基金会的公开透明。由此看，“中国基金会透明指数”对于中国公益组织的成长具有建设性，它鲜明地倡导基金会建立自己的官网，公开年度工作报告、审计报告、章程等信息；在官网上设立捐赠查询栏目，设立项目查询栏目，披露项目的主要参数；等等。

透明度就是慈善公益组织的生命线。目前相关规定涉及的信息披露一方面有执行不力的问题，更有规定本身的漏洞。FTI 的发布，同时也在提醒各个方面，一部完整的信息披露管理办法或许比慈善立法更紧要。

十五　康晓光：中基透明指数对公益事业的发展意义重大

（时间：2012 年 9 月 4 日；作者：康晓光；来源：基金会中心网）

得到程教授的报告是 27 号，我当时还在国外。昨天晚上匆匆忙忙地看了一遍，没有来得及和研发团队进行非常深入的沟通。我看到的 PPT 和各位看到的一样，所以我对整个研发的过程了解得不是非常全面。我根据自己有限的了解做一个评价。

祝贺基金会中心网和清华大学廉政中心做出了这么好的一个合作成果。针对 NGO 的透明指数，国内此前没有系统研发，在国际上也不多。至少就我了解的范围来看，像这么系统、这么完善，不但在研究又把它付诸实践的指标体系，我还是第一次看到。因此，我个人认为这是一个开创性的研究成果，而且它不仅仅是一个研究成果，还将在实践中发挥重大的作用。在这个意义上这确实是可喜可贺的一件事情。

这件事情本身对中国的公益事业发展的意义非常重大。在基金会中心网成立之初，永光就积极地倡导这件事，最初的理事会成员也是高度认可，觉得推动我们这个行业的发展，很重要的一点就是推动问责，而推动问责的切入点就是透明。早在十几年前，永光和商玉生先生就开始倡导这件事情了，经过将近 20 年的努力，才有了今天的结果。从他们当初倡导基金会自律，到自律同盟的建立，一直到基金会中心网的建立，可以说在这个方面商先生和永光付出了艰辛的努力。这是我们的前辈前赴后继努力的成果，很不容易，很艰难。我看着这个过程走过来，所以深知其中的艰辛。

它本身对基金会中心网也是非常重大的事情。基金会中心网从 30 几家基金会联合发起成立，到第一年把 90% 以上的基金会纳入信息发布的平台，这方面的努力是非常重要的。在有了相当的基础之后，如何深入开发这些数据，增加它的附加值，这是基金会中心网自身专业发展中非常重大的问题。前年推出了绿皮书，2012 年又推出透明指数，每一年都有一个重大的进步，每一年都拿出自己的核心产品，推动这个行业的服务专业化更上一层楼，所以对基金会中心网来说，这个指数也是非常重要的。因为只有不断地拿出这样的一些核心产品，不断地深度开发基础数据，基金会中心网自身存在的意义和价值才能得到不断地提升，为行业服务，也可以做得更好。

现在我想对这个指数本身发表一点自己的看法。

一般来说，研究指数要求具备三个特点：第一，好的指数首先要具备“完备性”。我们为什么要搞透明？要把什么透明了？这些基础性的问题，是要经过深思熟虑、反复推敲的，当这些问题明确之后才能建立我们的指数。第二，“最小化”，即没有重复，这几个指标反映的信息无须再通过其他指标来显示了。第三，“相容性”，即没有内在矛盾。

从操作的角度来讲，要讲究可得性、易得性、经济性。从实用的角度来说，最重要的是如何用最少的信息，把我们要知道的最重要的状况反映出来。程教授搞了一个 60 个指标的体系，那我搞一个 80 个的指标体系是不是水平更高？不是这样的。怎么样用最少的指标反映最重要的信息，这是最重要的。

再者，针对性要非常强，这个指标的设计考虑了针对性，基金会中心网在这方面很有潜力，这方面我觉得还应该更好地深入下去。我们有这么多基金会，这么多的秘书长，业内的门道大家最清楚，通过什么信息，通过什么样的指标能把我们这个领域中不干净的、不好听的、不好看的事情最有效地体现出来，这方面是要下功夫研究的。因为我们这里有这么多第一线的操作者，这个领域中怎么回事，大家心里最清楚。怎么样充分地利用我们的理事团队，跟理事团队的做研究和负责实际操作的人进行沟通，真正拿出一系列能把透明度体现出来的指标，这是下一步需要进一步完善的东西。

再重申一遍，怎么样用最能够把握住门道、最能够抓住确切信息的最少的指标，一针见血地、单刀直入地把问题揭示出来，这是最重要的。从目前来看，民政部门有审计，我们的年审理论上还是比较严格的。但是，一些丑闻几乎没有一个是被年审审出来的，基本上都是不小心或者内部“狗咬狗”咬出来的。这样的指标怎么样能够真正做到有效，能够揭示问题，这是我们需要反思的。

另外，刚才我看到在发布的时候，像北洋教育基金会这样的一天之内排名从 1000 以后跃升到 10 名以内，这么巨大的排名的起落，这是一个坏事。做指标、做评估，最重要的是客观性和稳定性。如果说一个重要的东西，前后的测量几天之间会差别这么大，本身说明我们的系统存在严重的问题，这是需要反思的。也就是说，如果我们这个指标非常权威，如果我们这个指标发布了之后对社会的影响很大，那么发布者、评估者就具有重大的责任。你对你搜集的信息如何把握，你评估的结果在什么情况下可以发布，什么情况下不能发布，你发布的门槛是什么，这要设一个非常严格的标准。现在这样的一种发布方式，严格地说是很不负责任的。一天之间从 1000 位以后到 10 名以内，这个问题是很严重的，这是必须克服和解决的问题。客观地说，别人知不知道这个信息和你知不知道这个信息，这是两回事。你要说你有代表性，有客观性，那你的责任是什么，是不是人家发布的东西你必须都知道，这是要研究的问题。如果你要作为一个行业权威来讲这件事情，这个发布的门槛、标准和发布的责任，还是需要搞清楚的。

程教授的报告中传授了提分的窍门。对此，我不以为然。在这里，我想讲一个不是窍门的窍门，一个最根本的窍门，那就是每一个基金会都要有责任心，要有使命感。我们公益基金会享受了很多的特权，捐赠、免税等，享受了特权就要承担相应的责任。一方面自己要自觉地负责任，另一方面要自觉地接受别人的问责。透明指数也是为了推动大家建立这样的一种责任感和使命感，让有责任感和使命感的基金会有一个表现自己的平台，也让社会有一个辨别评估大家的渠道。在这种意义上，最大的窍门就是用心去做好自己该做的事。

最后一点，程教授的 PPT 里也讲到了，就是发现了一些现象，如有的基金会不透明但是做得也不错。这是因为，一个基金会的业绩是多方面的，透明只是其中的一项。我们可以举个极端的例子，比如，有那么一个基金会，也没干过什么事，一年就干了一件事，但是他把这件事说得比较清楚，我们一评，结果是满分，但是在我们的心目中它是垃圾，大家不给他捐款很正常。有些基金会做了很多事情，做得很棒，可能做得太多了，透明成本很高，阴差阳错排名就很低。因此，谁排名在前面也不要得意忘形。反过来讲，排名不高的确实有责任和义务把排名提上去。

我的核心意思，一是祝贺，二是希望我们继续完善。最后，再一次祝贺程教授，也祝贺我们的基金会中心。谢谢大家!

十六　应立法促进信息公开透明

（来源：《工人日报》；时间：2012 年 9 月 9 日；访谈对象：国际金融投资家联合会执行主席孙飞）

问：您怎么看这个透明度排行榜，您认为公开透明是不是目前公益基金乃至慈善公益行业最突出的问题?

答：透明度排行榜作为社会对基金会及公益慈善基金的监督与评价工具，对公益基金乃至慈善公益行业的科学、优化发展及行业自律具有一定的鞭策与激励作用，值得肯定与推广，但要进一步树立权威性、公信力和影响力。公开透明是当前公益基金乃至慈善公益行业最突出的问题之一，但最核心的还是法制瓶颈、审批制度、监管体系、行业标准、行业治理、治理结构等问题。

问：形成这些问题的主要原因是什么?

答：产生这些问题的主要原因是体制与机制障碍，存在法制瓶颈、审批制度、监管体系、行业标准、行业治理、治理结构等方面的诸多问题。基金会及公益慈善基金设立门槛复杂、不透明，要求烦琐，只注重事前审批，不注重事后监管，极易导致腐败与权力寻租。要放开基金会及公益慈善基金的审批管制，取消行政审批，实行核准制，实现市场化与社会化监管，由社会决定基金会及公益慈善基金生存及发展或消亡，由基金募捐者用手投票来决定基金会及公益慈善基金的去留与发展。

问：公益慈善基金能否做到彻底公开透明?应如何更好地规范?

答：基金会及公益慈善基金会目前很难做到公开透明，要做到彻底公开透明，必须加快立法，加强社会监管，建立严格的基金会及公益慈善基金信息披露制度，通过相关法规来规范基金会及公益慈善基金的公开透明，实行月报、季报、年报制度与审计制度，实现制度化、流程化、法治化，做到有法可依、执法必严、违法必究。

十七 国外保证捐款透明有妙招

（时间：2012 年 9 月 12 日；来源：《国际先驱导报》）

核心提示：中国慈善事业开始逐渐透明起来，这也许是遭遇了长达一年的信任危机后“自省”的产物。实际上，国外那些“慈善大国”，都非常注重透明化，很多方法值得我们借鉴。

编者按：8 月 29 日，中国基金会行业信息服务平台基金会中心网“中基透明指数”（FTI）正式上线，为各基金会的透明度打分，并将每周更新透明指数排名。无独有偶，8 月初，中国红十字会常务副会长赵白鸽在新闻发布会上表示，红十字会捐赠平台预计年前上线，届时，红十字会接受的每一笔捐款的来路和去处，均可通过网络捐赠平台查询。

种种迹象表明，中国慈善事业开始逐渐透明起来，这也许是遭遇了长达一年的信任危机后“自省”的产物。实际上，国外那些“慈善大国”，都非常注重捐款的“来”和“去”的透明化，它们的很多方法，值得借鉴。

（一）英国善款装在“玻璃口袋”里

走在英国的街道上，经常会看见慈善商店；家门口的邮箱里也不时会发现号召善捐的信件；电视上随处可看到有关捐款行善的广告……当然，捐不捐全凭自愿，即便劝捐的人，语言和行动也很自然、热情。英国这种浓厚的“慈善文化”已经是英国人生活的一部分。

作为基督教国家，许多英国人做慈善或为慈善捐款也是在基督爱心的名义下去做。良好的慈善事业基础，是在上百年的发展中逐渐成熟起来的。早在 12～13 世纪，英国就强调开办慈善事业要透明、公平，善款要装在“玻璃口袋”里。为追求透明度最大化，英国慈善组织几乎是“全裸于天下”，必须要“晒出”家底，包括固定资产总额和善款的使用情况。

从只有很少资金的地方社区慈善组织到拥有上百万英镑（1 英镑约合 10.06 元人民币）预算的大型慈善机构，英国的慈善机构各种各样，基本都是民间组织，帮助的领域从国际援助到动物保护，从非洲饥饿儿童到日本地震，各不相同。而且慈善组织分类很细，在新华社伦敦分社附近的一条街上，很容易就能找到心脏病基金会、住所保障基金等不同的慈善商店。

据统计，英国慈善组织的数量一直在稳步增加，每年登记的慈善组织数量超过2500个。目前，英国（英格兰和威尔士，不含苏格兰和北爱尔兰）有大约20万个慈善组织。2011年，英国慈善部门的总收入达到558.7亿英镑，年收入超过1000万英镑的大型组织有901家。格洛丽亚女士对《国际先驱导报》表示："我们都很相信慈善机构，相信他们能做到善款善用。"

英国对慈善机构进行审计、监管都是依据2006年的《慈善法》进行，这个法律最大的进步是以制定法的形式明确了英国慈善活动监管部门——慈善委员会的法律地位。

而谈到英国慈善，就不得不提到影响力最大的慈善组织——英国红十字会。自成立以来，英国红十字会与英国皇家成员保持着密切关系，1870年，英国维多利亚女王成为该红十字会的第一位赞助人，如今英国王储查尔斯王子接替母亲伊丽莎白二世，成为该机构的会长。由国家形象代表担任机构的"形象代表"，对红十字会自身的管理运营规范形成了强有力的制约。

为保证公信力，英国红十字会在组织财务上特别注意"全透明"。在该组织的官方网站上，人们可以清楚地了解到英国红十字会定期公布的年度开销。红十字会还非常注重维护在民众中的亲和力。平日里英国红十字会本着"日行一善"的信条，从点滴关爱民众。据统计，红十字会设在英国各地的大约1000个中心备有轮椅、拐杖和其他各种设备，可借给或租给伤病人员。

虽说英国的慈善机构，特别是几个大的机构组织极少有"丑闻"发生，但是，少不等于无。2011年底，几个利欲熏心的妇人，假借为"帮助英雄"的慈善机构募捐之名，频繁出没于北英格兰体育馆、火车站、酒吧等公众集会场合，利用人们对受伤将士的同情心，短短几个月大肆敛财，将募集到的4.5万英镑中饱私囊，直至东窗事发，最后锒铛入狱，被判处12～30个月的刑期。

这样的丑闻让英国人知道，虽然慈善事业的先进毋庸置疑，但也需要不断改进和革新。

（二）加拿大捐赠凭据可抵税

加拿大联邦政府对红十字会的工作十分支持，最出名的是"MATCH"，即"一对一比例捐赠"。当重大灾情发生时，加拿大红十字会每收到一分钱善款捐赠，加拿大政府就会同样捐出一分钱。

这种 MATCH 捐赠的管理方式很特别，红十字会需事先规定并上报募捐起止期限，截止日到后，将募集总额上报联邦政府的国际发展署（CIDA），核实无误后，CIDA 便会按照 1∶1 的比例将政府捐款拨给红十字会。

在加拿大，不论官办或民间，慈善机构账目都需明晰、公开。善款募集通常通过公开的银行账户进行，在重大天灾人祸发生时，还会开设专门账户募集，所有捐款人都会收到红十字会开具的专用收据，这些收据在每年报税时，可以作为抵税的凭证。

由于加拿大是重税国家，而慈善捐款可以最多抵扣 75% 的所得税，因此捐赠者都很在意索取捐赠凭据，而这些捐赠凭据要成功抵扣税额，就需经会计师和税务部门至少两重审核，这也在很大程度上制约了慈善组织的牟利行为。

在加拿大，民间慈善组织的注册并不难，且能享受政府在税务等方面的诸多优惠，但这一切的前提，是“账目公开”和“非营利经营”。民间慈善组织的各种活动，如慈善演出、慈善晚宴的门票，有时甚至会收取远比同类非慈善活动更高的费用，但所有收入除抵扣场地、材料、人员和各项杂费等成本外，其余都需转入慈善用途，不能挪作他用，可谓“经营可以，牟利不可以”。

值得一提的是，加拿大不允许商业企业直接从事慈善活动。甚至曾有快餐厅设立“慈善零钱罐”，声称投入的零钱将用于捐赠慈善事业，但被提出质疑后，零钱罐或取消，或索性改成“服务零钱罐”——声明所有罐中零钱将用于给服务员发小费。

当然，加拿大红十字会也曾发生过丑闻。1990 年前后，加拿大红十字会在管理输血服务时因疏忽导致血液污染，造成大量接受输血者被传染疾病。但红十字会部分当事人刻意隐瞒，直到 1994 年才被逐步揭开内幕，最终导致加拿大联邦卫生部取消了红十字会参与输血和血液制品管理的资格，被称为“加拿大红十字会历史上最黑暗的一页”。

此外，加拿大红十字会对每笔善款收取高额手续费，且常常将募捐款项、物资挪作他用，人浮于事、机构臃肿、高层年薪过高等，都引发过广泛不满。

因此，尽管加拿大是世界闻名的“慈善大国”，但许多乐善好施的加拿大人宁愿选择其他手续费提取率低、承诺专款专用的慈善捐款渠道，只在政府宣布 MATCH 时才选择红十字会。

在日常财务管理上，红十字会每年要发行年报，详细罗列各项开支、用度，所有节余均转入国际红十字会的救灾应急基金，并由联邦政府审计部门进行审核，媒体和普通民众可以在网站上下载查阅。每逢发生重大天灾人祸，需要巨额款项和人力调度时，加拿大红十字会都会成立专门项目部，派出协调员和协调小组亲临当地，统筹协调钱物发放，并监督核实善款以及救助物资的使用和发放情况，向会员、政府部门及公众汇报。

（三）日本监察程序很严格

日本的红十字会在日语中称为“日本赤十字社”。日本赤十字社企划广报室负责宣传的干部松本彩香对《国际先驱导报》记者介绍，日本的红十字会每年 6 月都会举行代议员会，代议员会由从各都道府县会员中选出来的代议员构成，是红十字会的最高决策机构，相当于一般企业的股东大会。在批准上一年度的决算后，会在主页上公布收入和支出状况。

每年 4 月 1 日到翌年 3 月 31 日是日本红十字会的一个事业年度，代议员会除了针对国民捐赠的“一般会计”外，还对红十字会开展的各项事业如医疗设施等的“特别会计”进行结算。日本红十字会总部的监事和支部的监察委员每年度都会监察结算及项目，监事要向代议员会报告监察结果。总部会计（包括总社直辖设施的会计），在监事进行监察前，还由经国家认可的正式会计师进行实地监察；支部会计（包括支部管辖下设施的会计），大部分都是由公认会计师等专家进行预备检查。结算时，红十字会总部还会派遣职员，在实地指导复核法律、法规的相关业务。

由在日华侨创办的中国通讯社营业部部长姜德春说，日本红十字会的资金来源，一是会员的会费，每年只要缴纳 500 日元（100 日元约合 8.10 元人民币）就自动成为红十字会会员（称为“社员”），一次性缴纳 2 万日元，可以成为特别会员。除个人外，还有法人会员。二是社会各界的捐款（捐款人可以得到所得税的减免）。松本彩香介绍说，为了尽量增加会员，日本红十字会每年都会举行筹款宣传活动。为了确保捐款使用的透明性，对于东日本大地震捐款收支计算书，由新日本有限责任检查法人根据国际监察标准进行监察，收支报告还会在主页上介绍。

正是由于严格的监察和信息公开，日本社会对于红十字会非常信任。不过，泽田笃志介绍说，诈骗捐款事件在日本也时有发生，如一些不知名的团体以援助难民、援助东日本大地震、援助残疾人为名义，在车站前进行募捐，募捐获得的资金则用于个人游乐和生活费，导致日本对捐款的信任度也在降低，但对日本红十字会的信任则非常强，没有受这些欺诈事件的影响。

其实，日本红十字会的巨大威望似乎和皇室也有一定的关系。传统上，日本红十字会与皇室关系密切，一直受皇族支持，目前，以皇后为名誉总裁，以皇太子等皇族为名誉副总裁。现任会长近卫忠辉也是名门望族，并且与皇室有亲缘关系。姜德春指出，在日本红十字会挂名的都是皇族，其决算公开，也比较自律。“当然，一旦发现问题，日本媒体也不敢大张旗鼓地批判。”泽田笃志介绍说，目前日本红十字会没有发生过丑闻，也许只是媒体没有报道过。

十八　汇聚公益力量　爱心传递希望——希望工程黑龙江省实施20年综述

（来源：《黑龙江日报》）

他们是一群因贫困而读不起书的孩子，读书在他们看来虽然向往但却异常艰难；他们是一群过早成熟的孩子，稚嫩的双肩扛起沉重的负担，眼神中却仍有毫不掩饰的对读书的渴望。几番辍学，又几次返校，当很多孩子对重返校园近乎绝望的时候，“希望工程”为这些孩子重新点亮了一盏盏希望的灯。

1992 年 9 月 4 日，希望工程如同婴儿般降临在龙江大地，到今天已经走过整整 20 个年头。一座座崭新的校舍，一双双温暖的援手，一笔笔爱心善款，一幕幕动人的场景……二十载春秋写下的故事，温暖而美丽。

（一）累计接受海内外捐款超 2 亿元

20 年，龙江希望工程将无数的爱心故事流传到每一个角落；20 年，龙江希望工程在社会公益事业发展的里程碑中实现了自己的壮志豪言；20 年，龙江希望工程在爱心的浇灌下将这样一组数据展示给世人。

累计接受海内外捐款 2. 06 亿元，是黑龙江省目前接受社会捐款最多的公益项目。在黑龙江省希望工程前 10 年的捐赠中，个人捐款或集体捐款占到九成以上，而由机构出资捐款的仅占 6.5%。2008 年以来，在黑龙江省青基会的捐赠记录中，法人机构的捐赠占到 80% 以上。

以奖、助学金等方式资助 18 万名贫困家庭大、中、小学生重返校园或完成相关阶段学业。解决了黑龙江省农村贫困地区约 1/3 失学儿童的就学问题，其活动救助范围已覆盖了全省，国家级贫困县中 96.3% 的乡都有希望工程受助生。在已经小学毕业的受助生中有 75.8% 上了中学，希望工程对受助生的学习产生了明显的积极影响。

援建希望小学 702 所，直接受益的儿童达数百万人。希望小学的援建，使贫困地区校均危房面积平均减少 79.5%，校舍面积平均增加 47.2%，操场面积增加 75.4%。

捐赠希望图书室 697 个，快乐体育园地 175 个，电脑教室 475 个，快乐音乐教室 28 个，建希望厨房 70 个，培训希望小学教师 4906 人次，表彰乡村教师 223 人，选派支教义工 219 人次。

（二）20 年的不断坚持与创新

现实不断变化，爱心事业与时俱进。国家“两免一补”政策实施后，将动员和服务方式从单一的资金资助发展到“资金资助 + 勤工俭学 + 公益实践”，“救助模式”拓展为“救助—发展模式”，一系列升级型的公益项目在龙江大地开始实施：希望工程教师培训——着力提高希望小学教师的教育教学水平；希望工程图书室——为希望小学捐建小型图书馆，让孩子们读到优秀的课外书籍；希望工程电脑教室——为希望小学捐赠电脑，让学生们能够上网学习；希望工程快乐体育园地——为希望小学捐赠体育器材，让孩子们享受体育运动的快乐；希望工程数字电影院线——为希望小学捐赠数字电影器材，让学校的师生和周边的农民人人看电影；希望小学校园歌曲——让孩子们学唱著名作词家、作曲家为他们专门谱写的十首少儿歌曲；希望工程圆梦行动——帮助家庭贫困且品学兼优的高考新生解决从家门到校门之间的困难。希望工程星光行动——提升大学生社会实践能力，改善农民工子女学习和成长的环境；希望厨房——让农村小学生既进得了学堂也进得了食堂，改善他们营养不良的现状；设计开发的“勤工俭学”“社会实践”等一系列公益活动，将面向所有希望工程的受助学生，传播“助人自助”的公益理念。

“公司+公益”的模式，一直是龙江希望工程最有效的社会动员方式之一。例如，在“希望工程百万企业献百元”“助学促发展，托起新希望”“新希望·新未来——百所希望小学援建行动”等这些标志性的主题活动中，黑龙江省大正投资集团有限责任公司、亿阳集团股份有限公司、国家电网黑龙江省电力有限公司、中国移动通信集团黑龙江省分公司、中国联合网络通信有限公司黑龙江省分公司等众多企业都发挥了主力军的作用。20年来，龙江希望工程一直通过大力宣传为希望工程公益事业作出贡献的先进集体和先进个人，动员更多的人和更多的社会资源参与到公益助学事业中来。同时，一个个因知识改变命运的真实故事更是推动人们持续参与公益希望工程热情的原动力。

一直以来，龙江希望工程也得到了众多文体明星的关注与支持，他们或是捐建希望小学，或是与农村孩子们一起唱歌、踢球，或是陪同希望小学师生观看奥运会赛事、畅游世博会，都充分发挥了自身的影响力，为龙江希望工程的发展注入力量。20年来，龙江希望工程注重搭建志愿者参与平台，创建希望工程志愿服务，发挥志愿者的力量，创新社会管理。希望教师、义工项目开创了进一步探索希望小学支教工作社会化发展的新途径。龙江希望工程不但着眼于受益人的需求，还通过实施创新性、可持续性、发展性项目，不仅解决孩子们“有学可上”的问题，更关注“上怎样的学”，帮助学生和学校形成和提高自我发展能力。特别是近几年，更是从单一硬件建设到全方位开展公益服务与合作，创造条件同更多具有专业能力的非营利组织建立了合作互信关系，推动民间公益的发展，促使整个公益价值链条更加完善。

（三）从零起步到响应者云集

黑龙江省青基会实施希望工程，几乎是零起步。然而，贫困地区的孩子们渴求知识的双眼让人心动进而行动，很快便响应者云集。随着越来越多的人对希望工程日益了解，涓涓细流汇成了爱的大潮。无论是政府还是民间，无论是海内还是海外，从党政领导到普通职员，从耄耋老人到学步孩童，从工人到农民，从名人到服刑人员……正是这些普通而高尚的人，用强烈的爱和善良的心帮助着未曾谋面的贫困学子，为贫困学子捧出了一颗颗滚烫的爱心，托举一轮轮希望的太阳。

常常会有年轻的母亲抱着还不会走路的孩子到省青基会，以孩子的名义向希望工程捐款。她们说，这样做是为了从小就在孩子心里播种爱心。这是现实故事，也是爱的寓言。说起捐赠行为，一直5年累计匿名捐款87.88万元的“圆梦妈妈”的一段话很有代表性：“我就想为孩子做点事，并不想宣传自己。这是我的生活方式和信仰，所以我用匿名捐款，并不想增加其他人的道德压力。何况我在其中也有所收获，我的孩子在看到那些信件时懂得了很多，这就足够了。”

希望工程门槛低、易于广泛参与的运作模式弘扬了中华民族扶危济困的传统，成千上万的社会公民通过这个平台表达自己对他人、对社会的关爱和责任。黑龙江省希望工程也毋庸置疑地走出了一条社会化动员的成功道路。

（四）让孩子们的人生华丽转弯

如今已在浙江省台州市某企业上班的吕相山曾是2006年的圆梦学子。而在2012年的圆梦行动中，他的名字赫然出现在了捐赠人的行列中，他通过网上捐款2100元，认捐了齐齐哈尔市应届贫困高考生张敏琦同学。张敏琦曾写过这样一句话让吕相山记忆深刻：“虽然，感动是生活中舞动的节拍，但当阳光真的照在自己身上时，我才知道自己有多幸运，才知道这社会有多温暖，才知道世上温度最高的，便是您向我伸来的援助之手。该怎么感谢您，不是一千万遍的感谢，我会用行动证明给您看。”这也是吕相山一直拥有的内心独白。

1976年出生的付国军是黑龙江省希望工程第一批被救助的学生之一。他于1993年考入伊春市师范学院。在完成了教育教学的全部课程毕业后，付国军谢绝了一切邀请，于1997年回到他受教育的家乡学校当一名教师。如今，刚刚35岁的他，凭借着对学生的特殊关爱和过人的教育教学能力，已经是伊春市嘉荫县教育局局长了。付国军说：“如果当初留在城市，生活肯定更富裕，但有一种感觉，没有受过希望工程资助的人永远不懂，那就是贫困的孩子也应得到教育。”

刘静是1993年黑龙江省希望工程启动的“1（家）+1”结对助学活动的受助对象之一。大学毕业后，她毅然选择回到希望工程工作，成为全国第一个由希望工程资助又回到希望工程工作的受助生。不但捐款资助贫困学生，如今已是省青基会副秘书长的她，凭借出色的工作，已荣获全国“希望工程20年特殊贡献奖”等多项殊荣。但她深知那既是荣誉，更是一份带有希望的责任，她会更充分地利用希望工程这个平台帮助更多和她一样的寒门学子圆梦。

希望工程一张张的汇款单、一页页的感谢信诠释着中国慈善文化基因的生生不息。许许多多像吕相山、付国军、刘静一样的穷孩子因为有了希望工程，人生从此拐了个弯，生命不再那么黯淡。他们每个人都有一部艰辛的上学史，而他们再用自己的实际行动将爱传递出去的时候更有独特美好的心灵体验，真真正正谱写了一曲充满友爱、自强不息、助人自助的乐章，被别人救助收获希望，救助别人让社会更加和善。

（五）值得信赖缘于透明高效

20 年，让一个孩童长大成年。龙江希望工程及其实施机构黑龙江省青基会，也进一步走向成熟。成熟意味着值得信赖，值得信赖是因为它必须做到信息透明、运作高效、监督刚性。“如何管理好资金，用好捐赠者的每一分钱，是希望工程每个工作人员丝毫不敢懈怠的责任。”省青基会理事长谷为说。

20 年来，龙江希望工程在发展中一直坚持阳光操作，从收集、甄别申请者名单，到把数十万笔 20 元、40 元的资助款送到散布在穷乡僻壤的孩子们手里；从希望小学的立项选址，到监督希望小学建设的工程质量，都清清楚楚，随时可供查询，随时可供跟踪。在基金募集、管理、使用和增值上一直坚持透明原则，建立了规范的财务管理和信息披露制度，定期公布有关信息，聘请会计师审计事务所，对各主要项目、专项基金和财务的收支情况定期进行专项审计，对主要项目的资金使用效益向项目捐赠人进行反馈。加大项目管理和监督的力度，以实现资金使用效率的最大化，努力打造接受捐赠和使用过程全透明，各级希望工程办公室实行透明化财务和物资管理。

除了加强内部管理，他们还主动通过全国基金会中心网等平台对外披露信息。截至 2012 年 6 月，全国有 2700 多家基金会。2012 年 8 月 3 日至今连续的 5 个星期里，在进入中基透明指数排行榜中的 1832 家基金会中，黑龙江省青基会位列第一名。中基透明指数是一套综合指标、权重、信息披露渠道、完整度等参数，以排行榜单为呈现形式的基金会透明标准评价系统。排行榜按照基金会最新透明分数每周更新一次，排名越靠前，代表基金会透明度越高。

省青基会在 2008 年首届省级基金会评估等级中被评为全省唯一最高

级——5A级基金会；2009年荣获“感动龙江年度群体”奖；2010年被民政部授予“全国先进社会组织”称号；2011年被省委宣传部、省民政厅授予“首届龙江慈善奖——最佳慈善组织奖”，“新希望，新未来——百所希望小学援建行动”被授予“最具影响力慈善项目奖”；2012年被中国青少年发展基金会授予全国“希望工程影响力奖”。

“可以肯定的是，社会想做慈善的人越来越多了，之所以有人对捐款感到犹豫，一个重要原因就是对款物去向的透明度、办事效率以及后续服务不满意，这也是所有慈善组织必须扪心自问、不断改进工作的外在压力。我们会尽自己的努力，将龙江希望工程做成‘玻璃缸’工程，做成阳光工程，做成让老百姓放心的工程。”谷为说。

汇聚力量，传递希望！让希望工程永远值得信赖！

十九　透明度排行凸显基金会乱象

（来源：《凤凰周刊》；记者：李光；时间：2012年9月15日）

“在座嘉宾有多少人捐过钱?”绝大多数人举起了手。

“有谁知道自己捐款的去向?”一些人将手放了下来。

“有多少人主动查询过捐款的去向?”又少了一部分人。

“有谁能掌握您捐赠过的基金会的信息?”此时仍在举手的已经寥寥无几。

这是两年前“基金会中心网”刚刚成立时，主持人袁岳在发布会开场时所作的一个简单调查。尽管参会人员大多来自公益圈，但基金会透明度之低，仍然出人意料。

基金会中心网就是为试图改变这一现状而成立的。它由国内35家基金会共同发起，致力于打造中国基金会行业的信息披露平台，“培育良性、透明的公益文化”。

两年后，基金会中心网想方设法采集到国内全部2700余家基金会的数据，并与清华大学廉政与治理研究中心合作开发出一套评价系统——“中国基金会透明指数”。根据评分标准，只要按照《基金会管理条例》和《基金会信息公布办法》的要求履行披露年报的义务，即可得到50分，如果建立官方网站并披露年报信息就可以得到80分，而国内基金会行业的平均得分仅为52.41

分，尚不足总分129.4分的一半。“这个分数基本上可以代表国内基金会的透明现状。”系统主要开发人之一、清华大学教授程文浩对于评价结果，并未表现出太多意外。

（一）“问题基金会”照常通过年检

截至2012年8月，民政部登记在册的国内基金会总共有2752家。按照2004年国务院颁布的《基金会管理条例》，这些基金会分为公募和非公募（不得面向公众募捐）两种形式，前者以传统的公募“聚财”为特征，而后者则为企业家和富人们“散财”开辟了道路。

基金会中心网以及清华大学廉政与治理研究中心合作开发的“中基透明指数”直指国内基金会不透明这一顽疾。

这套系统的评价指标包括基金会的基本信息、财务信息、项目信息、捐赠信息等共60项，并以基金会信息披露的渠道和完整度等作为参数进行评分，以排行榜的形式呈现，排名越靠前，代表基金会透明度越高。

根据这份榜单，在发布了2010年年度报表的全国1833家基金会中，得分在100以上的基金会仅为30家左右，有大约四成的基金会得分只有50~60分。

“有些基金会非常不透明，尤其是它的收入、支出、项目信息，但是仍然能够获得大额捐赠。”程文浩说。

记者通过查阅基金会中心网发现，中国某事业基金会是一家在民政部登记的全国性公募基金会，其2010年用于公益事业的支出高达4.3亿元，但项目信息全部加起来也只有3000多万元，其余4亿元的去向则无从知晓。

另一个严重的现象是，“有些基金会收入和支出的比例严重失衡，根本不达标，却可以从容过关”。

为了保证基金会真正实现公益性，《基金会管理条例》规定：公募基金会每年的公益事业支出不得低于上一年总收入的70%；非公募基金会每年的公益事业支出不得低于上一年基金余额的8%。而基金会中心网收集的数据显示，有200多家基金会2010年公益支出情况不符合上述法规。

记者进一步查询发现，杭州市余杭区老年基金会2009年总收入为210万元，2010 年公益支出只有 2.1 万元，仅占上一年总收入的 1%，与条例要求的 70% 相去甚远，而其行政办公支出却达 17 万元。在非公募基金会中，广东省潮汕星河奖基金会 2009 年末净资产为 8648 万元，2010 年公益支出为 31 万元，仅占上一年末净资产的 0.36%。

清华大学公共管理学院教授邓国胜认为，尽管 70% 和 8% 的规定对于目前投资渠道有限的国内基金会来说有些苛刻，而且这一规定没有充分考虑到基金会之间的差异性，但是 1% 和 0.36% 仍然是一个“严重过低”的比例，“说明这些基金会偏离了自己的成立初衷，可能成为某些组织谋利或避税的工具。”

还有一个怪现象，“有些基金会基本上没有公开任何信息，但同样可以通过年检”。据基金会中心网统计，通过民政部门官网、平面媒体等各种渠道，全国仍有 20 家基金会除了能找到名称外没有任何其他信息，有 150 家基金会没有联系方式，公众捐了钱也无法和基金会取得联系。“另外有一部分基金会虽然有联系方式，但态度很不友好，拒绝对外披露信息。”

上述各种问题体现最为明显的，就是各地的见义勇为基金会和人民教育基金会。这两类公募基金会分别由各级政府的教育部门和公安部门主管，从全国总会到各省市县分支共有近 200 家，没有一家进入透明度排行榜的前 100 名。在总榜单上并列倒数第一的 5 家基金会中，有兰州市维护社会见义勇为奖励基金会和新疆生产建设兵团见义勇为基金会，他们仅得到 1.6 分。

国内对成立民间组织设立了严苛的准入门槛，与此相对应的是，组织成立之后的年检制度却形同虚设。中国人民大学 NPO 研究所所长康晓光不无嘲讽地指出：“尽管理论上规定的年检比较严格，但是近两年公益界的丑闻没有一个是通过年检曝光的，基本上都是自己不小心被别人抓住，或者内部狗咬狗咬出来的。”

（二）公募基金会路径依赖：向大款要钱、与政府合作

2011 年，中国公益慈善界经历了一个名副其实的多事之秋，先是郭美美网络炫富的行为引发了红十字会的信任危机；接着，中华慈善总会发票事件、中国青少年发展基金会的中非希望工程、河南宋庆龄基金会的投资放贷，又相继遭到舆论的质疑和抨击。在“一人生病，全家吃药”的公益界，不断涌现

的慈善丑闻使得整个公益行业的公信力都受到影响。

正如当年的希望工程创始人、如今的南都公益基金会理事长徐永光所言，由郭美美引发的“官办”慈善公信力危机的“多米诺骨牌效应”已经显现：“尽管四个机构涉及的麻烦和背景、原因、性质各不相同，但社会对这些事件的质疑和责问，不论是专业还是外行，理性还是不理性，无不指向‘官办’慈善机构的透明度和公信力，表达了对‘官办’慈善机构的不信任。这个乱局的出现看似偶然实属必然，归根到底是官民不分的慈善体制惹的祸。”

内地公募基金会几乎都是依托党政、群体系统的职能部门创办的。这一背景不仅使这些基金会能够轻而易举地获得公开募捐的“合法性”地位，而且可以借助体制影响获取公众支持。许多基金会的公益项目与政府公共服务项目几乎重合，政府正好可以利用民间资源来弥补公共财政投入的不足。

徐永光认为，改革开放之初，在政府财力不足、公共事业欠账很多的情况下，这种社会资源动员模式的出现有一定的合理性，但改革开放30多年过去了，公募基金会继续通过这种模式获取和使用资源的合理性正在丧失。

公募基金会有政府作为靠山，得到政府的支持，也就有了“金字招牌”，不愁没有“财路”。在二三十年推动项目的过程中，公募基金会逐渐发现一条“捷径”：在社会捐赠活动中，自然人的捐款笔数多，金额少，管理成本高；来自企业的捐款虽然笔数少，但金额大，管理成本低，于是纷纷实施“大客户”战略。企业捐款人也恰恰喜欢项目的政府背景，它显然有助于企业建立良好的政府关系。有公益界人士不客气地指出，“向大款要钱、与政府合作”成为官办慈善机构的路径依赖，也使得这些机构根本没有动力对公众公开透明。

公募基金会“去行政化”已经成为业内人士的共识。不过，“去行政化”受冲击最大的并不是基金会自己的利益，而是其背后对这些资源有支配权的政府部门：这关系到每年以千亿计算的慈善捐赠资源主要由政府支配还是由民间组织自己支配。

在官方有关事业单位改革的方案中已经提到，要逐步取消公益慈善机构的事业单位编制和行政级别，然而到目前为止，并没有看到这样的迹象。基金会只能被动等待“政府令”——它既没有主动“去行政化”的动力，也没有这个权力。

“事实上，慈善体制改革的阻力就来自政府的部门利益和‘官办慈善’的机构利益。”徐永光说：“假如不能意识到官民不分的慈善体制越来越背离民间慈善的本质，依然固守机构利益，漠视社会诉求，‘郭美美’还会卷土重来，公众终究会‘用脚投票’，离你而去。”

二十　经济环境是否景气、慈善机构是否值得信任——“两大因素”制约企业慈善捐赠

（来源：人民政协网；日期：2012 年 9 月 18 日）

近期，若干基金会半年捐赠收入数据公布，其中一些数据表明，来自企业的慈善捐赠呈下降态势。导致这一现象的原因何在？企业慈善捐赠受制于何种因素？这是人们关注的话题。

据壹基金理事会资料，该基金会 2012 年上半年捐赠收入为 1900 余万元。按照基金会 2012 年的年度预算，2012 年度的捐赠收入为 1.1 亿元。也就是说，2012 年上半年，壹基金的捐赠收入总额只有年度预算总额的 17% 强。

值得一提的是，在这 1900 余万元的捐赠收入中，个人类捐款为 1136 万元，企业类捐赠不到 800 万元。这意味着企业捐赠额度在总额中的比例没有超过 50%。

壹基金负责人在接受媒体采访时承认，2012 年企业类捐赠相较上年，出现了“大幅下降”。

壹基金的现状是特例还是普遍现象？通过媒体调查，几家“中字头”的基金会，如中国青少年发展基金会、中国妇女发展基金会和中国扶贫基金会的负责人均表示，2012 年基本能完成年度捐赠预算的目标。

在记者与其联络的过程中，好几家大型公募基金会的宣传负责人表示，2012 年以来，企业捐赠的积极性不如往年高。

企业对外捐赠的积极性下降，那么，企业身为理事单位的非公募基金会以及企业自身的基金会呢？

友成企业家扶贫基金会是由众多企业家构成理事会的基金会，据其公开资料，2012 年上半年，该基金会的捐赠收入为 1000 万元左右，其中包括物资类

折合的金额，而该基金会2012年度的捐赠收入预算是5000万元。

另一家企业基金会（万通公益基金会）2012年的捐赠收入为450万元，其中还包括冯仑个人捐赠的200万元。按照相关法规，基金会每年的人员待遇和行政开支不能超过当年总支出的10%，而万通公益基金会的人员待遇和行政开支每年约为70万元，也就是说，按正常的水平，基金会2012年的总支出额度必须最少为700万元，450万元的捐赠收入还满足不了这个条件。

“在没有合理的调研的情况下，不能说2012年企业捐赠呈下降的总体趋势。公募或非公募基金会，也有可能存在企业捐赠超过往年的现象。”一位企业界人士说：“我们认为，企业捐赠如果出现下降，可能有两个原因：一是企业自身运营遭遇问题连累慈善公益，二是企业对慈善公益机构的信任度有所下降。”

友成和万通均属于第一种原因。按照万通董事会的决议，万通公益基金会每年的固定捐赠为“万通地产税后利润的0.5%，加上万通实业税后利润的1%，每年滚动投入到基金会”，2012年这笔钱仅为250万元。

经济不景气可能影响到企业的捐赠，这已经司空见惯。另一种可能影响企业捐赠的原因是企业对慈善公益机构的信任度下降。

“我们公司董事会本来决定每年拿出500万元用于助学，与一家大型慈善机构合作。但慈善领域负面新闻不断，董事会对与慈善机构合作的兴趣下降。2012年只拿出了300万元，而且采用去当地直接发放的方式，减少中间环节。”一位不愿具名的北京信息技术企业高管告诉记者。

这位企业高管告诉记者，他的身边有很多企业家朋友，每年都在低调做慈善，现在都比较信任这种“面对面”的救济模式：“大家都知道受助对象未必会花好这些钱，但这总好过‘把钱捐出去，然后不知道用到哪儿’的局面。”

与这些企业家的低调行为不同，2012年上半年，中坤集团董事长黄怒波公开表示对官办慈善机构不信任，决定将一半家产捐给北京大学，引起很多争议。

由清华大学、基金会中心网等机构发布的“中国基金会透明指数”排行榜也在一定程度上说明了问题：我国公益基金会全行业的平均得分是52.41分，没有达到总分129.4分的一半。

根据这份榜单，在发布了2010年年度报表的全国1833家基金会中，大部分基金会的得分区间是30～90分，其中的四成得分在50～60分。得分在100分以上的基金会只有30家左右。

“很多基金会认为，一公布把钱用到哪儿，就万事大吉了，没有想到每一个捐款者最关心的是：钱到底花得效果怎么样？花给谁了？”北京师范大学中国公益研究院院长王振耀一针见血地指出了企业捐赠者的需求。

“对我们合作伙伴的观察和评估，是我们选择建立新的合作关系的过程当中最重要的部分。使用善款必须非常谨慎，这是人们献的爱心，善款必须认真对待。”联想企业社会责任部门高级经理傅琳也认同这一点。

“我们企业还是希望能多回报社会的，运营状况好的时候可以多捐赠，不好的时候可以少捐赠。因此我们也特别希望慈善事业的整体环境得到改善。”前述企业家说。

二十一　中基透明指数发布，近千家公募基金会排名，我会名列第九

（时间：2012年9月21日；来源：化石保护网）

改革开放以来，随着中国经济社会的快速发展，以及人民生活水平的不断提高，中国公益慈善事业也得到了长足进步。与此同时，公益慈善组织也越来越受人瞩目。尤其是有关公益慈善组织的透明度和公信力，更成为社会舆论的焦点。特别是2011年，“郭美美”等一系列事件的发生，使我国公益慈善组织面临着严重的信任危机。为了扭转困局，使社会公众对慈善组织建立信心，就必须提高中国公益慈善事业的整体透明度，推动公益慈善组织自身的廉洁建设和健康发展。

作为第三方民间组织，基金会中心网为这个行业提供了一个客观的评价指数体系——“中基透明指数”，从中立公正的第三方角度，向社会公众提供了一个了解和监督公益慈善组织的平台和窗口，既有利于中国公益慈善事业的可持续发展，又促进了社会的和谐与稳定，意义十分重要。

我会成立4年以来，严格遵守《基金会管理条例》及《基金会信息公布办法》规定，建立健全公益信息发布制度，坚持在我会网站上不断地发布各

种类信息。这种高度透明的信息发布，为社会评价体系奠定了更好的基础。

根据基金会中心网已经公布披露的信息，在最新一次更新的近千家公募基金会排名中我会名列第九位。这是对我们工作的肯定，也赋予我们更大的责任。我会工作人员并未因此满足，而是不断地完善信息披露内容，努力使中国古生物化石保护基金会的排名能够继续向前提升，从而使我会在行业内不断扩大自身的公信力和影响力。

二十二　全国首个“第三方”平台定期公布基金会透明指数：透明不透明？看排名

（来源：《现代快报》；记者：金凤、孙兰兰）

昨天上午，南京大学河仁楼落成，这是该校社会学院的教学楼，今后也将成为河仁社会慈善学院培养慈善救助人才的基地。同时，首届中国（南京）公益事业发展论坛也在这里召开，来自全国各地的专家学者、公益机构负责人、企业慈善家共200多人，汇聚一堂。

“郭美美事件”等，让2011年成为公益组织的“信任危机年”。专家学者、公益人士们呼吁：尽快出台慈善法，同时各类基金会的信息应当更加公开透明，让捐赠人知道每一笔哪怕是很微小的捐赠究竟用在哪里了。

北京大学金锦萍副教授告诉记者，慈善法的立法工作正在进行之中，希望能尽快出台，规范、促进公益事业健康发展。更为重要的是，公益组织的信息应该公开透明。

记者了解到，中国基金会首个“第三方”信息透明度平台近日已经开始正式对外发布部分基金会的透明指数。

基金会中心网总裁程刚介绍，他联合中国35家基金会成立了基金会中心网，这是一个业界以行业自律的形式自发发起的行业信息披露的平台，近日正式对外发布“中基透明指数”。

登录网站，记者发现，在“本周升幅榜”中升幅最大的前两位分别为江苏省儿童少年福利基金会和南京大学教育发展基金会，分别处于排行榜第五位和第18位。而江苏排名最靠前的为处于第四位的爱德基金会。该榜单中，排名前20的基金会江苏占据4个席位。

在该排行榜中，工作人员对全国2010年元旦之前注册成立的1800多家基金会逐一进行了信息登记，并根据统一的衡量指标，对每家基金会目前向社会公开信息的多少和详略程度进行了计算、打分和排名，排名越靠前，代表基金会的透明度越高，平台每周对数据信息进行一次更新，方便公众查询各基金会信息和作为捐助善款的参考依据。

二十三 打造“玻璃化”基金会

（专访江西省残疾人福利基金会理事长沈冬华）

（作者：马广志；来源：《华夏时报》；时间：2012年11月21日）

摘要：要“把基金会打造为‘玻璃口袋’，把每项公益活动置于阳光之下”。

它要为283万残疾人提供帮助和扶助，它策划发起了优秀公益项目“同走红色道路”从而影响全国，它在“基金会中心网”最近公布的全国残疾人福利基金会透明度指标排序中名列第六位。

它就是成立才三年，专职工作人员仅七人的江西省残疾人福利基金会。“对我们而言，成绩永远是下一次努力的起点。”理事长沈冬华日前在接受记者采访时表示。

在沈东华理事长看来，基金会要得到进一步发展，就要不断加强基金会自身建设，积极探索创新社会募捐和公益服务方式，打造品牌项目，努力开拓资金募集渠道。同时，要“把基金会打造为‘玻璃口袋’，把每项公益活动置于阳光之下”。

（一）两个字：“合作”

《华夏时报》：江西省残疾人福利基金会是1988年成立，2009年11月注册的，作为一个成立才三年的基金会，在“起点低、底子薄”的情况下，你们如何弥补自己的不足？

沈冬华：两个字，就是“合作”。第一，与政府和媒体合作，通过争取政府的支持，借助媒体的传播力，做好、做足残疾人福利基金会的机构使命和宗旨的宣传；第二，与企业合作，通过合作使基金会得到壮大，残疾人得到实惠，企业得到名声；第三，与中国残疾人福利基金会合作，上下联动、优势互补、互惠互利。

《华夏时报》：与中国残疾人福利基金会开展了哪些合作？

沈冬华：最主要的合作是在2010年，我会与中国残疾人福利基金会共合作完成了830辆“阳光伴我行”集善明门残疾儿童轮椅的资助项目，使众多基本失去行走能力的脑瘫、脊髓损伤、进行性肌营养不良的残疾儿童受益。

《华夏时报》：你如何评价三年来江西省残疾人福利基金会的工作？

沈冬华：江西省共有283万名残疾人，其中需要救助和扶助的高达78%。而江西省残疾人福利基金会2012年才“三岁”，担子沉，任务重。但回头看，通过开展各类公益项目，积极开拓筹资新渠道，以举办重大活动为契机，以宣传为手段，以创建品牌为核心，广泛动员社会力量，多渠道、多途径、多形式、多层次地开展基金募集工作。我们在改善残疾人状况、促进残疾人平等参与社会生活、共享改革发展成果等方面，还是做了一些工作的。

三年来，我会募集资金（含物资）共计1365.2万元，在济困、助医、帮学、就业等方面与各级残疾人组织合作，帮扶了1500多名残疾人，扶持了10多家残疾人种养殖基地及残疾人福利企业，各项资助支出总计1356.56万元（含物资），为江西省残疾人事业的发展作出了一定的贡献。

（二）借力重大活动

《华夏时报》：借助重大活动的举办，不但是不错的募款方式，还能大大提高基金会的影响力。

沈冬华：对。江西是“红色土地，革命摇篮，军旗升起的地方”，建党90周年就给我们提供了难得的契机。2011年，我会与省广播电台就共同承办了“爱在党旗下，重走红色道路”的大型公益活动。

6月3~15日，我们组织9对残疾人代表与爱心志愿者结成“帮扶对子”，从南昌出发，举着9面鲜红的队旗，携手同走“上海、遵义、延安、西柏坡、北京”五大党史重大节点事件发生地，历时13天，总行程超过1万多公里。带领残疾人亲临实地感触当地发展历程，学习党的优良传统和革命精神，感受党和社会对残疾人浓浓的关爱之情，并在各地举办相应的纪念活动，大力宣传残疾人公益慈善事业。

正如我们所期待的，通过活动这一平台，借助媒体的力量，因为我们的行动，公益精神能够与公众零距离接触，基金会公益形象深入人心。

《华夏时报》：看得出，您对这次活动很满意。

沈冬华：是的。前后 13 天的“同走”活动，我们带领的可是由聋哑人、盲人、肢残人组成的特殊队伍（很多残疾人队员是第一次出远门）啊，他们可是战胜了暴雨、高温等恶劣天气，克服了预想不到的困难的。

尤其令人感动的是，就像“长征是宣言书，长征是宣传队，长征是播种机”一样，我们这次活动也主动向当地群众宣传残疾人公益慈善事业，共向各地的群众发放爱心贴 2000 多枚、小红旗 600 面。有许多当地的百姓、游客追随着我们的队伍，为我们残疾人小朋友的歌舞送去了雷鸣般的掌声，为行动不便的伤残军人的一路坚持不懈落泪，为我们这支队伍始终饱满的精神动容。他们与我们一道在党旗下重温入党誓词，在我们的队旗上，共有 1000 多名各地群众为党为残疾人事业写上了祝福和签名。

付出总有回报，这次公益活动不仅得到省委领导和省残联领导的一致好评，而且受到了中国残疾人福利基金会的高度关注，并作为优秀公益项目在全国残疾人福利基金会工作研讨会上作经验发言。

（三）把基金会打造为“玻璃口袋”

《华夏时报》：在近年来我国慈善事业遭遇社会普遍质疑的情况下，你们还取得了如此不菲的成绩，的确值得表扬。

沈冬华：对我们而言，成绩永远是下一次努力的起点。如果从 1988 年 10 月省残联成立算起，我从事残疾人工作已经 24 年了。一直以来，每当我看到那些生活贫困的残疾人，看到那些躺在阴暗潮湿房子里的瘫痪残疾人，就想去帮他们一把，就想应该有更多的人去帮他们一把。

我深深感受到从事残疾人工作和基金会工作的意义重大和不平凡，同时，心里也充满了无限快乐。但是，我到残疾人福利基金会工作才三年，还是新兵。最近，我参加了中国残疾人福利基金会每年一次的工作研讨会，更深深感受到基金会任务的艰巨。

《华夏时报》：您对江西省残疾人福利基金会的下一步工作有何想法？

沈冬华：怎样结合江西的实际情况、本土特点、学习兄弟省市的工作经验，让我省残疾人都能得到生活保障和各方面的服务，向社会宣传慈善、促进筹资，一直是我们的工作目标。

今后我们要以科学发展观为指导，进一步加强基金会自身建设。积极探索创新社会募捐和公益服务方式，打造品牌项目，努力开拓资金募集渠道。按照基金管理的有关法律法规，严格规范管理，把基金会打造为“玻璃口袋”，把每项公益活动置于阳光之下，置于社会的全面监督之下，同时提高基金使用效率。成为推动我省残疾人事业在新的起点上加快发展的重要力量，成为政府发展残疾人事业的有力帮手。

在此，我也呼吁更多的人关注残疾人事业，满怀热情地支持、参与残疾人工作，积极奉献爱心。我们残疾人工作者要恪守“人道、廉洁”的职业道德，饱含感情、带着责任、满腔热情，全力做好残疾人工作。我相信，在全社会的倾心关爱和支持下，残疾人会展现出更加自尊、自信、自强、自立的风貌，残疾人朋友的明天一定会更加美好。

二十四　中基透明指数（FTI）发布获“公益行动奖”

（时间：2012 年 12 月 8 日；作者：许晓蕾；来源：《南方都市报》）

在广州市少年宫特殊儿童《雨后彩虹》的温情歌声中，由南都全媒体集群、南方都市报携手中国扶贫基金会、广州广播电视台和广州市青少年发展基金会联合举办的第三届责任中国 2012 公益盛典颁奖礼，7 日晚在东莞玉兰大剧院拉开序幕。在这场没有冠军的评选中，最具分量的奖项“责任中国致敬大奖”颁给了“公益青年”这一群体。

（一）宗教背景公益组织首次获奖

以“公益”的名义，1400 多名各界人士齐聚昨晚的颁奖礼现场。其中，有为残疾人权利将广州地铁告上法庭的朱明建、14 年来致力于服务城市外来打工人群的曾飞洋、主张通过平民教育方式介入乡村建设的邱建生、申请公开官员工资的大学生段国超等为人熟知的公益行动者，还有许多致力于推动公共政策完善的“80 后”“90 后”的新鲜面孔，更有大批扎根社区、服务身边人群的公益组织代表。

在回顾和总结了 2012 年重要公益事件、公益行动和公益人物之后，18 项年度大奖被陆续颁出，包括 10 项公益行动、5 项公益人物、1 家公益组织、1 位公益思想及 1 项致敬大奖。慈济志工社区服务获得年度公益行动奖，这是有宗教背景的民间公益组织首次得奖。此外，“全城义剪”“北京‘7·21’特大水灾公民救助”等突发性的全民公益行动亦都榜上有名。

（二）27 名公益青年代表集体领奖

颁奖礼高潮不断。在北京“7·21”水灾中参与施救京港澳高速遇险群众的农民工一员李川南，作为代表领取公益行动奖。“200 多条人命，不可能不去救，那是人命，不是‘东西’。”朴实的言语赢得满场掌声。致力于为弱势群体维权的河源残疾小伙子朱明建获得公益人物奖。昨晚，他一字一顿地讲出获奖感言：“每个公民都有权利追求公民的权益。”

随着“责任中国致敬大奖”的颁出，颁奖礼达到最高潮。27 名公益青年代表集体上台领奖，成为当晚最庞大的领奖队伍。主持人、著名媒体人杨锦麟说：“公益青年是一个群像，包括台上所有领奖人，也包括所有的公益践行者。你们为中国公益事业而身体力行，让大家看到了公益的力量，看到了中国的希望。”

“责任中国 2012 公益盛典”评委会主席、暨南大学新闻与传播学院院长范以锦，中国扶贫基金会副会长王行最，广州广播电视台台长管智坚，南方报业传媒集团副总编辑江艺平，南方报业传媒集团副总经理、南都全媒体运管委执行总裁、南方都市报总经理庄慎之等出席颁奖典礼。

（三）获奖者及介绍

1. 致敬大奖

公益青年（这个名字代表希望与未来）

他们是参加广州全城义剪的志愿者，他们是北京暴雨中加入双闪车队的私家车主，他们是反日游行中自觉停止暴力的行人，他们是在乡村支教的大学生，他们是默默参与不求关注的社区义工，他们是在微博上热心转发互助信息的发烧友，他们是拿着不高的薪水却热情百倍的 NGO 守望者，他们是为了公共利益而越来越多的行动者……

为何将分量最重的奖项颁给一个无名无姓的群体？颁奖词这样解释道：“我们不能一一叫出他们的名字，但我们愿意用这个代表希望与未来的名字记住他们：公益青年。”对此杨锦麟点评道：“‘80后’‘90后’群体是中国的未来。公益青年是一个群像，他们是中国未来的希望。”

此前，台湾知名公益人士、台湾政治大学公共行政学系教授江明修博士在广州参与公益交流时也表示，标榜公益青年群像是可以的，而标榜个人要很谨慎，就如南都举办的公益盛典，应标榜一种政策、制度、文化、集体的对话以及集体的公益行为等。

2. 公益思想奖

俞可平（中国改革思考的学界先行者）

“责任中国2012公益盛典”将公益思想奖颁给了著名政治学者、中共中央编译局副局长俞可平。他曾以《民主是个好东西》一文广为人知。改革开放30周年时，他提出中国改革到了“突破”关口。2012年初，他在新书《敬畏民意》中就如何创建和谐社会提出“善治”概念。近年来，他先后被海内外媒体评价为中国“最耀眼的政治学者”“改革开放30年30名社会人物”之一、1999~2009年“十年影响力人物”“2011年度全球百名顶尖思想家”。

俞可平认为，当前中国应更加重视社会公平正义，更加重视民主法治建设。强调中国特色，并不是忽视人类文明的共性；必须改革传统的维稳模式，从以“堵”为主的静态稳定，转为以“疏”为主的动态稳定。他认为极端情绪是社会共识的天敌，在社会转型时期尤其容易产生和发展。只有在不同声音的交锋中才能逐渐形成共识；要健全利益协调机制，合理分配社会财富，使社会共识最大化。

3. 公益组织奖

广东狮子会（助1.2万名贫困白内障患者复明）

广东狮子会成立于2002年4月，截至2012年9月共有93支服务队，会员达3000多人。该会秉承国际狮子会“我们服务”的座右铭，弘扬人道主义精神，鼓励会员“出钱、出力、出心、出席”，通过灵活多样的方式开展各类公益慈善服务活动。自成立以来，广东狮子会开展了助残、助学、敬老、恤孤、扶贫、环保、应急救灾、公共卫生、社区服务、和平海报等各类社会服务。

其中，“视觉第一·广东行动”项目在2008~2010年为12000多名贫困白内障患者实施了免费复明手术。其优良的内部治理，深入的社区服务，在岭南获得了广泛而稳定的声誉。

4. 公益人物奖

（1）朱明建。这个来自广东河源的残疾小伙子，自2006年起不断地为残疾人、低保户等弱势群体维护权益。为维护三级残疾人乘坐地铁享受优惠的权利，他将广州地铁公司告上法庭。他辗转东莞、佛山、珠海等地维权，成功破除残疾人乘车优惠政策的户籍歧视。他还成功推动了广州塔观光游览对残疾人实行半价优惠。

（2）曾飞洋。他在媒体发表了300多篇各类打工族维权与教育的文章，14年来接待了约8000人次寻求法律咨询的来访者；接听的咨询电话平均每天15人次左右；他与同事为3500多人次外来工提供了个案法律辅助或个案代理。他以民间努力改善了劳工权益保护状况。

（3）邱建生。“70后”的邱建生承袭了晏阳初的平民教育思想，主张通过平民教育方式介入乡村建设。截至目前，邱建生已经参与筹建了河北晏阳初乡村建设学院、海南儋州市石屋村农村社区大学等社区大学。从书斋到田间，他在培植一种看不见但足以推动改变的力量。

（4）吉美坚赞。他是一位受人尊敬、视藏族教育改革为己任的僧人。1994年，他以借款、贷款、个人募捐等多种渠道筹集13万元启动资金，创办青海第一所私立学校——吉美坚赞福利学校。他还创办了藏区首所女子学校。

（5）广州少年。他们给市长写信，提出困扰广州多年的水浸街问题及解决方案，得到市长亲笔批示；民间反日游行后，是他们自发上街打扫卫生；他们不满刻板的教育方式，想做些“好玩又有意义的事情”，“公民”“责任”等词常挂嘴边；他们善于利用资源，尊重各人不同的价值观。他们是广州新一代公民。

5. 公益行动奖

（1）北京“7·21”特大水灾公民救助。

（2）彝良地震民间联合救灾网络。

（3）达尔问环境伤害事件调查。

（4）家工作营计划。

（5）慈济志工社区服务。

（6）广州“全城义剪”。

（7）拒绝“被精神病”修法行动。

（8）大学生申请公开官员工资。

（9）反性别歧视行动。

（10）中基透明指数发布。

二十五　FTI 为基金会透明度打分

（时间：2012 年 12 月 10 日；来源：《南方都市报》）

在公益行业经历诸多公信力危机事件后，2012 年 8 月 29 日，中国基金会行业信息服务平台基金会中心网“中基透明指数”（FTI）正式上线，为基金会透明度打分，其评价指标包括基金会的基本信息、财务信息、项目信息、捐赠信息等共 60 个，并将每周更新透明指数排名，此举被业内人士称为基金会的行业自律，共有 1832 家基金会参与，展现了基金会代表中国公益行业为公信力与透明度而作出的努力。

总分为 129.4 分，中国基金会平均水平只在 52.41 分——如果给基金会出的一份透明度考卷，很显然，一半的基金会都是“差等生”。2012 年 8 月 29 日，中国基金会行业信息服务平台基金会中心网“中基透明指数（FTI）”正式上线，为基金会透明度打分。

中基透明指数的出现深植于中国公益领域的现状。自 2011 年公益领域遭遇极大信任危机，民众对基金会的信息公开呼声一浪高过一浪。基金会中心网总裁程刚对这个“多事之秋”感慨颇深：“我们需要的是一个更为规范、更为科学、更为专业的基金会行业，而不是这种谁都可以秀上一番，然后留下一地鸡毛的状况。这对基金会发展没好处，对捐款人的形象没好处，对社会公众的信心没好处，对政府的监管也没有好处。”

2011 年 11 月 16 日，民政部发布《公益慈善捐助信息公开指引》，旨在“增强慈善捐助信息的透明度，提高公益慈善组织的社会公信力，引导公益慈善资源的有效使用，推动慈善事业持续健康发展”。随后民政部又出台了《关于规范基金会行为的若干规定（试行）》，对基金会组织运营行为以及信息公开作出了强制性规范。

与此同时，“透明”已经成为基金会迫在眉睫的必要选择。为了更进一步提升基金会信息披露的专业性和标准化，推动公益行业自身的透明及廉洁建设，基金会中心网开发出中基透明指数。一方面，基金会可借此了解自身透明程度在全国范围的位置；另一方面，公众可以该指数为捐赠参考，促进慈善行业透明度的增加和公信力的增强。

中基透明指数从基础信息、财务信息、项目信息和捐赠信息 4 个方面 60 项指标全面阐释透明度，而且指数的参数及计算模型均对外公开。作为开发者之一，清华大学廉政与治理研究中心主任程文浩教授阐释道，这是一个综合了透明度指标、指标权重、信息完整程度及信息发布渠道的综合评价标准，同时也是一个动态的体系，每周进行一次更新。程刚强调，这是一个动态平台，以 FTI 来推动和促进基金会的公开透明，基金会可以根据 FTI 的要求披露更多的信息，以提高透明度。

基金会中心网发起人之一、南都公益基金会理事长徐永光认为，中基透明指数最重要的意义在于“给公众一把打开基金会透明大门的钥匙，然后‘用脚投票’”。2011 年，包括南都公益基金会在内的基金会中心网 35 家发起机构曾庄严承诺：“公益行业自律从基金会做起，基金会自律从信息公开做起。”

从 8 月底上线到 11 月底，基金会中心网每周更新 1832 家基金会的透明指数，其中有 532 家基金会通过自身行动提升了机构的信息披露水平和 FTI 得分，全国基金会中 FTI 满分者也由最初的 2 家增加到 13 家。根据基金会中心网统计，已有 80% 的基金会公开了 2011 年年报。近期，基金会中心网将发布基于当年已提交年报披露情况的全新透明榜单。

二十六 《广东省基金会发展趋势分析（2012）》报告显示：广东企业基金会数量全国领先，基金会从运作型向资助型转变

在现代公益慈善体系当中，拥有大量资源的基金会位居公益产业链的上游，对于整个公益体系中的组织培育、人才培养、项目创新等都有着举足轻重的作用，因此，在本年度的“南方致敬”公益盛典当中，“南方公益”选择与基金会中心网合作，共同发布这一《广东省基金会发展趋势分析（2012）》研

究报告（以下简称“报告”）。

根据基金会中心网的统计数据，2011 年是广东公益基金会诞生最多的一年，共有 58 家新基金会成立。截至 2012 年 11 月 30 日，广东省共有 315 家基金会，在全国居于第二位。以此为样本，报告总结出广东省基金会在数量、财务以及透明度等方面的特征和趋势。

数量方面，2004 ~ 2012 年，平均每 12 天就有一家基金会在广东诞生，广东的社会管理创新政策极大地推动了基金会的发展；财务方面，广东基金会的收入和支出均保持稳健增长，其中，企业是基金会捐赠收入的主体，项目资助型基金会正在崛起；透明度方面，尽管广东基金会透明指数高于全国平均水平，但仍有半数以上的基金会排在全国 1000 名以后，因此未来还须进一步加强透明度建设。值得特别指出的是，企业基金会成为广东基金会发展的一大亮点，不仅以 76 家的总数领先全国，并且其中以民营企业基金会居多，透明指数也位居全国前列。

（一）数量：每 12 天诞生 1 家基金会

1988 年之前，整个广东省只有 8 家基金会。1996 ~ 2003 年，广东省基金会数量增长仍然相当缓慢。2004 年《基金会管理条例》的颁布为非公募基金会的发展提供了政策利好，富有爱心的名人、企业家等纷纷发起成立基金会。

2004 ~ 2012 年 9 年间，平均每 12 天就有 1 家新的基金会在广东诞生。2011 年广东有 58 家基金会成立，是历史上成立基金会最多的一年。截至 2012 年 11 月 30 日，广东省共有 315 家基金会，位居全国第二位。其中公募基金会 107 家，占比 34%，非公募基金会 208 家，占比 66%。

根据基金会的治理结构、成立背景和运作模式等，报告将基金会分为官办基金会、学校基金会、企业基金会、社区基金会、家族基金会和独立基金会。在广东，官办基金会有 114 家，占 36%；企业基金会有 76 家，占 24%；独立基金会有 85 家，占 27%。

报告认为，近年来广东省的基金会呈现出大发展的局面，其最重要的推动力来自 2009 年以来广东省在社会建设和社会管理创新方面的一系列积极政策。

2009 年 7 月，深圳市与国家民政部签订《推进民政事业综合配套改革合作协议》，民政部授权深圳市开展基金会、跨省区行业协会、商会登记管理试点。2009 年 11 月，深圳市郑卫宁慈善基金会成立，抢得深圳市非公募基金会头筹；2011 年，壹基金成为深圳市第一家公募基金会。截至 2012 年 11 月 30 日，在深圳市注册的基金会已达到 37 家。

2012 年，《关于实施“广州市社会组织直接登记”社会创新观察项目的工作方案》颁布，从 2012 年 5 月 1 日起，广州市的社会组织不再需要挂靠主管单位，可直接到民政部门申请登记。

2012 年 7 月 1 日正式生效的《关于进一步培育发展和规范管理社会组织的方案》进一步实现了广东全省范围内的社会组织直接注册登记。报告认为，为社会组织“松绑”，是广东省“舍得向社会组织放权，敢于让社会组织接力”的第一步，这已经被证明取得了十分积极的效果。

（二）透明度：企业、社区、学校基金会透明度相对较高

基于相关法律法规的规定，基金会中心网联合清华大学廉政与治理研究中心研发设计出“中基透明指数（FTI）”体系，主要针对基金会年检报告披露情况和网站建设情况对基金会进行信息公开透明度的评价，所包含的 60 个客观指标由全国上百位基金会行业领导人及相关领域学术专家共同研究制定，满分为 129.40 分。目前，全国基金会 FTI 得分为 54.69 分，共有 14 家基金会得到满分。

截至 2012 年 11 月 30 日，广东省共有 170 家基金会进入 FTI 评价范围。广东省基金会 FTI 平均得分为 58.80 分，较全国基金会 FTI 平均分高出 4.11 分，在全国排名第 10 位，有 7 家广东基金会 FTI 得分跻身全国前 100 位，例如广东省麦田教育基金会、壹基金等便长期位居全国前列。值得一提的是，自 FTI 系统上线以来，全国有 523 家基金会提升了 FTI 得分，其中广东省有 23 家基金会提升了 FTI 得分，深圳市郑卫宁慈善基金会提升近 25 分。

广东省 FTI 排名前 10 位的基金会（见附表 1）都有自己的官网，都在公开途径披露了年度工作报告、年度审计报告等。而广东省 FTI 排名最后的 10 家基金会都没有建立官网，其中 6 家未在公开途径披露年度工作报告，另外 4 家基金会则未在其年度工作报告中披露其项目信息。

报告进一步分析指出，在入榜的 170 家基金会中，非公募基金会在 FTI 方面的表现比公募基金会更好，民间背景基金会较之非民间背景基金会的透明度也更高。报告认为，FTI 与基金会的捐赠收入额、公益支出额成正相关：FTI 越高，基金会捐赠收入越多；公益支出低的基金会，FTI 得分也较低。

附表 1　广东省企业基金会透明度十强

排名	基金会名称	FTI 得分	排名	基金会名称	FTI 得分
1	深圳市郑卫宁慈善基金会	121.19	6	广东省华美教育慈善基金会	70.54
2	腾讯公益慈善基金会	116.2	7	广东省大成慈善基金会	70.40
3	广州市时代地产公益基金会	75.00	8	万科公益基金会	69.71
4	广东省易方达教育基金会	71.74	9	广东省桂贤慈善基金会	68.50
5	广东省顺丰慈善基金会	70.68	10	广东省利海绿色基金会	66.60

（三）收入：主要捐赠收入来自企业

据基金会中心网的统计数据，2011 年，广东省基金会年末净资产总量为 57.52 亿元，较 2010 年增长了 18%；平均每家基金会年末净资产为 2675 万元，较上一年增长了 8%；2011 年度基金总收入为 24.18 亿元，较上一年增长 34%；平均每家基金会收入 1084 万元，较上一年的均值增长 14%。数据表明，广东省基金会净资产总量和均值都保持良好的增长势头。附表 2 列举了广东省 2011 年净资产十强的情况。

不过，报告也指出，2008～2011 年，广东省基金会净资产增长了 35%，而广东省的 GDP 则从 2008 年的 3.6 万亿元增长到了 2011 年的 5.3 万亿元，涨幅为 48%，由此可见广东省尚有足够的经济实力和空间继续加大对公益事业的投入。

从收入构成上来看，广东省基金会 2011 年度的捐赠总收入为 20.55 亿元，在收入来源中占主导地位，企业等法人捐赠占捐赠收入总量的比例高达 77%。

投资理财是近年关于基金会的热点话题之一，如何让资产保值增值是在当前通货膨胀背景下需要基金会认真考虑和解决的问题，理性的投资方能让基金会保持快速和稳健的发展。基金会中心网的数据显示，2009～2011 年，广东省进行投资活动的基金会数量尽管有所增长，但投资成效不显著。2011 年广东省基金会投资资产总计 12.29 亿元，仅占资产总量的 26%。据统计，2011

年通货膨胀率为4.9%，而投资收益率跑赢通货膨胀率的广东省基金会仅有15家。这些数据表明广东省基金会还需进一步加强对投资的关注和投入。

附表2 广东省基金会净资产十强（2011年）

单位：亿元

排名	基金会名称	净资产	排名	基金会名称	净资产
1	广东省扶贫基金会	3.95	6	广州市交通建设管理基金会	1.71
2	广州市番禺区教育基金会	2.36	7	佛山市顺德区教育基金会	1.51
3	广州市教育基金会	2.14	8	腾讯公益慈善基金会	1.31
4	深圳市警察基金会	1.78	9	广州市职工济难基金会	1.26
5	广东省公安民警医疗救助基金会	1.76	10	中山市教育基金会	1.25

（四）支出：资助型基金会正在崛起

根据基金会中心网的统计，2011年广东省基金会的公益事业支出总量为12.26亿元，较上一年增长了34%，平均每家基金会支出665万元，较上一年增长25%。附表3列举了2011年广东省基金会公益支出十强的情况。公益事业支出占到2011年广东省基金会总支出的96%，教育、医疗救助、文化、扶贫助困和科学研究是支出较多的领域，而公益事业发展、创业、就业、心理健康等比较冷门。

报告观察认为，基金会位于整个慈善事业生态链的上游，较易获得社会的捐赠，为使基金会的公益资金得到更有效的使用，全国各地基金会都在尝试从“运作型”向“资助型”转变，积极拿出资金资助那些具有专业管理团队、执行能力和信息透明度高的公益机构去运作项目。

例如，广东省青少年发展基金会就是一家典型的运作型基金会。其与香港苗圃行动合作的“行路上广州”筹款项目在每年春节期间组织志愿者由香港出发，经100多公里的路程步行至广州，为国内贫困地区基础教育筹募善款。自1994年以来已成功举行19届，共筹得港币7000多万元。

深圳壹基金公益基金会则在资助NGO方面作了非常有价值的尝试，“典范工程”和“透明典范”是其最重要的活动之一。“典范工程”始于2008年，每年评选出10家公益典范组织，并给予每家100万元人民币的资助。“透明典范”是“典范工程”的延伸，旨在表彰和资助那些在组织透明化运作和公信力建设方面的杰出机构。

广东省千禾社区公益基金会也开始在资助 NGO 方面开展尝试。它立足于珠三角地区，支持和帮助社区中的妇女、老人、残障人士或流动儿童等弱势人群过上有尊严的生活，增强社区的凝聚力与居民归属感，构建充满友爱的“社区生活共同体”。截至 2012 年 9 月，千禾累积使用公益资金 232.1 万元，共资助社区公益创新项目 35 项，受益者超过 5 万人。

附表 3　广东省基金会公益支出十强（2011 年）

单位：亿元

排名	基金会名称	公益支出
1	广东省扶贫基金会	2.84
2	深圳壹基金公益基金会	0.68
3	腾讯公益慈善基金会	0.64
4	广东省中山大学教育发展基金会	0.64
5	珠海市扶贫基金会	0.55
6	广东省华南理工大学教育发展基金会	0.42
7	广东省合生珠江教育发展基金会	0.39
8	广东省青少年发展基金会	0.32
9	广东省紫琳慈善基金会	0.27
10	比亚迪慈善基金会	0.27

（五）亮点：广东企业基金会数量全国第一

根据基金会中心网的数据，目前全国共有 400 家企业基金会，占全部基金会的 14%。广东省以 76 家企业基金会的总数量成为全国冠军，远远超出北京的 51 家和浙江的 48 家。

报告认为，广东一直是整个中国经济发展的领头羊，企业在社会责任方面的觉醒也走在全国前列。广东省企业基金会在 2011 年净资产总量达 5.3 亿元，占全省总额的 9%，公益支出总额 2.4 亿元，占全省总额的 20%。从中可见企业基金会在广东省公益事业发展中起到了非常重要的作用。

另外，在广东省的企业基金会中，国有企业和外资企业发起成立的基金会分别只有 8 家和 3 家。相比而言，对企业社会责任最为重视的是民营企业，国有企业则未体现出足够的重视和行动。

值得指出的是，广东省企业基金会透明度方面也表现抢眼。27 家入榜的企业基金会 FTI 得分为 67.45 分，高于广东省均值 58.80 分，也远高于全国均值 54.69 分。附表 4 列举了广东省基金会 FTI 得分十强的情况。报告肯定地指出，以上数据充分体现出广东省企业基金会的先进性，随着相关政策的进一步推进以及公益慈善行业的整体性进步，在未来，广东企业基金会的表现将更加值得期待。

附表 4　广东省基金会 FTI 得分十强

单位：分

基金会名称	FTI 得分	广东省排名	全国排名
深圳市郑卫宁慈善基金会	121.19	1	26
腾讯公益慈善基金会	116.20	2	33
广东省千禾社区公益基金会	90.78	3	68
深圳市社会公益基金会	90.04	4	72
东莞市东莞理工学院教育发展基金会	87.03	5	85
广东省华南理工大学教育发展基金会	86.55	6	87
深圳市综研软科学发展基金会	85.28	7	92
广东省麦田教育基金会	83.00	8	104
广东省妇女儿童基金会	82.71	9	109
桃源居公益事业发展基金会	78.41	10	144

数据截止日期：2012 年 11 月 30 日。
资料来源：基金会中心网。

二十七　2012 年度“南方致敬”公益大奖揭晓，“公益人物奖”“公益组织奖”“公益贡献奖”“公益创新奖”等奖项花落各家

（来源：《南方时报》；记者：何杰、赵新星）

昨日，专家学者、公益达人、爱心企业代表、南方公益联盟成员以及社会各界人士共 600 多人汇聚 2012 年度“南方致敬公益盛典暨南方公益发展论坛”，分享心得，收获荣誉，共商大计。在当晚举行的盛大颁奖典礼上，南方报业传媒集团董事长杨兴锋、总编辑张东明、总经理黄晓东及副总编辑王垂林

分别颁发年度“公益贡献奖”“公益创新奖”“公益组织奖”和“公益人物奖”，并与获奖企业、组织与个人合影留念。

杨兴锋在盛典开幕致辞中指出，“南方致敬公益盛典”颁奖活动从2009年起，至今已连续举办4年，它进一步整合了公益资源，倡导了良善之风，以实际行动，践行公益理念，履行媒体责任，推进广东省精神文明建设和公益事业的发展。每年的公益榜单均是当年度的公益标杆。

张东明在“南方公益发展论坛”开幕致辞中表示，在蓬勃发展的公益事业中，《南方日报》既是记录者，也是担当者和推动者，以公益报道带领公益活动，以公益活动践行公益理念，以公益理念聚合社会资源，以社会资源促进公益志愿服务行动，这样“四位一体”的公益发展策略塑造出媒体公益的“南方路径”。

中国发展研究基金会秘书长卢迈、“免费午餐”发起人邓飞、“广东好人”廖乐年、幸福小学校长冯路养、“幸福厨房”监事厦门浪、团省委城市青年工作部负责人蒋巍、广东省千禾社区公益基金会秘书长胡小军、“中国好人网”创始人谈方等8人获年度“公益人物奖”；壹基金、北京市企业家环保基金会、广东狮子会、广东省青少年发展基金会、满天星青少年公益发展中心、扬爱特殊孩子家长俱乐部、拜客广州、中山大学研究生支教团等8个机构获年度“公益组织奖”；阿里巴巴、广汽本田等48家企业分获“公益贡献奖”“公益创新奖”等六大奖项。

此次盛典上，还有多个重要活动为众人亲眼见证：《广东省基金会发展趋势分析（2012）》和《2012年度南方公益联盟工作报告》相继发布，对华南的公益发展进行了年度总结，起到了承前启后的作用；“幸福厨房”“免费午餐”“希望厨房”“春苗营养厨房”“微基金午餐计划”及广东省青基会6方宣布携手合作，倡导“我建厨房你做饭，携手助娃吃好饭”；广东中烟、贝亲中国两家企业正式加入“南方公益联盟”，实现了联盟成立以来的第三度扩容。

尤其要指出的是，“南方公益研究院”在大会上宣告正式成立，旨在从理论与方法论的高度进一步推进南方公益事业的发展。张东明与广东省社会组织管理局副局长廖焯荣一道，为新成立的南方公益研究院揭牌，基金会中心网总裁程刚、广东省青少年发展基金会理事长林乔林、广东省千禾社区公益基金会秘书长胡小军等8位专家学者受邀成为研究院的首批顾问。

1. 嘉宾演讲

清远市阳山县阳城镇香港幸福小学校长冯路养："幸福厨房"运行的三个"协作"

2011年6月28日，我们学校的"幸福厨房"正式投入使用，目前惠及师生一共54人。作为第一所享有"幸福厨房"的学校校长，我真的非常高兴能与大家分享"幸福厨房"给我们带来的点点滴滴，以及一些经验与体会，核心就是三个"协作"。

一是师生协作，保证厨房正常运作。二是社会热心团队、个人协作，完善厨房相关配置。一开始，我们有了"幸福厨房"，但其他的却很缺。为解决这些问题，一方面，我们动员家长共同供米、供菜、供柴，让学生自带饭碗，自力更生；另一方面，我们有计划地寻求上级政府、社会爱心团队与个人的帮助，一步步完善厨房的设施设备和米、菜、油、柴的供应，先后得到了广州人力资源沙龙捐赠的饭盒等，志愿者佟莉等捐赠的厨具等，志愿者曾宏程等捐赠的引水设施等。三是家长加入协作，实现可持续发展。

一年过去了，"幸福厨房"有效地保证了学校师生的午餐供应，孩子们中午不用再挨饿，瘦弱的脸上逐渐有了光彩，下午上课也变得精神十足。

广东省青少年发展基金会理事长林乔林：20年援建860所希望小学

"希望工程"从1989年启动，1992年在广东实施。1994年，我们在"希望工程"广东助学基金的基础上成立了广东省青少年发展基金会。20多年时间里我们一共筹集善款6.5亿元，援建希望小学860所。

我们在设计项目的时候主要考虑几个因素：第一，是否符合社会需求；第二，捐赠方是否认同和支持；第三，政策是否允许；第四，是否具备可操作性。广东省青基会的第一个项目就是"希望工程"，这是由中国青基会设计的，项目一推出就引起了强烈的社会反响，最重要的原因就是它满足了当时的社会需求。

2. 圆桌论坛

蒋巍（团省委城市青年工作部负责人、志愿者行动指导中心主任）：志愿

服务应是一件赏心乐事

我建议“南方公益联盟”单位可以结合自身的工作单位性质和特点，创造一些让员工乐于参加的公益志愿服务项目。我认为，尤其要注意的是一定要“化整为零”：如果企业有1万个员工，你不要想着1万个员工在某个星期天上午全部出去做公益，而是应该编成100支队伍，每个队伍100个人，每个队伍一年派出去服务3次。这样就不会成为员工的负担。我最怕大家误以为公益志愿服务就全都是跋山涉水自我牺牲，这本应是一件赏心乐事。

胡小军（千禾社区公益基金会秘书长）：希望真正实现协作与整合

从一个协作者角度来说，我希望未来“南方公益”所团结的公益组织、基金会、企业，都能更好地参与到共同的事业中来，真正实现协作与整合，把企业的优势、媒体的优势和社会组织的优势都有效地发挥出来。如果能给公益组织、基金会更大的参与空间，加上未来南方公益研究院提供的理论和方法论支持，我想“南方公益”不仅是在华南，甚至在全中国都可能开辟出一条代表公益新主体和新方向的道路。

姚伟新（《南方日报》专刊部主任、南方公益联盟副秘书长）：做公益不要贪大求全

我们做公益不要贪大求全，我非常推崇江门一家指甲刀厂的口号：“我不做500强，但是我要做500年。”用这种心态来做公益，可能才会做得更长久。

二十八 《2012年全民公益发展报告》发布

（来源：《民营经济报》；记者：龙晓庆）

《2012年全民公益发展报告》日前发布，中山大学社会学与人类学学院教授、中山大学公益慈善研究中心秘书长朱健刚在该报告中表示：“2012年越来越多的机构开始出现跨界建立社会类型企业，完成公益和企业的双重目标。”

（一）社会企业显现

由中国扶贫基金会、中山大学公益慈善研究中心等联合出品的《2012年全民公益发展报告》显示，2012年，中国公益界出现了新的思维方式，部分NGO和企业跨界转型，朝向社会企业方向发展，亦即该组织具备双重身份，既是商业组织同时也是公益组织，产品除了商业性外还有公益性，从而完成公

益和企业双重目标。

此外，该报告还认为，此种跨界的方式还表现在政府购买服务的方式以及企业从捐款到直接参与和 NGO 的合作。朱健刚在该报告中表示，企业与 NGO 合作方式结成联盟，是 2012 年新的联盟形式。与 2008 年的公益组织之间的联盟不同的是，企业与 NGO 合作有四种方式，包括购买服务方式、项目资助方式、战略合作伙伴关系、行业孵化培育方式。在接受记者采访时朱健刚说道："很多基金会正在开始转变，以开放的、平等的、充分信任的、主动沟通和敢冒风险的态度处理跟民间公益组织的关系。"

然而，该报告指出，虽然出现了这些联盟的现象，但是采用这些类型资助基金会的目前只有 88 家，而其中仅有 19% 是支持民间组织的。香港中文大学公民社会研究中心主任陈健民接受《民营经济报》记者采访时表示，中国目前的非公募基金较多而公募基金较少，导致企业以及民众自发捐款的途径缺乏。记者在基金会中心网中看到，公募基金数量低于非公募基金。截至 12 月 15 日，基金会总数达 2911 家，其中公募基金会 1301 家，非公募基金会 1610 家。

谈及民间组织的发展现状时，陈健民认为，中国政府在公益组织条件放宽上作出了很大的让步，解除了一些登记条件的限制。但是某类特定的组织如劳工组织等没有得到平等对待，同时目前中国的公益资源在应对社会需求的时候明显缺乏。

（二）"透明度"成公益慈善发展的关键词

《2012 年全民公益发展报告》认为，"透明度"成为 2012 年公益慈善发展的关键词。自 2011 年"郭美美事件"发生以来，2012 年发布的一个基金会的透明指数受到关注。

2012 年 9 月，中国基金会行业信息服务平台基金会中心网"中基透明指数"（FTI）正式上线，该项指数满分是 129.4 分，总共包含了 60 个指标，包括基金会基本信息、财务信息、项目信息、捐赠信息 4 大类，并根据德尔菲法对不同指标附不同权重。记者从基金会中心网上发现，目前共有 2212 家基金会参与此项指数评价，近一周全部基金会 FTI 得分为 44.46 分，较前一周的 54.69 分下降 10.23 分。

陈健民认为，公民意识和权利意识在中国的崛起，为公益基金透明度发布提供了产生的背景。

然而，对于一些实力并不大的基金会，则遇到了聘请专业财务人员等行政费用支持的困惑。关于基金会透明指数，朱健刚认为，透明度是民间公益慈善组织走向专业的重要步骤。以透明度为基础的建设，可以促使很多组织在“上岸”之后进行艰难的专业化蜕变。

很多志愿组织的活力就是可以加入自由竞争的平台，但是在它们需要进一步发展，需要进行更加跨越社区层面的发展和朝正规化发展的时候，会遇到相关财务方面专业团队建设的问题。它们需要招募专业专职人员和行政经费支持发展，这些都是挑战和困惑。

“我们看到很多公益开始走向专业化，我大胆预测在2013年可能会实现合流，我们会看到真正独立自主的第三部门的出现。”朱健刚说道。

二十九　公益基金透明披露的生态系统

（时间：2012年12月19日；来源：《新商务周刊》；记者：徐堃）

基金会中心网的LOGO是一个沙漏，喻指公益机构的每一笔钱、每一个项目应该像沙子过沙漏一样需要接受公众的检验。

一笔47.5亿元来路不明的现金流，让中华少年儿童慈善救助基金会（下称“中华儿慈会”）陷入一场风波之中。

12月10日，基金会中心网接到网友举报，中华儿慈会现金流量财务数据出现异常情况：根据2011年度报告财务报表数据显示，有一笔高达近48亿元的现金流存在重重疑点。事后，中华儿慈会官方解释为：“财务人员将其中的银行短期理财累计发生额475000000（4.75亿）元误写为4750000000（47.5亿）元。”

财务账本的公开透明，是公众对公益机构最合理的期待。从轰动一时的“郭美美事件”，到最近的“儿慈会账本疑云”，公益机构在透明披露方面栽的跟头不胜其数。在推动基金会透明披露生态系统的路上，基金会中心网扮演了重要的角色。

中国基金会行业信息披露平台——基金会中心网，于2010年7月8日正式上线成立，截至2012年12月10日，公众可以在线查询2910家基金会的联系方式、财务信息、项目信息和捐赠人信息。

（一）行业催生透明

三年前，中国扶贫基金会便开始了信息管理和披露系统的探索。

面对工作形势的迫切需求，扶贫基金会投入500万元，通过评估机构和用友软件公司，建立起财务、捐赠人、受益人等多维度的信息管理和披露系统。

扶贫基金会常务副秘书长刘文奎讲述了这么一个故事：2009年，扶贫基金会与中国邮政合作推出“爱心包裹”项目，公众可以在邮局营业网点进行捐赠。项目启动之后，给扶贫基金会的运作带来了全新的挑战。两个月之内，他们收到了70万人的直接捐款，而往年基金会的捐赠人一般为几千人，大大地增加了工作压力。扶贫基金会承诺的“十五天发票寄出”的承诺曾导致基金会内部工作的一度瘫痪——打印机24小时工作不停、橡皮图章盖坏等事时有发生。

信息技术的提高、透明化运作的压力，是成长中的中国基金会无法回避的课题。作为行业性披露平台，基金会中心网在成立两年之后，对建设信息化系统管理有了最新的贡献——中基透明指数。

“中基透明指数”（FTI）是由基金会中心网发起，清华大学廉政与治理研究中心、中国NPO自律行动委员会、中国非公募基金会论坛和众多基金会组织共同研发完成的。这是一套有关基金会透明标准的评价系统，有60个评价指标，并以基金会信息披露的渠道和完整度等作为参数，以排行榜单为呈现形式。排行榜将按照基金会最新透明分数每周更新一次，排名越靠前，代表基金会透明度越高。

该系统开发专家、清华大学廉政与治理研究中心主任程文浩认为，这基本上可以反映当前基金会行业整体的透明水平。

基金会中心网数据显示，截至2012年12月13日，我国基金会总数已超过2900家，但有机构网站的基金会还不到800家。《新商务周刊》记者看到，“中基透明指数”显示的全行业的平均得分只有45.79分，没有达到总分的一半。在2213家基金会中，8月指数刚公布时，得分在100分以上的有30家左右，仅占参与评分基金会的约1.6%；截至12月16日，得分在100分以上的机构上升至55家，但大多数基金会仍处于得分略低的层次。

记者在全国基金会透明指数的榜单上发现，15家基金会以129.40分的满分并列榜首，而排名最后的几个地方基金会得分仅为1.6分。

“所有的基金会都可能成为第一名。FTI是开放的，所有的基金会都可以按照FTI的要求去使自己变得更透明。相信公众手中握着基金会透明的钥匙，公众会‘用脚’去选择自己信任的基金会组织。”基金会中心网总裁程刚说。

（二）动态的透明平台

“FTI系统不是一个排名的平台，是一个动态平台，用基金会中心网掌握的基金会信息公开的数据来反映基金会行业透明的实际情况，以FTI来推动和促进基金会的公开透明。FTI反映出的是基金会透明状况，基金会可以根据FTI的要求披露更多的信息。”程刚对《新商务周刊》记者说。

这个信息披露的动态平台，一年前由清华大学廉政与治理研究中心的程文浩教授和他的研究团队开发而成。

2011年6月，清华大学廉政与治理研究中心设立透明指数项目，经过半年的努力，研究团队提出了初步的指数指标体系，并研发了相应的技术平台。

程刚介绍道，为了让透明指数的结果更具有代表性和针对性，指数系统定型之前曾广泛征求公益机构资深人士和业内专家的意见。清华大学研究团队发放了570份专家问卷，最终，在搜集了国内基金会大量意见和建议以及对系统持续进行完善后，FTI系统雏形初现。

据了解，这套指数总共包含60个指标，分别涉及基金会自身基本信息、财务信息、项目信息、捐赠信息等4大类核心信息，指数总分为129.4分，其中基金会基本信息的得分接近五成。而国家民政部门规定基金会信息披露的指标为43个。“原本我们打算设立的指标为80个，征求大家意见之后，把指标改成了60个。这些指标可以在日常的实践中根据公众的需求而调整。”程刚说。

“基金会基本信息一项，涉及31个得分指标，是因为我们尤其希望基金会能披露自己的章程和工作制度，从而确保整个基金会今后的日常管理和运行的规范性。”程文浩教授对媒体说，具体每个指标的得分，研究人员首先根据它是否披露相关信息给出一个基本分，然后以这个指标的相对权重得出，同时还要判断信息来源：“比如这个信息是基金会自己的官网披露，它的值就是1.2分，其他来源渠道的值是0.8分。”

（三）还要做什么

构建一个基金会行业信息披露平台的设想，在20世纪90年代便是老一辈公益人的愿望。

在当时中国经济社会发展水平的制约下，公益基础相对比较薄弱，1998年，徐永光等人就有争取构建这么一个平台的想法，但未能如愿。

直至汶川大地震掀起国民慈善的热潮，公益慈善捐款额有了历史性的突破，在2009年社会各界开始热切关注公益机构捐款去处的背景之下，公众参与公益机构问责的愿望越发强烈。

此时，搭建一个基金会行业信息披露平台的时机悄然成熟。

国内35家知名基金会联合发起基金会中心网，理事会成员亦由多家基金会领导人、公益研究院负责人等跨界人士组成。

“一开始，每个理事都对我们要做些什么有着各自的想法，对于信息披露、培训、资讯等意见不一。最后，我们确定了两个主要方向：信息披露平台和行业服务平台。在促进行业透明化运作的前提下，规范行业的健康、良性发展。”程刚表示，基金会中心网未来会更重视对公益专业人才的培养，2013年将会研发一套课程以提供专业化的培训。

三十　公益丑闻倒逼体制改革

（时间：2012年12月24日；来源：《京华时报》；记者：黄英男）

（一）访中国公益研究院院长王振耀

记者：如何评价2012年中国的公益事业？

答：2012年是中国公益的体制建设之年。广东特别是深圳的立法引领了全国的社会体制改革。上海、广州、长沙等地方相关的慈善立法已经通过，这是第一个大的进展。

记者：2012年最有意义的公益事件是什么？意义何在？

答：仍然是地方立法的进步，可以使地方的发展更为规范。特别是深圳的立法进步，使其实际上确立了中国社会体制改革的试验区地位，这是完全可以与经济体制改革相媲美的。

记者：对尚未出台的《慈善法》及正在修改中的《基金会管理条例》，你有什么建议？

答：慈善界所反映的五大标准，即基金会要有主管单位，行政成本限制10%，200 万元注册起点，公益支出比例要求，捐赠股票计算税收、投资收入要缴税等，应该通过立法来解决。

最关键的，我建议社会立法应该透明化，而不是由个别行政人员随意性支配着整个立法进程，这对社会类的立法是相当不利的。

记者：对于各地的政策探索，你认为哪里最值得称道？

答：有四个地方最值得称道：一是广东，在社会管理方面与经济体制对接；二是宁夏，将社会企业发展引入当地的发展之中；三是北京，建立了首都慈善联合会，并且简化注册手续；四是上海，特别注重孵化民间组织。

记者：如何评价微博？

答：这是中国公益慈善事业发展的一个工具，对组织方式、项目管理、公开透明特别是募捐方式都会产生重大的促进作用，平民慈善不再是一个梦。

记者：过去十年你最关注的是什么？

答：过去十年最重要的是政府管理与慈善事业发展之间的连接渠道打通了。

记者：你如何看待负面事件导致募款下降？

答：这是很正常的行业自我调节行为。大众有质疑，才会使慈善事业健康发展。我们应该鼓励质疑，但同时也要注意建立解决质疑的体制，如英国就建立了慈善委员会，协调有关政府部门来及时解决社会问题。美国的法律体系比较健全。2011 年美国真正发生了类似“郭美美”的事件，还骗取了奥巴马总统诺贝尔和平奖的 10 万美元，但他们马上就通过法律来解决。在我国，则主要是群众舆论监督，很不规范。

（二）访南都公益基金会理事长徐永光

记者：如何评价 2012 年中国的公益事业？

答：2012 年是中国公益事业发展相对平稳的一年。2011 年，围绕官办慈善公信力的一系列事件，对现行慈善体制有所触动，但除了红十字会系统酝酿改革，还没有看到慈善体制改革的整体动静，亟待进行顶层设计。

记者：2012 年最有意义的公益事件是什么？意义何在？

答：9 月，基金会中心网透明指数上线运行是推动基金会行业透明机制建立的重要创新，受到业内、媒体和政府的积极关注，一些地方民政部门主动邀请基金会中心网去给当地基金会上课，指导提升其透明度。此项创新也得到了国际公益圈的高度评价。

记者：对尚未出台的《慈善法》及正在修改中的《基金会管理条例》，你有什么建议？

答：对《慈善法》我并不感兴趣。目前政府对慈善的性质还需要进一步理解清楚。《基金会管理条例》的修改者也不够专业。我比较关注的是政府主管部门对税法实施规定的错误的改正。

记者：对于各地的政策探索，你认为哪里最值得称道？

答：温州的社会组织登记新规，有多项突破。

记者：如何评价微博？

答：参与公益人人可为，意义非凡。但需要基层公益组织——地方基金会、草根 NGO 的发展，否则，自发性参与公益活动的规范化和可持续都有问题。

记者：过去十年你最关注的是什么？

答：一是主流公益慈善体制的国进民退（从政府理念和资源流向看表现明显），二是民间自发的公益参与热情涌动，权利意识提升。因为体制原因，社会慈善文化缺乏正确导向，因此被某些慈善“玩家”忽悠。

记者：你如何看待负面事件导致募款下降？

答：都是慈善体制惹的祸。慈善机构需要经历痛苦煎熬乃至破产，置之于死地而后生。

（三）访清华大学公共管理学院创新与社会责任研究中心主任邓国胜

记者：如何评价 2012 年中国的公益事业？

答：2012 年，中国的公益慈善界相对比较平淡，发展也比较平稳。总体感觉，2012 年比 2011 年的情况基本持平或略有增长。

记者：2012 年最有意义的公益事件是什么？意义何在？

答：2012 年，可圈可点的事情实在太少。如果一定要说的话，在政策环境方面，虽无大的突破，但民政部门还是出台了若干部门规章，如《关于规范基金会行为的若干规定（试行）》《关于规范社会团体开展合作活动若干问题的规定》等。另外，2012 年中央财政专门安排了资金购买社会组织服务，也可视为中央对扶持公益慈善事业的态度。还有就是民政部联合多个部委和深圳市政府在深圳举办的慈展会。

记者：对尚未出台的《慈善法》及正在修改中的《基金会管理条例》，你有什么建议？

答：对于《慈善法》，希望能够为公益慈善事业的发展创造更宽松的环境，更好地保护捐赠人和公益慈善组织的权益，让更多的公益慈善组织能够更便捷地募款；对于《基金会管理条例》，也同样希望能够降低基金会登记注册的门槛，给基金会更大的发展空间，但需加强对公益慈善组织和基金会的监督管理，特别是发挥社会监督的作用。

记者：对于各地的政策探索，哪里最值得称道？

答：广东的改革最值得称道。一是在公益慈善组织登记注册方面，降低了门槛，二是加大政府培育和扶持的力度，三是加快了部分公益慈善组织、行业协会去行政化的步伐。

记者：如何评价微博？

答：微博对公益慈善组织而言是个新的技术，用得好，可以有利于便捷筹款，降低信息披露的成本，更贴近民众。所以，现代公益慈善组织应该更好地学会应用这些新的信息技术，更善于应用这些技术。

记者：过去十年你最关注的是什么？

答：过去十年，中国公益最大的变化就是全社会对公益慈善的关注热情越来越高，而在十年前，我们刚刚开始从事公益慈善研究时，还是非常冷门的专业，而这十年，公众认知大幅度提升，政府高度重视，慈善组织发展非常快。我最关注的是公益慈善发展的政策环境、公益慈善组织的发展、公益慈善人才的培养和慈善文化的建设。

记者：你如何看待负面事件导致募款下降？

答：世界各国公益慈善界的丑闻都不少，关键是我们能够通过丑闻，完善法律法规，完善公益慈善组织的内部管理，使得公益慈善事业更上一个台阶。但遗憾的是，我们国家公益慈善领域的丑闻虽然时有发生，但真正由于丑闻的发生推动制度方面的大变化和公益慈善组织的大变革还非常少，这不能不说是一种遗憾。

三十一　中基透明指数：六成基金会信息披露不合规

（时间：2012 年 12 月 26 日；来源：新华网；记者：谢良）

由国内 35 家基金会共同发起设立的基金会中心网 26 日在京发布“中基透明指数 2012 排行榜”，据“中基透明指数”显示，全国有 63% 的基金会合规性指标披露不合格，反映出信息披露不合规。

据清华大学廉政与治理研究中心主任程文浩在发布会上介绍，“中基透明指数”由 60 个客观评估指标组成（包含 40 个合规性指标和 20 个倡导性指标），满分为 129.4 分，合规分为 48.8 分。

程文浩说，为对应我国《基金会管理条例》等制度要求，“中基透明指数”设置的 40 个合规性指标，分别是完整版基金会年度工作报告及其包含的 39 个具体指标。

他说，“中基透明指数”的数据统计主要来源于基金会根据民政部门要求填报的 2011 年度年检文件和基金会网站。

程文浩说：“只要基金会在任何公开渠道披露年度工作报告全文、年报中项目支出合计占公益支出 80%，‘中基透明指数’分值就可以达到 48.8 分。”

而据“中基透明指数 2012 排行榜”显示，全国 2213 家入榜基金会中有 1384 家基金会分值低于 48.8 分。“这意味着全国有 63% 的基金会合规性指标披露不合格，反映出信息披露不合规。”程文浩说。

“中基透明指数”由基金会中心网开发、清华大学廉政与治理研究中心提供专家咨询，于 2012 年 8 月 29 日上线运行，旨在促进中国公益慈善行业的公开透明。

三十二　全国六成基金会信息披露不足　仍可顺利过年检

（时间：2012 年 12 月 26 日；来源：财新网；记者：蓝方）

> 两千余家基金会的平均得分仅为45.79分，约占总分129.4的35%，也就是“不及格”。

公益基金会近两年来频频遭遇信任危机。提高中国公益慈善事业的整体透明度，推动公益行业自身的透明及廉洁建设，已成为业内共识。

2012年12月26日，中国基金会行业信息服务平台——基金会中心网发布“中基透明指数2012排行榜”。中基透明指数是基金会中心网研发的一套基金会透明标准评价体系，于2012年8月29日正式上线。

指数共含60项指标，其中40个为法律法规所要求的“合规性指标”，20个为行业倡导性指标。基金会中心网总裁程刚强调，60项指标是对基金会公开透明的基本要求，是公益基金会都应达到的标准。

不过，基于对2011年1月1日前成立的2213家基金会的评估，透明公开情况显然不容乐观。

两千余家基金会的平均得分仅为45.79分，约占总分129.4的35%，也就是“不及格”。44%的基金会未达到平均分。清华大学公共管理学院教授程文浩介绍，在榜单中，公募基金会和非公募基金会的表现没有实质性的差别，公募基金会得分只高1分左右。

不过，仍有17家基金会得到满分。其中既有活跃的民间基金会，如西部阳光农村发展基金会、南都公益基金会、上海真爱梦想公益基金会、深圳壹基金公益基金会等；也有传统老牌、有官办背景的基金会，如中国红十字基金会、中国妇女发展基金会、中国扶贫基金会等。

榜单同时也公布了最不透明的30家基金会。分数最低的5家基金会，得分仅在1.6分。其中4家来自甘肃，分别是兰州市中小学幼儿教师奖励基金会、兰州市维护社会见义勇为奖励基金会、酒泉市中小学幼儿教育奖励基金会、甘肃省出版基金会，另一家是鞍钢残疾人福利基金会。

根据基金会中心网统计，通过民政部门官网、平面媒体等各种渠道，全国仍有20多家基金会除了能找到名称外几乎无其他任何信息。有46家基金会没有联系信息，公众无法与之联系。

根据中基透明指数，只要基金会在任何渠道披露年度工作报告全文、其中项目支出合计占公益支出的80%，合规性指标分值就可以达到48.8分。然而，有63%的基金会合规性指标披露不合格。

例如，《基金会管理条例》明确要求，公募基金会每年用于从事章程所规定的公益事业支出，不得低于上一年总收入的70%；非公募基金会不得低于上一年基金余额的8%。而如湖北省湿地保护基金，作为一家公募基金会，2010的公益支出仅占上一年总收入的16.92%；2011年的比例则是15.37%。

值得注意的是，这些明显不符合法规要求的基金会却顺利地通过了监管部门的年检。程文浩表示，这说明要么是被监管者投机取巧，要么是主管部门监管失职。

榜单同时指出，在净资产和捐赠收入最多的100家基金会中，各有10多家透明度排名在1000名之外。中国净资产最大的慈善基金会——河南宋庆龄基金会，透明度排名仅为981位。而一些发达地区，如北京、上海、天津等地的基金会，其得分也在全国处于中下游。

此外，针对具有官办背景的基金会，基金会中心网将其分为六大系统。其中青少年发展基金会系统的透明度最高，人民教育基金会系统透明度垫底。在人民教育基金会的捐赠收入来源中，自然人捐赠比例明显高出全国水平，但很少在公开媒体上看到其开展的公益活动。

三十三　儿慈会、成龙基金会回应1800万元善款假账质疑

（时间：2012年12月26日；来源：财新网；记者：蓝方）

儿慈会释疑称，将1800万元善款拨付成龙基金会，乃是捐赠人意愿，至于善款最终流向政府机构，乃是成龙基金会选择不需行政成本的地方政协和团组织以落实项目；舆论指基金会透明合规运作仍需努力。

中华少年儿童慈善救助基金会（下称儿慈会）的一笔账目流向再次受到网友质疑。

12月24日，此前揭露儿慈会账目出错的网民“周筱赟”发现，儿慈会在2011年度工作报告上称“回家的希望救助项目”直接用于受助人（救助被拐卖的儿童）的为1903万元，但其实是把1800万元打给了北京成龙慈善基金会

（下称成龙基金会）；而成龙基金会只公示了6名直接受助人，其余的捐赠支出都是50万元或200万元的整数，且都流向了政府部门。

尽管没有明确的证据，周筱赟在微博上提出，两家基金会的转账是为了“做大”总支出，这样基金会按规定提取的10%的管理费就可以增加，可从基金会中与捐赠相关的收入中（包括利息收入）列支更多的工资和福利及行政办公支出。

两家基金会迅速对此作出回应。儿慈会表示，“回家的希望救助项目”收到的善款来自2011年度“BAZAAR明星慈善夜”。所募善款的用途乃根据捐款人的意向，除了用于“回家的希望救助项目”，为解救后的被拐卖儿童提供安家助学和身心疾病救助，还有一部分用于成龙基金会的贫困重病患儿手术资金援助项目。募捐现场对捐款用途通过“2011年BAZAAR明星慈善夜拍品名鉴”等形式向捐款人予以明确说明。

由于成龙基金会是非公募基金会，没有公募权限，因而在业内看来，成龙基金会与有公募资质的儿慈会联手募捐，并按捐赠人意愿分配善款无可厚非。

不过，在儿慈会的账目表上，将两个不同用途的善款记在一个项目下，成龙基金会秘书长党群也向媒体坦言，“确实很粗糙”。

成龙基金会同时强调，相关捐款机构特别书面指定儿慈会将1900多万元拨给成龙基金会的“贫困儿童大病救治”项目。这笔钱进入成龙基金会后，成龙基金会或儿慈会并未提取手续费。

成龙基金会发布公告称，基金会向相关捐款机构承诺过，善款绝不转给其他慈善基金会，也不向儿慈会支付管理费，“救活一个是一个，不以受益者人头众多为操作目的”。成龙本人也在微博上表态：“我的慈善基金会不收取任何管理费用，所有管理成本都由我一个人承担，我不知道世界上是不是还有这样零成本的基金会。”

至于成龙基金会的善款，为何支付给了政府部门，成龙基金会也对此作出说明：为了不耽误GDP最低各省的病童申请救治款、保证从各省份的大医院收集医疗发票原件以方便任何相关捐款人查阅，基金会从2010年就开始筛选了若干“无须人员成本、热心慈善活动的地方政协和共青团组织”作为接受申请、给住院病童送营养品、整理救治档案的志愿者性质的合作伙伴，且各合作伙伴均能够将 90% ~100% 的善款用于支付医疗费用，没有一例将善款用于行政开支。

尽管两家基金会已作出说明，但公众要求其进一步公开账目的声浪颇高。

在 2012 年 12 月 26 日由基金会中心网发布的“中基透明指数 2012 排行榜”上，儿慈会事实上排名非常靠前，以 128.2 分（满分为 129.4 分）排在第 18 位（前 17 位为满分并列第一位）；而成龙基金会的排名仅在 1118 名，透明度仍然不足。

基金会中心网总裁程刚指出，儿慈会的公开透明值得肯定，但正因为账目公开了，就更需要有与公开相匹配的管理、运作能力。

儿慈会方面也表示，作为一家成立仅三年的公益慈善组织，在项目运作、财务管理、监督机制、管理机制、人才建设与培养、项目运作规范化等方面，与国内外优秀基金会确实存在很大的差距。他们已为此听取行业专家的意见，制定了相关整改措施，包括完善各项规章制度，对相关部门进行整顿；成立“特别社会监督委员会”，让社会爱心人士和专家对基金会的工作进行监督检查；设立“公众开放日”，让公众更好地了解基金会的工作，让社会各界爱心人士能参与到基金会救助工作当中。

三十四　中基透明指数 2012 排行榜发布：六成基金会让人看不清

（时间：2012 年 12 月 27 日；来源：人民网；记者：方莹馨、杨文明）

日前，儿慈会账目问题引发热议，有关基金会的财务公开问题再次引起社会的关注。

12 月 26 日，基金会中心网发布“中基透明指数 2012 排行榜”。这份中国基金会的“期末成绩单”如何？可以看出中国基金会行业的哪些进步和不足？如何做看得见的公益？本报记者对此进行了采访。

截至 2012 年 12 月，全国基金会总数达 2912 家，年均增长率达 20%，总资产达 604 亿元，年度捐赠总收入为 337 亿元，年度公益总支出为 256 亿元。但是，在上榜的 2213 家基金会中，有 63% 的基金会信息披露不合规，44% 的基金会未达到平均得分……这是 12 月 26 日基金会中心网发布的“中基透明指数”排行榜显示的情况。

（一）44%的基金会未达平均得分，行业透明度总体偏低

“这不仅是一个榜单，更是一个动态的平台。”基金会中心网总裁程刚说。

据介绍，“中基透明指数 2012 排行榜”数据主要来自基金会根据民政部门要求填报的 2011 年度年检文件和官方网站，涵盖我国 2213 家基金会。排行榜显示，基金会的平均得分仅为 45.79 分，约占总分 129.4 分的 35%，其中有 981 家基金会中基透明指数分值低于平均得分，即 44%的基金会未达到平均得分。

清华大学廉政与治理研究中心主任程文浩说，通过这些数据可以得出一个令人担忧的结论：基金会行业透明度总体偏低。

为了对应《基金会管理条例》的制度要求，FTI 包含合规性指标 40 个。只要基金会在任何渠道披露年度工作报告全文、其中项目支出合计占公益支出 80%，合规性指标分值就可以达到 48.8 分。但是入榜基金会中有 1384 家基金会合规性指标分值低于 48.8 分，即 63%的基金会信息披露不合规。

程文浩说，合规性指标，实际上就是符合国家法律法规要求的指标，本来只是底线的要求，但六成基金会突破了底线。更让人震惊的是，据基金会中心网统计，全国仍有 20 多家基金会除了能找到名称外几乎再无其他任何信息，有 46 家基金会没有联系信息，这就等于说公众是无法与之联系的。

（二）专家评价，排行榜客观公正、整体可信

排行榜发布后，有人犀利地质疑：排名靠前、得分为满分的那些基金会是不是和基金会中心网私下关系好？

“我们官网上的基本信息、财务信息、项目信息、捐赠信息都很全，基金会中心网是从那儿获得了我们的信息，我们对于这个指数怎么算并不知道。”中华思源工程扶贫基金会工作人员说。

“上周排名第十六，今天就到了第一名（第一名共 17 个），是因为原先少了‘秘书长简历’这一指标，现在补齐了，排名就上去了。”深圳壹基金公益基金会工作人员说。

“这次排名第四十九，还有很多要改进的地方。我们在信息公开方面有难处，项目太多、信息太散，无法罗列，希望以后改进，争取下次提升名次。”中国社会福利基金会工作人员说。

但是，单从一个榜单来看，是否可以真实反映中国基金会行业的整体信息公开透明程度？

“我认为整体上是可信的。”北京师范大学公益研究院院长王振耀给予了这个上线不到4个月的基金会透明标准评价系统很大的支持。“数据采集是公开的，结果是由系统自动生成的，因而是客观公正的。”基金会中心网是一家民办非企业单位。通过民间组织来监督基金会和政府监管部门，这是一个很大的创新，在近期将会产生非常大的积极影响。

北京大学法学院非营利组织法研究中心主任金锦萍指出，指数的发布除了能够倒逼公益慈善基金会提高其透明度外，还可以通过信息公开进一步了解公益慈善项目的资讯情况，以作为分析基金会发展的依据。

（三）有投资行为的基金会透明度相对较高

在排行榜中，中国净资产最大的慈善基金会——河南宋庆龄基金会透明度排名仅为第981位。此外，在净资产、捐赠收入和公益支出最大的100家基金会中，各有10家以上的透明度排名在1000名之外。

河南宋基会在透明度如此低的情况下，为什么还能实现年度捐赠收入3.9亿元？透明程度与基金会的发展到底存在怎样的关系？

根据基金会中心网的统计，进行投资行为的基金会整体透明度高于全国水平，投资收益率越高的基金会得分相对越高，但差距并不大。

王振耀认为，投资收益率高一般是因为专业人士在通过专业的手法管理基金。收益率高的同时，透明度也非常高，能够将投资的具体去向等项目都做到详细公开。

但是，透明程度只是反映着信息公开的能力，却未必意味着基金会发展一定就好。金锦萍认为，由于透明程度直接关系公募基金会的公众支持率，影响其募款能力，因此透明程度对公募基金会的影响远大于对非公募基金会的影响。

（四）信任不能代替监督，应督促基金会公开信息

六成基金会未按条例要求公开信息但依然通过年检，监管部门到底有没有履行相应职责？

王振耀告诉记者，这反映了行政管理和信息公开的呈现方式有问题。基金会合规性信息披露不合格可能有多种原因，如有些基金会公开时间可能有延迟，但是依然能够通过年检。

程文浩也认为，很多基金会收入支出比例严重失衡，但依然顺利通过了监管部门的年检。

针对这一现象，王振耀解释道，这可能有内在的原因，比如，有的捐赠人签订捐赠协议认捐后，相关资金迟迟未到账，也就无法支出；有的捐赠人捐赠100万元善款后要求分10年支出。遇到这些情况，在信息公开报告中应该详细作出注解，减少公众的疑虑。

北京大学政府管理学院教授李成言则认为，对于基金会行业来说，信任不能代替监督。有好的制度建设，更要有强有力的监督机制。有透明就便于监督，不透明就没法监督。他说，只有加强监督，才能督促基金会公开信息，在这一点上，再有公信力的基金会也应严格接受来自监管部门、社会大众、网络、行业内部的监督。

（五）基金会运行的披露平台（链接）

基金会中心网是北京恩玖非营利组织发展研究中心所运作的战略项目，恩玖中心是注册在北京市民政局的国家认可的公益组织。该网由国内35家知名基金会联合发起，被称为“中国基金会行业信息披露平台”。

中基透明指数的整个指标体系共包含60个指标，由40个合规性指标和20个倡导性指标构成，满分为129.4分，其中基金会基本信息为58.2分、财务信息为28.8分、项目信息为38分、捐赠信息为4.4分。

三十五　600亿元基金会投资“胎动”　信息披露与内控能力存疑

（来源：《21世纪数字报》；记者：冀欣）

金融机构的嗅觉总是特别敏锐，这一次它们盯上了刚刚萌动的基金会投资市场。

消息人士透露，近期，包括银行、信托、公募基金等在内的不少机构都开始有意与国内基金会行业进行接触，谋求不同形式的合作。有先行者已完成第一步的抢滩。

来自基金会中心网的统计显示，截至2012年12月，全国各类基金会已发展至2912家，并以平均每年20%的增长率刷新这一数据，总资产更是高达

604 亿元。

而与国外情况大相径庭的是，截至目前，国内大部分基金会暂未开展投资活动，个别“涉水者”投资资产占总资产的比例，以及投资收益率依然维持较低水平。所谓收益，绝大多数只是单纯依赖存款利息来获取微薄的账面回报。

据记者了解，2011 年度，共有 660 家基金会参与资产投资，总规模为 204. 23 亿元，但获得的总收益仅为 6. 97 亿元。很多基金会虽参与了投资活动，但投资收益依然为零，甚至出现亏损。

基金会中心网相关负责人称：“除了缺少专业团队是客观存在的短板外，基金会因为自身的角色定位，在投资方面是极端的风险厌恶型，只求稳妥，缺乏争取高回报的动力。而慈善资金被拿来投资，往往也很难被社会公众所接受，但为了实现资产的保值增值，这方面还是有很大的必要性。”

面对通货膨胀带来的损失，加之通过捐赠单一渠道募资的不稳定性越来越大，基金会也开始考虑通过投资进行弥补，期望利用不同模式实现管理资金保值增值的需求空前强烈。

众多资产管理机构也正是看准了基金会行业的这一需求，开始低调布局。据了解，长安信托便为“涉水”较早者，此前已有南都公益基金会大手笔认购了其发行的信托产品，而国内某大型公募基金负责人也透露，已通过分级基金等方式，与一些基金会达成合作。

在初步参与市场化投资的基金会中，目前运作最成功的当属清华大学教育基金会，该会聘请了专业投资团队进行运作，并设立了收益考核指标。有数据显示，在近五年的运作中，清华大学教育基金会投资年均收益率高达 10% 。

南都公益基金会也曾在 2007 年通过二级股票市场获得巨大投资收益，而随着 2008 年后股市行情江河日下，南都公益基金又开始了在 PE 基金投资方面的尝试，合作方名单中就包括知名的红杉资本。

当然，在逐渐萌动的投资冲动背后，也潜藏着不小的风险与挑战。首先要解决的就是最为突出的信息披露和财务管理方面的漏洞，否则“涉水”投资领域只会遭受更多质疑，并可能诱发公益资金流失。

根据基金会中心网刚刚披露的以 60 项评估指标为评判标准的调研结果显

示，全国有63%的基金会合规性指标披露不符合监管标准，但未按条例要求公开信息却依然通过年检，反映出国内基金会行业透明度总体偏低，登记主管部门未能严格履行监管职能。

而近期被热议的“儿慈会”事件，也令国内基金会财务管理的混乱状况露出冰山一角。

在中华少年儿童慈善救助基金会2011年的账目上，一项“支付其他与业务活动有关的现金”金额为48.4亿元，远远高于当年接受捐赠收到的现金8000多万元，被质疑存在违规行为。

而此后“儿慈会”发文致歉称，数额出现巨大偏差系财务人员失误，导致报告中“银行短期理财”这一数据小数点错位，将4.75亿元写成了47.5亿元。

三十六　六成基金会信息披露不合规

（时间：2012年12月27日；来源：《新京报》；记者，王卡拉）

昨日，基金会中心网发布了“中基透明指数2012排行榜”，全国2213家基金会（见附图1）的中基透明指数平均分只有45.79分，距离满分129.4分相差甚远，甚至没有达到48.8分的及格分数线（见附图2），这其中有63%的基金会信息披露不合规。

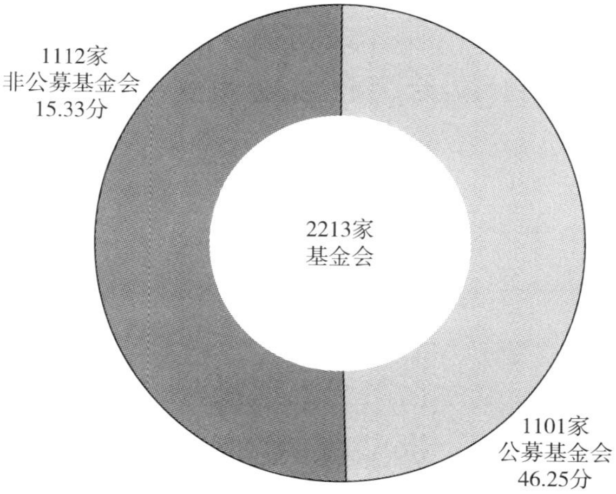

附图1　全国基金会分类

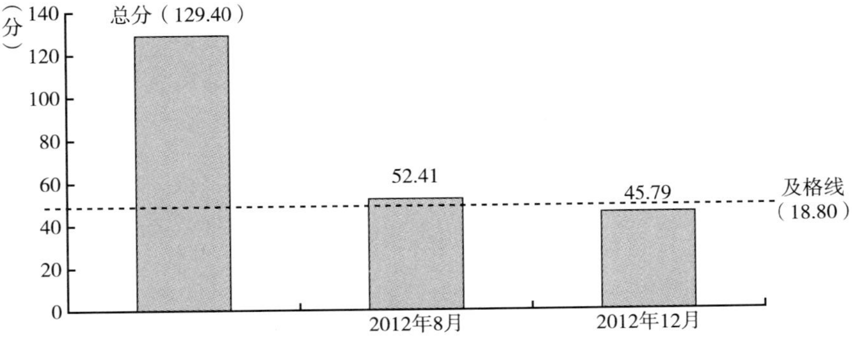

附图 2　中基透明指数图解

从各省份的中基透明指数得分榜单看，民政部主管的基金会透明度指数最高，接近 70 分，而榜单的最后一名甘肃省得分不到 10 分，分数相差甚远。清华大学廉政与治理研究中心主任程文浩教授指出，像北京、天津、上海这样的发达省份，基金会透明度却出乎意料地整体偏低，三个城市的得分只在中下游位置，值得深思。

“中基透明指数”由基金会中心网开发、清华大学廉政与治理研究中心提供专家咨询，于2012 年 8 月 29 日上线运行，旨在促进中国公益慈善行业的公开透明。

三十七　中红会最透明!?

（来源：《现代快报》；时间：2012 年 12 月 26 日）

12 月 26 日，基金会中心网发布了“中基透明指数 2012 排行榜”。

两年多来饱受争议的中国红十字基金会在今天发布的“中国基金会透明指数 2012 排行榜”上获得满分，和另外 16 家基金会并列第一名。

很多网友戏言：“你信么?”

（一）透明指数是谁发布的?

由研究性公益机构基金会中心网研发，清华大学廉政与治理研究中心提供学术支持。

（二）透明指数如何算出?

透明指数的整个指标体系共包含 60 个指标，由 40 个合规性指标和 20 个倡导性指标构成，满分为 129.4 分，其中基本信息为 58.2 分、财务信息为 28.8 分、项目信息为 38 分、捐赠信息为 4.4 分。

（三）全国基金会现有状况

截至 12 月，全国基金会总数达到 2912 家，总资产达 604 亿元，年度捐赠总收入 337 亿元，年度公益总支出 256 亿元；但是 63% 的信息披露不合规，44% 的基金会未到平均分。

（四）调查结果

1. 44%基金会未达平均分，行业透明度总体偏低

据介绍，“中基透明指数 2012 排行榜”数据主要来自基金会根据民政部门要求填报的 2011 年度年检文件和官方网站，涵盖我国 2213 家基金会。

排行榜显示，基金会的平均得分仅为 45.79 分，约占总分 129.4 分的 35%，其中有 981 家基金会 FTI（中基透明指数）分值低于平均得分，即 44% 的基金会未达到平均得分。

清华大学廉政与治理研究中心主任程文浩说，透过这些数据可以得出一个令人担忧的结论：基金会行业透明度总体偏低。

2. 有投资行为的基金会透明度相对较高

在排行榜中，中国净资产最大的慈善基金会——河南宋庆龄基金会透明度排名仅为 981 位。此外，净资产、捐赠收入和公益支出最大的 100 家基金会中，各有 10 家以上的透明度排名在 1000 名之外。

河南宋基会如何在透明度如此低的情况下，还能实现年度捐赠收入 3.9 亿元？透明程度与基金会的发展到底存在怎样的关系？

根据基金会中心网的统计，进行投资行为的基金会整体透明度高于全国水平，投资收益率越高的基金会得分相对越高，但差距并不大。但是透明程度只是反映了信息公开的能力，却未必意味着基金会发展一定就好。

3. 信任不能代替监督，应督促基金会公开信息

六成基金会未按条例要求公开信息但依然通过年检，监管部门到底有没有履行相应职责？

北京师范大学公益研究院院长王振耀告诉记者，这反映了行政管理和信息公开的呈现方式有问题。基金会合规性信息披露不合格可能有多种原因，如有

些基金会公开时间可能有延迟，但是依然能够通过年检。

程文浩也认为，很多基金会收入支出比例严重失衡，但依然顺利通过了监管部门的年检。

针对这一现象，王振耀解释道，这可能有内在的原因，比如，有的捐赠人签订捐赠协议认捐后，相关资金迟迟未到账，也就无法支出；有的捐赠人捐赠100万元善款后要求分10年支出。

遇到这些情况，在信息公开报告中应该详细作出注解，减少公众疑虑。北京大学政府管理学院教授李成言则认为，对于基金会行业来说，信任不能代替监督。有好的制度建设，更要有强有力的监督机制。

4. 遭遇质疑：排名靠前是不是靠关系？王振耀指出排行榜整体可信

排行榜发布后，有人质疑：排名靠前、得分满分的那些基金会是不是和基金会中心网关系好？

“我们官网上的基本信息、财务信息、项目信息、捐赠信息都很全，基金会中心网是从那儿获得了我们的信息，我们对于这个指数怎么算并不知道。”中华思源工程扶贫基金会工作人员说。

“上周排名16，今天就到了第1名（第一名共17个），是因为原先少了‘秘书长简历’这一指标，现在补齐了，排名就上去了。”深圳壹基金公益基金会工作人员说。

“这次排名第49，还有很多要改进的地方。我们在信息公开方面有难处，项目太多、信息太散，无法罗列，希望以后改进，争取下次提升名次。”中国社会福利基金会工作人员说。

但是，单从一个榜单来看，是否可以真实反映中国基金会行业的整体信息公开透明程度？

“我认为整体上是可信的。”北京师范大学公益研究院院长王振耀给予了这个上线不到4个月的基金会透明标准评价系统很大的支持。

“数据采集是公开的，结果是由系统自动生成的，因而是客观公正的。”基金会中心网是一家民办非企业单位。通过民间组织来监督基金会和政府监管部门，这是一个很大的创新，在近期将会产生非常大的积极影响。

5. 成都红会回应善款发霉：网上照片为两年前拍摄

针对媒体报道的“成都红会所设汶川地震募捐箱善款，多年未取导致纸币发霉”一事，成都市红十字会回应称，网络上发布的纸币发霉照片，应该是2010年6月进入天阙公司库房后拍摄的照片。汶川大地震后，成都市红十字会与成都天阙广告有限公司签订了《视频募捐箱合作协议》。2010年6月后，因部分设置点位不具备电源等条件，经双方协商同意，陆续收回部分视频募捐箱，存放在“天阙公司”库房。其间，因为双方在项目合作中存在分歧，募捐善款未及时收取。经多次协商，成都市红十字会于2012年6月将存放在库房中募捐箱的全部善款收取完毕，并开具了捐赠发票。

三十八　基金会透明度壹基金满分排第一

（时间：2012年12月28日；来源：《南方都市报》；作者：项男）

12月26日，基金会中心网发布“中基透明指数2012排行榜”，深圳三家基金会进入最透明50强，其中深圳壹基金公益基金会以满分的成绩与其余16家基金会并列第一位，深圳市郑卫宁慈善基金会和腾讯公益慈善基金会分列第33名和第39名。在排行榜可查的深圳5家全国性基金会中，华润慈善基金会排第1168名。

12月26日公布的基金会透明指数排行榜共有“最透明五十家基金会榜单”和“最不透明三十家榜单”。在最透明50强中，全国共有17家基金会以129.4的满分并排第一位，壹基金为深圳唯一满分的基金会。在最透明50强中，注册地在广东的基金会有3家入围，除壹基金外还有深圳市郑卫宁慈善基金会和腾讯公益慈善基金会，均在深圳市。

该指数由研究性公益机构基金会中心网研发、清华大学廉政与治理研究中心提供学术支持。依据国务院《基金会管理条例》，该指数考核4个大项的指标，分别为基本信息、财务信息、项目信息和捐赠信息。指数包含合规性指标40个，分别是完整版基金会年度工作报告及其包含的39个具体指标。

排行榜显示，全国2213家基金会平均透明度得分仅为45.79分，约占总分129.4分的35%，行业整体透明度得分“不及格”。根据基金会中心网数据，深圳有19家基金会透明度排进了前500名，除腾讯公益慈善基金会、桃源居公益事业发展基金会和万科公益基金会外，都是地方性基金会。

“全国有63%的基金会合规性指标披露不合格，但它们却都通过了民政部门的年检。”清华大学廉政与治理研究中心主任程文浩说。深圳有3家全国性基金会排在500名以外，其中华润慈善基金会以48.8分排在第1168位。另外，深圳有一家基金会排在2000名外，这也是深圳排最后的基金会——深圳市弘法寺慈善功德基金会，无财务信息、无项目信息和捐赠信息，得12分，排第2055位。

三十九　红十字基金会回应透明指数居榜首：指标很客观

（时间：2012年12月28日；来源：《人民日报》；记者：方莹馨）

12月26日，基金会中心网发布“中基透明指数2012排行榜”，中国红十字基金会透明指数满分，成为排名第一位的17个基金会之一。榜单一发布，就引来众多质疑。今天，针对这一问题的一项网络调查显示，九成多网友对红十字基金会透明指数排名第一表示疑惑。“红十字会近几年出了这么多问题，怎么可能拿满分?”“这个排行榜到底是怎么计算分数的?”“基金会中心网与中国红十字基金会到底是什么关系?”……尤其是，近日有报道称成都红十字会在汶川地震后设立的募捐箱善款多年未取，导致箱内纸币长出白毛，更是引起人们对红十字会财务管理的怀疑。

为此，记者采访了基金会中心网总裁程刚。“首先应该厘清中国红十字会总会和中国红十字基金会的关系，他们是两个不同的机构。”程刚介绍说，中国红十字基金会是在民政部登记注册的具有独立法人地位的全国性公募基金会，而中国红十字会总会是中国红十字基金会的业务主管单位。

基金会中心网与中国红十字基金会到底是什么关系？程刚解释道，基金会中心网是由35家基金会共同发起的，中国红十字基金会是其中一个，“都是一些在国内和业内影响力大的基金会，当初发起建立这个网站，初衷是要建立中国基金会行业信息披露平台”。

“中基透明指数”每周更新一次，是一个动态的平台。在“中基透明指数”上线以后，中国红十字基金会有没有私下干预分数的评定和榜单的发布？“没有!”程刚否定说：“刚上线时，中国红十字基金会的排名在前50名左右，后来他们依据 FTI 的 60 个指标，把原先没有公布的信息都一一上传到官网，这样分数就上去了。”

程刚介绍，打开“中基透明指数”的网站，可以进入“指数解读”页面，上面有详细的评价指标及计算方法。“我们只是一个有关基金会透明度的排行榜，60 个指标都是客观的，只要公布相关信息，就有可能拿满分。”

四十　慈善组织透明度现状堪忧，缺少问责阻碍走向透明

（时间：2011 年 12 月 30 日；来源：《中国青年报》；记者：王亦君）

（一）《中国慈善透明报告（2011）》称慈善组织透明度平均 33 分

1. 8% 受访公众满意慈善透明度

“接受了多少捐赠款物?”“这些情况能在接受捐赠后多长时间公布?”“捐的钱用到哪里了?”“慈善组织的工作成本和行政开支是多少?”2011 年，“郭美美事件”引发了慈善信用危机，善款去向成为公众较为关心的问题，这也对公益慈善组织的透明度提出了新的要求。

一项针对 1063 名网友开展的问卷调查显示，有 8% 的受调查公众对公益慈善组织的信息公开状况表示满意，有 76% 的被调查公众表示未收到任何慈善组织的信息，而对于社会公众最为关注的财务信息，仅有 3% 的受调查公众表示获得过。这是中民慈善捐助信息中心 12 月 29 日发布的《中国慈善透明报告（2011）》中的主要内容。

据了解，受民政部委托，从 2009 年开始，中民慈善捐助信息中心开始研发“中国慈善透明指数”体系，每年发布年度慈善透明报告，2012 年选取了东部、中部、西部不同地区、国家级和地方的 1000 家公益慈善组织，涵盖了我国公益慈善组织的三种主要形态：拥有官方背景的红十字会系统、慈善会系统以及基金会，此外，还选取了部分开展慈善活动的民办非企业单位、草根组织进行监测。

2. 慈善组织透明度现状堪忧

中民慈善捐助信息中心负责人介绍说，按照慈善信息披露的完整性、及时性、准确性、公众获取便利性四个方面，设置了多项监测指标，每项指标满分为 100 分，接受调查的 1000 家慈善组织的平均分为 33 分，如果以 33 分为及

格分，达到33分的有483家；以60分为及格分，达到及格线的只有82家。

记者注意到，中国红十字会、中华慈善总会、中国红十字基金会、中国青少年发展基金会这些大型公益慈善组织的透明指数排名都很靠前，中国红十字基金会、中国青少年发展基金会分别在公募基金会中排名第二位和第三位，中国红十字会总会和中华慈善总会分别在红十字会系统和慈善会系统中排名第一位，而这些组织因为信息不透明，都曾经在2012年遭受过空前的质疑。

“这说明了我国慈善行业透明之路才刚刚开始，‘矮子里面拔将军’，33分的平均分就是我国慈善组织透明度现状。”中民慈善捐助信息中心负责人表示。

在接受网络调查的公众中，选择“很关注慈善组织信息”的人占64%，与2010年相比，这一比例提高了10%；表示不关注的人占14%，与2010年相比，这一比例降低了13%。可见，2011年公众对慈善信息公开的关注度有了进一步提高。

2012年公众希望获得信息的热情尽管比2011年有了较大提升，但还是只有24%的公众表示曾经获得过公益慈善组织的信息。

仅有8%的受调查公众对公益慈善组织的信息公开状况表示满意，这一比例与2010年的9%相比，略有下降。造成这种结果的原因，一是与2012年持续的慈善“问责风暴”和网民对整个社会诚信的质疑情绪蔓延有关，另外也说明包括捐赠人和受益人在内的社会公众的权利意识、问责意识提高较快，微博等新媒体技术使信息获取方式改善较大，而慈善组织的透明度建设速度缓慢。

3. 缺少问责阻碍慈善走向透明

事实上，我国一些法律法规和部门规章对公益慈善组织的信息披露作出了规定，但由于条文粗疏、覆盖面窄而成为“花瓶规定”。1999年出台的《公益事业捐赠法》在信息披露方面的规定只有一句话：“受赠人应当公开接受捐赠的情况和受赠财产的使用、管理情况，接受社会监督。”《基金会管理条例》《基金会信息公布办法》只能约束基金会，现实中也鲜有基金会因为信息披露不及时、不完整而受到处罚。

2004年6月1日开始施行的《基金会管理条例》，只是提出“公募基金会组织募捐，应当向社会公布募得资金后拟开展的公益活动和资金的详细使用计划等”，条文大而化之，进而导致了约束力的孱弱。《基金会信息公布办法》虽然规定了除年度工作报告外，基金会公布信息时，可以选择报刊、广播、电视或者互联网作为公布信息的媒体，但是2010年成立的基金会中心网收录的1900多家基金会中没有网站的占2/3，而那些有网站的基金会中也有170家已经不再更新页面。

有学者总结了公益慈善组织不愿披露相关信息的四个原因：第一，没有信息披露的压力，既然政府主管部门没有强制性规定，不披露不会受到处罚，能不披露就不披露；第二，没有信息披露的动力，披露了信息不会得到好处；第三，没有信息披露的能力，信息的收集、整理、发布，需要有相关的人员和技术支持，很多中小型公益慈善组织难以做到，因此只披露最基本的信息，甚至不披露；第四，没有信息披露的财力，无论采用什么形式，发布信息都需要成本，对那些经费紧张的草根公益慈善组织而言，做这些事情无能为力。

（二）《慈善捐助信息公开管理办法》有望2013年出台

民政部社会福利和慈善事业促进司副司长徐建中今天表示，民政部将在《公益慈善捐助信息公开指引》的基础上，研究制定《慈善捐助信息公开管理办法》，以民政部部颁规章的形式，对慈善捐助信息公开进行刚性规范，2013年有望出台。

前不久公布的《公益慈善捐助信息公开指引》是我国公益慈善领域首个有关信息公开的指导性文件，明确了公益慈善机构公布捐助信息的时限、内容，日常性捐助应在7个工作日内披露信息，重大事件应在收到捐赠后24小时内披露信息。

业内人士表示，目前公众对于慈善信息透明的要求渐趋高涨，慈善立法短期内难有实质突破，只有先立出一个规矩，尽管不完美，并且没有强制执行力，但总比没有强，至少给今后的公益慈善活动指明了实现信息公开的路径。

徐建中还表示，民政部已在2012年11月启动了“中国公益慈善信息报送平台”的建设，希望通过建立覆盖全国的慈善捐助信息报送制度和报送网络，推动公益慈善信息在慈善组织和社会公众之间有效传播，此外，还将推动建立慈善行业信息公开的可操作性标准，细化信息公开范围，把信息公开的方式和程序具体化。

四十一　公众拷问公益透明榜真实性

（时间：2013 年 1 月 14 日；来源：凤凰网；记者：黄英男）

近期，年度慈善基金会透明度榜单、FTI、年度慈善透明报告三个关于公益组织透明度的“榜单”出炉。其中在 FTI 2012 年排行榜上，中国红十字基金会更是以满分成为排名第一的 17 个基金会之一。据新浪网的一份调查显示，95% 受访者对此排名表示质疑。

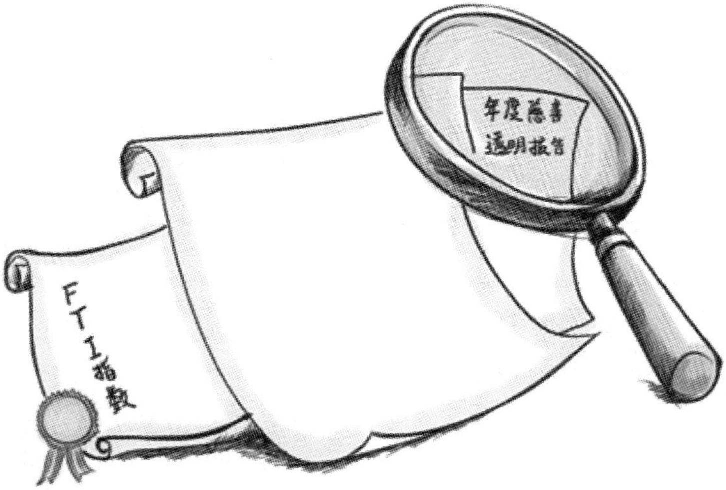

在公众感受和专业榜单之间，究竟谁更接近真相?

（一）公众感性认知引发质疑

中国有超过六成的基金会不合规。不合规意味着什么？意味着连国家法律法规要求的指标都没完成，这是突破底线的行为。

2012 年 12 月 26 日，“中基透明指数（FTI）2012 排行榜”发布后，许多媒体迅速把“红会排名第一”放到了新闻标题里，公众对 FTI 的质疑随之发酵。

在随后新浪网针对 FTI 排名的调查中，7000 多网友中 95% 对榜单生疑。

公众的强烈质疑无不与2011年的“郭美美事件”相关，但当时牵涉其中的是“中国红十字会”，而并非上榜的“中国红十字基金会”。

“这是一场张冠李戴的质疑。”清华大学廉政与治理研究中心主任、FTI研发专家程文浩说。

“首先，它们是两个独立的法人机构，红十字总会是红基会的业务主管单位；其次，FTI所有排名均无法受到人为因素影响，在基金会中心网的FTI排名网页上，公众点击不同的基金会，自己就可以看到该基金会的公示信息，这个基金会是否应该排在这个位置上，公众完全可以随时随地地进行查询与监督。”程文浩解释称。

在中国红基会官网，公示的信息包括2005年以来的年检、审计报告，公众可以清楚看到开展的项目信息，而长达94页的年报里也较详尽地披露了机构的治理、筹资、项目运行与财务等信息。

清华大学邓国胜教授认为，公众应客观地去看待这个榜单，毕竟透明度是由不同的指标构成的。红基会和其他基金会一样，只要按照指标去披露自己的信息，就可能获得满分。

程文浩表示，欢迎公众的监督，但在此过程中，希望公众能真正了解公益领域的真实情况。“根据FTI显示，中国仍有超过六成的基金会不合规，这意味着这些基金会连国家法律法规要求的指标都没完成。这个现象更应该引起重视。”

与FTI的六成基金会不合规相呼应，中民透明榜则显示，八成公益组织分数在及格线以下。

（二）三榜评价标准不一

FTI向社会公开其考评指标，福布斯未公开；中民推出的榜单，则加入了人为评价，对所评机构信息的公开情况进行监测和评分。

从2009年中民发布首份“年度慈善透明报告”，到2011年《福布斯》杂志中文版开始发布“年度慈善基金会透明度榜单”，再到2012年基金会中心网推出“FTI”，目前，中国公益慈善组织信息透明的第三方监测评估体系初步形成了三足鼎立之势。

三家机构的标准既有共同之外，也有较大差异。

据了解，FTI与福布斯透明榜较为相似，考评对象均为中国的基金会，数据主要来自基金会根据民政部门要求填报的2011年度年检文件和官方网站。

但两家的不同则在于：其一，FTI向社会公开其具体的考评指标，福布斯未公开；其二，FTI考评的是所有基金会，福布斯则是选取了年度公益支出最多的公募、非公募基金会各200家进行考察。

对此，《福布斯》中文版调研部副总监史国伟表示："由于《福布斯》本身不是专业机构，我们更在意的是公众的感受度，所以我们的数据选取的都是普通公众可以获得的渠道，而选取公益支出最多的基金会，也是因为这样的基金会本身意义大，也相对更吸引公众关注；而不能公开评审的体系设计指标的原因，则是想保持福布斯自己的特色，不想被模仿，同时，如果大家了解我们这个体系的构成标准，都去参照，同质化的内容太多，也并不利于行业发展。"

而中民慈善捐助信息中心推出的榜单，覆盖对象除基金会外，还包括社会团体和民办非企业单位，数量则按资源量及影响力等抽取了500家机构，并加入了人为评价的内容，对所评机构信息的公开情况进行监测和评分。

（三）榜单曾遇外界干预

我们主观判断一个组织的信息披露是否准确，实在太难，而进行调查核对又太困难，不现实。

虽然榜单获得了专家肯定，但对于所评机构信息内容的真实性，三个榜单推出方均表示：不能保证。

基金会中心网总裁程刚表示，排名只能体现基金会是否做了相应的信息公开工作，做到了什么程度，但其公开内容是否真实，如财务信息等，则需专业机构进行审查。

"每年对400家基金会进行评价，没法做真实性调查，我们也做不了。"史国伟表示，他认为，基金会的好坏与其透明度不是绝对的正相关关系，这个榜单更多的是代表基金会一个透明的态度。同时也引起公益的关注，加强社会监督。

而此前曾将"准确性"纳入考评标准的中民，2012年也主动去掉了这一维度。中民慈善捐助信息中心副主任刘佑平解释称："这么做是暂时性的、不得已的，因为我们主观判断一个组织的信息披露是否准确，实在太难，而进行调查核对又太困难，不现实。”

数据真实难以考证，而对于是否有公益组织为排名而进行私下交易，三家榜单发布方均给予了否认。

程刚表示，对于FTI来说，想暗箱操作也不行，所有考核体系都是公开的，达到要求了，系统自然就会给出相应的分值，公众可以直接监督。

史国伟则表示，由于考评体系不公开，在榜单发布后，的确有基金会找上门。他说：“但不是想私下勾兑，而是想了解我们这个考评是怎么做的，希望能努力达到我们的要求，让排名提高，这种交流我们很欢迎。”

而对于中民来说，由于有人为评价因素，的确遇到过一些压力。“但我们还是坚持客观公正，毕竟排个名次不是目的，推动行业的整体透明才是最重要的。”刘佑平表示。

（四）整体落后让“排名不稳”

许多基金会连基本信息、财务信息都有欠缺，但发现排名靠后，及时进行信息补充，排名就上去了。

2012年8月，在FTI甫一推出的发布会上，中国人民大学NPO研究所所长康晓光曾犀利地对FTI的稳定性表达过质疑，指出“有的基金会几天之内，排名出现巨大起落”。

对此，程文浩解释道：“目前FTI包括基本信息、财务信息、项目信息、捐赠信息4个部分的内容，只要这项信息公示了，就会有相应的得分，刚开始启动时，许多基金会连基本信息、财务信息都有欠缺，但发现排名靠后后，及时进行信息补充，排名就上去了。”

“上周排名第十六，一周后到了第一名（第一名共17个），是因为原先少了‘秘书长简历’这一指标，现在补齐了，排名就上去了。”深圳壹基金公益基金会工作人员说。一份秘书长简历可以让基金会跃升十几名，从一个侧面印证了导致“不稳定性”的背后原因。

“对于FTI目前设列的这些信息，基金会仍然需要相当长一个时间的完善，什么时候这些信息都能公示得差不多，中国基金会的整体水平就有了一个显著的提高，排名也就不会因补充一点内容就能提高好几个名次，那时，我们也将进行更细化的考评。”程文浩说。

与动态的 FTI 相比，由于是一年一次评选，中民与福布斯的透明榜单变化不是特别大。

但不可否认的是，在三个透明榜的评估中，基金会主要工作人员简历、任期和薪酬介绍、上一年度工作报告的年检情况、捐款查询系统、与公益项目合作方的合作方式和内容、公益项目评估以及总结等方面的信息披露仍是“短板”。

（五）一榜之力难推透明进程

透明榜一方面给公益组织自身带来了压力，另一方面其实是给政府形成了压力。

一个透明榜无论做得多么专业，其终极目的也是推动中国公益领域的透明，但就目前透明榜所揭示的一些问题来看，推动透明绝非一个榜单就能起到决定性作用。

据程文浩介绍，全国仍有 20 多家基金会除了能找到名称以外几乎再无其他任何信息。

完全不透明的基金会还能活下去，对于这种不合逻辑的现象，很多公益机构都是官办的，官办机构长期以来不是依靠自己的透明、公信力来获得社会大众的捐赠，而是依靠自己的行政手段获得，这导致很多慈善机构透明度偏低。

揭开透明面纱最重要的环节仍然在政府的管理层面。

“透明榜一方面给公益组织自身带来了压力，另一方面其实是给政府形成了压力。”程刚说。

据北京市民政局网站显示，从 1 月 5 日起，《北京市慈善事业促进办法（草案送审稿）》（以下简称《促进办法》）开始向社会公开征求意见。

《促进办法》明确规定慈善组织应当及时、完整地公开有关捐赠信息，不得有虚假记载、误导性陈述或者重大遗漏，并接受社会监督。

“我认真地看了这个《促进办法》，如果真能严格按照这个实施，我们的透明排行意义就不大了，因为我们的目的也就达到了。”程刚说。

四十二　Foundation Transparency Index Findings Released

（2012 – 08 – 30；CRIENGLISH. com；Web Editor：Ding Xiaoxiao）

The China Foundation Center announced the findings of its China Foundation Transparency Index (FTI) on Wednesday. This index is used as a tool to monitor the condition of Chinese foundations.

The FTI includes 60 indicators with a full score of 129. 4. The index is updated every week. A total of 1832 foundations have taken part.

However, the data from Wednesday showed that the average score is 52. 41, less than half of the possible total.

Cheng Wenhao, the developer of the FTI system and director of public management department in Peking University explained that the FTI can accurately reflect the current situation of Chinese foundations. Among all the 1832 foundations, only 30 percent made perfect scores. Most foundations range from 30 to 90.

The gap among different foundations is as large as 50 points. There are currently 2753 foundations in China, increasing annually at a rate of 20 percent.

"The China Foundation Transparency Index is a composite and a convincing system. I hope it can improve the operation and current condition of Chinese foundations," Cheng added.

四十三 China Social Sector: Tools to Measure Transparency and Accountability

(From: AVPN news)

The China Foundation Centre (CFC) recently launched the "Foundation Transparency Index" (FTI) at their second annual conference in Beijing on 29th August 2012, which was attended by around 200 local and international industry leaders, and members of the media. The FTI is an online tool that can be used to indicate the level of transparency of foundations registered in China. AVPN attended this landmark event, and was witness to the excitement that welcomed the introduction of this industry benchmark.

...

The FTI marks a turning point in the industry's resolve to clean up their image amidst a spiral of corruption and nepotism scandals in China involving social sector organizations. Thus, the FTI was conceived partly to address the public's loss of trust in the non-profits and foundations, and also to promote greater professionalism and accountability with the available access of information about their organizations. Commissioned by the CFC, the FTI platform was developed by the Anti-Corruption and Governance Research Center of Tsinghua University, and incorporated the participation of more than 700 organizations in its pilot phase. At the launch, 1833 organizations were reviewed (China has more than 2000 foundations).

During the conference, many organizations, including The Foundation Center in the United States, congratulated CFC on the launch of the index, as it centralizes and crystallizes industry standards and expectations. In fact, Bradford K. Smith had even commended CFC via correspondence as a role model for the western countries. However, what is worthy to note too was that the commentators were also very forward in their criticisms and questions about the system. The audience was mainly concerned about the reliability and accuracy of the information that was uploaded onto the system.

When questioned, representatives explained that the information required came mainly from official documents like the organizations' annual report and audit reports, which had to be submitted to government and third party organizations. More importantly, they also viewed one of the most important auditing bodies in this structure as members of the public. With the FTI and ranking in place, members of the public can easily access the information, and to conduct further investigation. Hence, the foundations are not only held to account by the index, but are also under scrutiny by the public eye.

At the end of the day, all felt that the FTI was a herald of better things to come. Panelists highlighted that transparency should be used as a management model-to be used more as a tool than an end in itself. Ultimately, the industry in China should also progress to adopt efficacy measurement systems for social impact.

四十四 Helping China Learn How Not to Run a Charity Organization

(October 8, 2012, Agence France-Presse/Getty Images)

Charity in China is down on its luck as citizens become increasingly cynical in the wake of a slew of high-profile scandals.

Last year, China's 1.3 billion plus people donated roughly $8 billion dollars, down almost 18% on the previous year, according to data from the Ministry of Civil Affairs.

A photo posted on the Internet in Beijing on July 5, 2011 shows a woman identifying herself as "Guo Meimei Baby," who claimed to be the general manager of a firm called "Red Cross Commerce," posing with one of many luxury cars she claimed to have been given. Public outrage over Guo Meimei and her alleged connection to China's Red Cross is one reason charitable donations have plummeted in the country.

In contrast, Americans donated close to $300 billion in 2011—up slightly year-on-year despite harsh economic conditions—according to a recent report by the Giving USA Foundation and the Center on Philanthropy at Indiana University.

Now, Chinese foundations are tapping American nonprofit organizations for help in whipping Chinese foundations into better shape.

As part of an agreement announced last week, US-based nonprofit Give2Asia will donate one million yuan (more than $150000) to China Foundation Center, a Beijing-based registered public charity.

CFC will use the money to develop an eight-day training program aimed at between 30 and 50 senior staff from Chinese foundations. The first session is slated for kick off first half of next year.

"This is an investment to help ensure the long-term health of the foundations we want to support in the years to come," said Ta-lin Hsu, chairman of Give2Asia and chairman of private-equity firm H&Q Asia Pacific.

The program is a modest step toward overcoming some enormous problems facing China's charitable foundations, a good number of which are viewed by the public as being opaque and corrupt.

One contributing factor to the sector's poor reputation has been the speed at which foundations have emerged in China: The country has 2700 foundations, almost a quarter of which were established in the past five years alone. Most of the new foundations are privately run.

CFC chairman Xu Yongguang traces the recent surge to a policy change in 2004 by Beijing that encouraged greater private participation in the private sector.

"The government understands that many of the rich can help it achieve improvements in areas such as healthcare, education and poverty elimination," he said, noting that China still has around 200 million people living on less than $2 a day.

According to the Hurun Rich list, China is home to 251 billionaires this year, or 20 less than last year's list but up massively compared with six years ago when there were just 15 billionaires.

Many of the country's new charitable foundations lack experience and are almost always run by the wealthy—often headstrong— individuals that set them up.

"China's rich are so confident in their ability to make money they think they are good at spending it, too," Mr. Xu said in an interview. "Many of these wealthy people have the old-fashioned idea that they can play God and scatter cash around," he said.

Often, these stubborn, self-made types only succeed in humiliating and alienating the very people they intend to assist. Take, for example, recycling magnate and controversial mainland Chinese philanthropist Chen Guangbiao, who last year turned off many in the Chinese-speaking world by handing out envelopes full of cash at a "donation ceremony" in a Taiwan auditorium.

...

The lack of professionals jeopardizes both the effectiveness and efficiency of foundations, and stunt their ability influence China's emerging civil society, Mr. Xu said.

China's charities also need urgent reform if they hope to win back public trust, which has been damaged as a result of numerous scandals, such as the one in 2011 that rocked Red Cross Society of China, a government organization.

Pictures of sports cars and luxury goods posted to Sina Corp.'s Weibo microblogging service by Guo Meimei Baby, a woman with alleged connections to the Red Cross, ignited public outrage over the implied corruption and led to calls for greater transparency.

A recent announcement by the Red Cross Society of China suggests steps are being taken to reassure the public that donations will be spent wisely, including the launch by year end of an online system for tracking donations.

This follows new rules issued in July by the Ministry of Civil Affairs requiring greater transparency from charitable foundations.

But more Chinese are turning their back on traditional charities, preferring instead to embrace social networking services such as Sina Weibo to make or seek donations.

Mr. Xu, a one-time government official himself, said while "lots of" Chinese people were skeptical about the abuse of funds at Chinese foundations, there had been "very few" scandals.

"Actually there's not a lot of corruption," he said. "The real problem is the lack of transparency, especially at government-affiliated foundations."

CFC is hoping to keep up pressure on charitable foundations through the China Foundation Transparency Index, which ranks on a weekly basis Chinese foundations against a checklist of 60 "transparency" indicators based on publically disclosed information about the foundations' activities, finances and governance.

"One just doesn't know where the money comes from and to where it goes. It's opaque from the outside," Mr. Xu added.

He added that he is confident the new program with Give2Asia funding will make a difference as participants receive training in areas including financial management and project evaluation methods. They will also receive templates and operating manuals that will allow them to set up their own systems of internal controls.

"After the training they may not know everything about how to run a foundation, but they will know how not to run one," Mr. Xu said.

四十五 Investing in the future of China's emerging foundations

(10/16/2012 by AsianPhilanthropy. org)

This article originally appeared on the Alliance Magazine blog, Latest from Alliance on Oct. 16, 2012.

By Barnett F. Baron President & CEO, Give2Asia.

With the implementation of the 2005 Regulations on Foundation Management, the Chinese government established regulations that enabled corporations and private individuals to create philanthropic foundations. As a result, China is now home to about 2600 registered foundations—a number that grows by nearly 20 percent each year, according to the China Foundation Center (CFC). While this growth is encouraging, it also comes with growing pains, as evidenced by widely reported scandals and questionable philanthropic practices that have led Chinese citizens to question the motives and lack of transparency of both government-sponsored and "private" foundations.

The China Foundation Center, launched in January 2010 with funding from the Ford Foundation and several major Chinese foundations, seeks to address both the lack of transparency and the need for professionalization of Chinese foundations. Its mission is to establish an online information hub for China's foundation sector; provide capacity-building services that advance development of the sector; promote the formation of a sector-wide mechanism for self-regulation to enhance accountability; and cultivate a healthy and transparent philanthropic culture. CFC continues to work closely with the Foundation Center in New York, although in the view of Foundation Center president Brad Smith, the CFC's interactive online technology is now far ahead of the Foundation Center itself.

To enhance transparency in the foundation community, CFC recently launched a Foundation Transparency Index, which provides a weekly ranking of Chinese foundations on 60 indicators derived from publicly disclosed information about the foundation's programmes, finances, and governance.

In support of CFC's goal to strength professional capacity in China's foundation sector, Give2Asia announced last week a grant to CFC of RMB 900000 (about US $143000) to launch a training programme for senior executives of Chinese foundations. Give2Asia's grant is an initial investment towards addressing the gap in leadership and management that will continue to affect Chinese foundations for years to come. It will enable CFC to assemble a training team; develop a modular training curriculum on foundation missions, management, finances, and governance; and pilot test an 8-day training course for an initial 30-50 Chinese foundation leaders starting in mid-2013.

"We have seen an ever-increasing gap between the supply and demand for qualified leaders and staff to manage China's foundations," said Xu Yongguang, founding Chairman of the China Foundation Center. "For every 300 foundations that are newly established each year, perhaps three qualified individuals are available to take leadership positions." To help close this gap, CFC has proposed an ambitious plan to become an "incubator" of professional leaders of Chinese foundations, proposing to train up to 1500 individuals at the board, executive and staff levels over a five-year period. The plan is to develop MBA-like training modules built around case studies, group discussions, e-Learning technologies, site visits and mentoring. The eventual outputs of the proposed programme will also include published course materials; an ongoing network of alumni to provide peer support; and a network of relevant government agencies, foundations, sponsors, NGOs and experts who are engaged in the training plan.

Give2Asia's grant "is an initial investment to help ensure the long-term sustainability and professional management of these emerging institutions," said Ta-lin Hsu, Give2Asia's Board chairman.

Give2Asia celebrated its 10th anniversary on 2 October and was honoured to host Xu Yongguang of CFC as well as 14 other partners from countries across Asia. Over the past decade, Give2Asia has facilitated more than $200 million in donations from individuals, foundations, and corporations in the United States for charitable causes in Asia in the fields of education, health, livelihood, and disaster response. About a third of the total has gone to non-profit organizations in China.

四十六 Foundations Less Than Charitable with Disclosure

(Updated: 2012-12-27, By He Dan, *China Daily*)

Majority lack transparency as slew of scandals erode public trust.

The majority of charitable foundations do not disclose information to the public, although they are legally mandated to do so, according to a report on Wednesday.

The report came a day after an official from the Ministry of Civil Affairs, the top watchdog for non-governmental organizations, vowed to make charities more transparent.

The report said more than 1380 charitable foundations, about 60 percent, have not made public their annual reports that would reveal their financial status.

The report was jointly released by the China Foundation Center, an organization that examines the work of the foundations and their transparency, and Tsinghua University's School of Public Policy and Management.

It marked and rated foundations based on information collected from their websites and other open sources.

The center has drawn up a transparency index, composed of 60 indicators, to evaluate information disclosure.

The full picture makes for even bleaker reading. The index has a top mark of 129.4. This would indicate that the charitable foundation was fully transparent. However, the average mark for foundations was less than 46.

The report disclosed a number of malpractices.

The Hubei Provincial Wetland Protection Foundation had a surplus of about

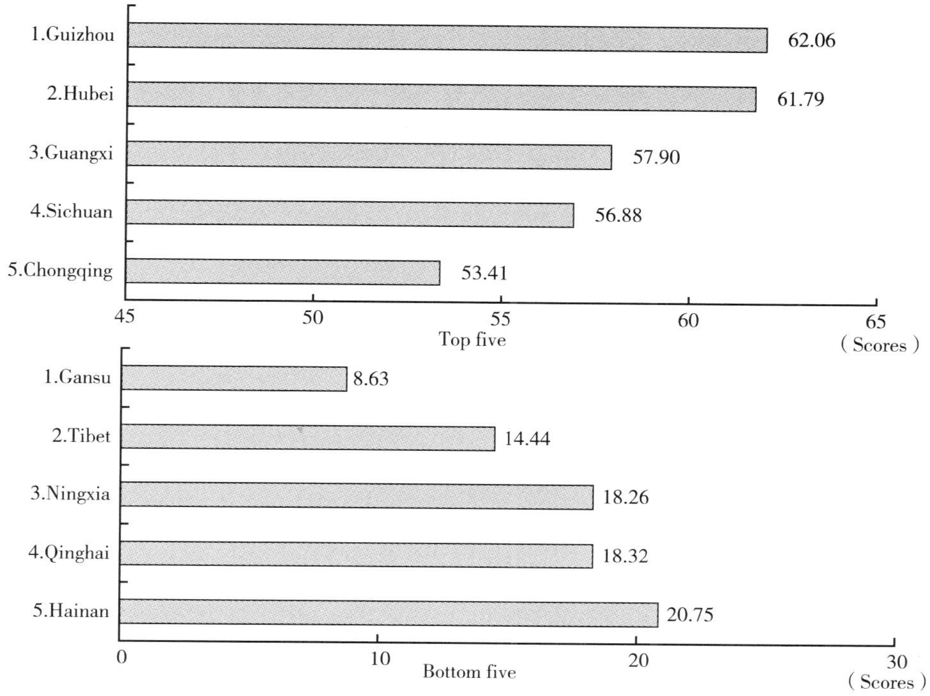

FEELING CHARITABLE

Note: The China Foundation Center grades provincial-level regions on the operations and transparency of charities working within their boundaries.

1.57 million yuan ($252000) at the beginning of 2011 but only donated about 15 percent of it to other charities at the end of that year, it said. The foundation did not meet the legal quota—70 percent of the previous year's surplus.

"Charitable foundations should have treated information transparency as a lifeline as they are in charge of huge donations from the public," Cheng Wenhao, professor at Tsinghua University's School of Public Policy and Management and one of the drafters of the report, said at a news conference on Wednesday.

"We could not access any information, except their names, from about 20 foundations, and 46 foundations did not give any contact information during our research," he said.

Li Chengyan, a professor who specializes in anti-corruption studies at Peking

University's School of Government, said that the government should keep a close eye on charities.

"Trust can't replace supervision," he said and criticized the foundations for not giving more information.

He proposed that the government introduce incentives and punishment.

It can consider withdrawing the qualification of foundations that come at the bottom of the transparency list for three consecutive years and giving more tax incentives to those that top the ranking, he said.

Zhan Chengfu, director of the Ministry of Civil Affairs' department of social welfare and charity promotion, told *China Daily* on Tuesday that the ministry has attached great importance to boosting information disclosure by charities.

Zhan said the ministry plans to issue regulations with more "binding force" but refused to reveal more details.

He also urged charities to improve their self-discipline.

A crisis of confidence hit charities last year after a series of scandals.

In one scandal, a woman showed off the trappings of an extravagant lifestyle on the Internet while falsely claiming to be an official of the Red Cross Society of China.

An investigation later found out that the society allowed a company to profit from running a charity project.

Lynn Tang, director of the philanthropy development department of One Foundation, said that it takes massive investment of human and financial resources to be transparent. One Foundation, based in Shenzhen, achieved a perfect score of 129.4.

"Most donors are not willing to give money to help charities improve management, so our operation capital is so limited that sometimes we have to sacrifice employees' welfare to invest in updating information," she said.

The report revealed that 25 of the 100 foundations with the largest net assets by the end of 2011 ranked below 1000.

四十七 The Transparency of Chinese Foundations Disputed

(January 4, 2013 Filed under News, By Liu Xiaochen)

A spate of negative events for Chinese charitable organizations have occurred in recent years, resulting in a crisis of public trust.

In order to promote the transparency of foundations in China, the first domestic transparency evaluation system, the Foundation Transparency Index (FTI), was officially launched in August.

According to the first annual review list "FTI Charts Ranking List 2012," published on Wednesday, more than 60 percent of domestic foundations are unqualified.

Professor Cheng Wenhao gives the FTI report (Photos provided by CFC).

1. The latest data

At the press conference for the "FTI Chart Ranking List 2012" held by the China Foundation Center (CFC), an information service platform for foundations in China, the average transparency score for Chinese foundations was 45.8 points, which is lower than the passing score. 63 percent of foundations have been deemed unqualified as of December 26, 2012.

The FTI consists of 60 objective evaluation indexes including 40 qualified indexes and 20 advocacy indexes. The content of the indexes includes basic information, financial information, project information and donation information. In the full mark of 129.4 and the qualifying mark of 48.8, the first three kinds of information account for most of the score.

The data sources for the list mainly consist of annual inspection documents that foundations filed according to requests from the Civil Affairs Department in 2011, as well as their official websites.

2. Background

Since 2004, four laws and regulations have been enacted.

Professor Li Chengyan offers comments on the current transparency of domestic foundations.

Foundations in China develop fast. According to CFC's statistics, as of last month, the total number of domestic foundations has reached 2912 with an average annual growth rate of 20 percent. The total assets, annual donation income and annual public expenditure have reached 60.4 billion yuan, 33.7 billion yuan and

25.6 billion yuan, respectively.

But some foundations ignored the desire for transparency and even committed crimes such as embezzlement. After being exposed, these behaviors have seriously damaged Chinese philanthropy's social credibility and hindered its healthy development, which has led to a crisis of public trust.

The FTI, initiated by CFC, was launched in 2010 by 35 Chinese foundations. Experts from the School of Public Policy and Management at Tsinghua University provided consultation to the FTI.

"For public donors, the establishment of the FTI can be a reference. Highly transparent foundations can be more reliable than those with low transparency, and will reduce less moral and legal risks for the public. For the government, it can learn the transparency of domestic foundations and find out blind spots so as to strengthen management. For domestic foundations, they can understand their level and find out gaps to improve," said Cheng Wenhao, professor of the School of Public Policy and Management, Tsinghua University.

3. Problems

"But more than 60 percent of foundations haven't published their information according to the regulations, while they were all able to pass the annual inspection," Cheng Wenhao said, suggesting problems in his report on the "FTI Chart Ranking List 2012."

"More than 40 foundations exist without any contact details, more than 20 of which only had a name. Authorities didn't implement the supervision system strictly stipulated in regulations and laws, which pampered them to an extent."

But even some of the largest foundation systems with official backgrounds were also unqualified.

There are 276 foundations in the system of the People's Education Foundation in different areas of China. The system's average score is 43 points, which is worth considering as total donation income accounts for over 10 percent of all domestic foundations, and most of that income is generated from the public.

CFC's CEO Cheng Gang answers reporters' questions.

"Domestic foundations should learn management from enterprises if they want to create a good image, because enterprises are always in the pursuit of innovation, otherwise they will be eliminated. Competitive mechanisms should also be established. Foundations are growing rapidly every year. If some foundations have been ranked in the bottom 30 for over three consecutive years, they should be eliminated so that the FTI is not only a ranking list but also has some effect. At the same time, for outstanding foundations, we should give good rewards," said Li Chengyan, professor of the School of Government at Peking University.

Trust should not replace supervision. "Supervision through the Internet is the most influential method today. We should pay more attention to it," he said.

Cheng Wenhao agreed.

"Excessive trust equals indulgence. Real trust can be guaranteed only by supervision," he said. "FTI is the minimum requirement. If a foundation cannot get full marks in the FTI, it is not transparent."

But not all foundations have problems with the new system, as some passed with relative ease.

"We are in accordance with the information disclosure standards of the FTI, including arranging and presenting the program. It is a kind of inspection on our own work. If the internal management is good enough, we cannot finish it," said a staff member of One Foundation, ranked first, from Shenzhen. "We believe that we don't need to report in our own previous way, because the requirements of the FTI are detailed enough for us to use this as the new standard."

皮书系列

“皮书”起源于十七、十八世纪的英国，主要指官方或社会组织正式发表的重要文件或报告，多以“白皮书”命名。在中国，“皮书”这一概念被社会广泛接受，并被成功运作、发展成为一种全新的出版形态，则源于中国社会科学院社会科学文献出版社。

皮书是对中国与世界发展状况和热点问题进行年度监测，以专家和学术的视角，针对某一领域或区域现状与发展态势展开分析和预测，具备权威性、前沿性、原创性、实证性、时效性等特点的连续性公开出版物，由一系列权威研究报告组成。皮书系列是社会科学文献出版社编辑出版的蓝皮书、绿皮书、黄皮书等的统称。

皮书系列的作者以中国社会科学院、著名高校、地方社会科学院的研究人员为主，多为国内一流研究机构的权威专家学者，他们的看法和观点代表了学界对中国与世界的现实和未来最高水平的解读与分析。

自 20 世纪 90 年代末推出以经济蓝皮书为开端的皮书系列以来，至今已出版皮书近 800 部，内容涵盖经济、社会、政法、文化传媒、行业、地方发展、国际形势等领域。皮书系列已成为社会科学文献出版社的著名图书品牌和中国社会科学院的知名学术品牌。

皮书系列在数字出版和国际出版方面成就斐然。皮书数据库被评为“2008~2009 年度数字出版知名品牌”；经济蓝皮书、社会蓝皮书等十几种皮书每年还由国外知名学术出版机构出版英文版、俄文版、韩文版和日文版，面向全球发行。

2011 年，皮书系列正式列入“十二五”国家重点出版规划项目；2012 年，部分重点皮书列入中国社会科学院承担的国家哲学社会科学创新工程项目；一年一度的皮书年会升格由中国社会科学院主办。

经济蓝皮书　社会蓝皮书　文化蓝皮书
金融蓝皮书　法治蓝皮书　欧洲蓝皮书
环境竞争力绿皮书　西部蓝皮书　世界经济黄皮书

法律声明

“皮书系列”（含蓝皮书、绿皮书、黄皮书）由社会科学文献出版社最早使用并对外推广，现已成为中国图书市场上流行的品牌，是社会科学文献出版社的品牌图书。社会科学文献出版社拥有该系列图书的专有出版权和网络传播权，其 LOGO（ ）与“经济蓝皮书”、“社会蓝皮书”等皮书名称已在中华人民共和国工商行政管理总局商标局登记注册，社会科学文献出版社合法拥有其商标专用权。

未经社会科学文献出版社的授权和许可，任何复制、模仿或以其他方式侵害“皮书系列”和 LOGO（ ）、“经济蓝皮书”、“社会蓝皮书”等皮书名称商标专用权的行为均属于侵权行为，社会科学文献出版社将采取法律手段追究其法律责任，维护合法权益。

欢迎社会各界人士对侵犯社会科学文献出版社上述权利的违法行为进行举报。电话：010－59367121，电子邮箱：fawubu@ssap.cn。

社会科学文献出版社